中研智业系列丛书（十四）

GUIDELINES FOR THE CONSTRUCTION
AND PREPARATION OF PLANNING SYSTEM

规划体系
与编制指南

吴君　编著

中国发展出版社
CHINA DEVELOPMENT PRESS

图书在版编目（CIP）数据

规划体系与编制指南 / 吴君编著. —北京：中国发展出版社，2022.9

ISBN 978-7-5177-1313-5

Ⅰ.①规… Ⅱ.①吴… Ⅲ.①经济规划—中国—指南 ②社会规划—中国—指南 Ⅳ.①F123-62 ②C916.1-62

中国版本图书馆CIP数据核字（2022）第155300号

书　　名：规划体系与编制指南
著作责任者：吴　君
责 任 编 辑：郭心蕊
出 版 发 行：中国发展出版社
联 系 地 址：北京经济技术开发区荣华中路22号亦城财富中心1号楼8层（100176）
标 准 书 号：ISBN 978-7-5177-1313-5
经　销　者：各地新华书店
印　刷　者：北京市密东印刷有限公司
开　　本：710mm × 1000mm　1/16
印　　张：21.75
字　　数：335千字
版　　次：2022年9月第1版
印　　次：2022年9月第1次印刷
定　　价：88.00元

联 系 电 话：（010）68990630　82097226
购 书 热 线：（010）68990682　68990686
网 络 订 购：http://zgfzcbs. tmall. com
网 购 电 话：（010）88333349　68990639
本 社 网 址：http://www.develpress. com
电 子 邮 件：174912863@qq. com

编 委 会

前　言

重新认识规划

当今，规划不仅运用于组织、国家及其政治、经济、社会、文化、科技、生态等各个层次、各个方面的工作部署、战略安排，而且渗透到个人工作生活的每个环节。研究显示，制定规划是人类区别于动物的基本属性之一[①]，是一种无处不在的人类活动。政府是规划运用最为常见、最为广泛和最为严肃的主体，本书研究和讨论的“规划”，就是指政府及其相关部门组织编制并实施的规划。

尽管规划是被广泛运用的专业术语，得到了人们的普遍重视，但对于规划的定义，不同领域的学者给出不同的阐释。例如：规划是为达到某种目标，对规划对象，如经济发展、空间发展未来状况的设想、谋划、部署或具体安排[②]；规划是设计一个行动序列，以保证既定目标得以实现[③]；规划是一种以语言为媒介、以理解为取向、使行为者得到合作的行动，它不仅是一个解释过程或理解过程，还是一个互动的、反思的、质疑的和互补的过程[④]；规划是一种有组织、有意识和连续的尝试，规划者通过选择最佳的方法来实现既定的目标。可见，规划必然以某项目标为前提，而该目标的实现又受制于一系列相关

---

① Hans Blumenfeld，德国、加拿大城市与区域规划师、教育家，主要著作是《现代大都市》（*The Modern Metropolis*）（1967）。

② 杨伟民. 改革规划体制 更好发挥规划的作用. 中国投资，2018（23）。

③ 彼得·霍尔（Peter Hall），英国著名城市地理学家、英国科学院院士，是国际城市规划领域著名的学者。

④ 文超祥. 规划之“衡”——我国城乡规划实施的制度探讨. 北京：中国建筑工业出版社，2017：1。

决策的制定[①]。尽管上述定义各有侧重和延伸，但从中仍可以归纳出几条规划的基本要素或属性：第一，既定目标，即规划必须是基于确定或特定的目标，指向要清晰；第二，推动决策或系列行动，即包含于实现目标所必须实施的一系列决策或行动；第三，实现目标，即这些决策或行动必然引发下一项决策或行动，最终实现既定目标。

总结关于规划的研究成果及实践经验，我们认为，规划是政府为了实现既定目标，对规划对象未来一个时期的发展设想、谋划、部署做出的科学安排。换句话说，规划就是为了实现某一领域既定目标，对未来整体性、长期性、基本性问题的思考、考量和整套行动方案的谋划设计。就目前来看，规划的内涵已得到极大丰富，是一门综合性的交叉学科，涉及政治经济学、经济产业、公共管理、人文地理、工程技术、生态环境和美学艺术等诸多自然科学和社会科学领域，其外延则更宽泛，涉及人们生活和社会发展的方方面面。因而，要准确理解规划，就必须运用大量学科知识和扎实的实践经验。

演进规划体系

在我国从站起来、富起来到强起来的伟大历史进程中，我国规划历程跟随经济体制和社会治理变革的时代脉搏，大体经历了四个阶段的发展变革：计划经济主导下的起步发展期、改革开放到1995年的调整发展期、社会主义市场经济体制建立至2012年的加快发展期、党的十八大以来的改革创新期。在此过程中，规划的内涵功能与作用方式等均发生了重大改变，突出表现为：以五年规划（计划）为核心的规划体系逐步发展、形成、完善，规划种类逐渐增多，规划层级日益清晰，规划深度渐次深化。在不断探索实践、调整提升的同时，形成了“纵向到底、横向并列”的规划管理体制，呈现“多规繁荣”的景象，但由于类型繁多，造成内容矛盾冲突、相互掣肘的问题也深刻影响了规划“引领

---

① 吴志强，李德华. 城市规划原理（第四版）. 北京：中国建筑工业出版社，2010：50。

经济社会发展”职能定位的充分发挥。改变多规并行、各自为政的局面，对规划体制进行系统性、整体性的改革，整合各级各类规划，构建适合时代发展要求的规划体系，强化规划的科学性、严肃性和权威性，势在必行。

其实，在我国各类规划的发展历程中，均各自形成了相互独立的规划体系，包括编审层级、分类及实施监督体制。例如，2005年编制“十一五”规划纲要过程中，为推进五年规划编制工作的规范化、制度化，提高规划的科学性、民主性，更好地发挥规划在宏观调控、政府管理和资源配置中的作用，《国务院关于加强国民经济和社会发展规划编制工作的若干意见》（国发〔2005〕33号）首次明确了“三级三类”的规划体系：按行政层级，分为国家级规划、省（自治区、直辖市）级规划和市县级规划三级；按对象和功能，分为总体规划、区域规划和专项规划三类。这在我国规划史上，既是自1953年编制五年计划以来孕育、产生的发展类规划体系，对科学编制和有效实施发展类规划起到了纲领性的指南作用，也是第一次明确提出构建层次分明、功能清晰、相互协调的规划体系的要求，对统一各类规划的规划体系具有积极的促进作用。

党的十八大以来，规划体制改革纳入国家深化改革重要事项之列。2018年，立足新发展阶段，为进一步明确各类规划功能定位，理顺各类相互关系，避免交叉重复和矛盾冲突，《中共中央 国务院关于统一规划体系更好发挥国家发展规划战略导向作用的意见》（中发〔2018〕44号）正式印发实施。这是新中国成立以来国家出台的最高层级的规划事业的纲领性文件，不仅明确了各类规划的功能作用，更重要的是理顺了发展类规划、空间类规划、区域类规划和专项类规划之间的关系，明确了国家发展规划的统领性作用、国土空间规划的基础性作用及区域规划和专项规划的支撑性作用，确立了“三级四类”规划体系。此次建立和完善的规划体系，是着眼于全面建设社会主义现代化国家新征程的重大改革，在我国规划发展史上具有划时代的里程碑意义，对于未来形成系统化的规划理论和实践体系具有开创性意义。

科学编制规划

改革之前各类规划自成体系的做法，将各类规划通盘纳入建立“三级四类”的统一规划体系，同时明确实施规划目录管理、规划充分衔接、规划技术创新、规划规范审查、规划动态监测、规划监督考核、规划平台管理及建立财政、金融、土地、产业、环保等政策与规划的协调机制，意味着对规划的法定性、严肃性、权威性，对规划编制的科学性、指导性及可操作性提出了更高的要求，标志着我国规划事业进入了高质量发展新阶段。规划编制是一项政策导向、程序严谨、标准规范的技术工作，在百年未有之大变局影响和新一代信息智能技术革命推动下，只有在规划编制阶段，强化规划价值、创新规划技术、科学编制规划，形成高质量规划成果，才能真正做到“一张蓝图绘到底”。

站在新的规划起点，作为一个有着近20年经历的规划从业者，我深刻感受到，急需有一套较为系统的、适应新规划体系的规划编制方面的研究成果，从总体上指导各级各类规划编制，为规划工作提供理论和技术方法支撑。基于这一迫切和现实的需要，中研智业集团董事长樊森系统思考、精心谋划，在集团公司立项开展中研智业系列丛书第14本专著——《规划体系与编制指南》的撰写任务，目的是通过本书将规划体系和编制方法进行系统化梳理和结构化表达，以期使规划从业者、管理者、实践者、研究者从中获得理论滋养和实践启迪，无论对推动规划学科发展还是促进规划成果的科学编制，都能够起到促进作用和产生现实指导意义。

经过两年多的笔耕不辍，数易其稿，形成了这本规划领域理论技术与实践经验的总结性专业著作。本书紧扣落实“三级四类”规划体系要求，分为九章谋篇布局，从系统梳理我国规划思想的由来、规划发展历程入手，深入剖析了规划体系构建的背景、趋势和缘由，对发展规划、国土空间规划、区域规划、专项规划四类规划从概念内涵、基本程序、调查研究、主体框架、重要内容、关键把握等方面进行全景式详细论述，尤其是运用理论联系实际、认知结合实例的方法，对国家、省（自治区、直辖市）、市县各级各类规划编制中涉及的重点理论、技术和实践问题进行了深度概括和有益的总结，并从规划编制方法、成果表达到未来趋势进行了全面总结和大胆预测，为新阶段的规划编制提供了全新的战略视角、系统的理论技术和丰富的实践路径。

作为系统研究介绍各类规划编制技术方法的专著，定位于“规划编制专业领域教科书”是本书的最大特点，具有很强的创新性、实战性及学术性价值。可作为各级政府、科研院所、各类智库机构编制各类规划的操作指南，也可作为相关大学院校公共管理、工商管理、城乡规划、土地管理等专业的教学用书和参考用书，是我国规划类学科建设少有的综合性著作。同时，由于我国规划体系正在建立并处于不断完善阶段，本书得出的一些结论、方法和建议难免存在疏漏和不妥之处。中研智业愿将此成果作为我国规划体系研究的一块奠基石，起到抛砖引玉的作用，供大家批评指正和完善。在以后工作中，中研智业还将继续关注我国规划体系工作推进的新进展，持续研究和实践规划编制的新理念、新理论、新技术和新方法，为我国规划事业高质量发展尽绵薄之力。

吴 君

2022年元月

目录

第一章　规划综述

第二章　发展规划

第三章　国土空间规划

第四章　区域规划

第五章　专项规划

第六章　编制方法应用

第七章　编制质量管控

第八章　编制成果表达

第九章　编制系统创新

第一章

规划综述

中华文明是人类文明史中的璀璨明珠，规划思想、规划思维就是其中底蕴深厚且极具智慧、灿烂辉煌的部分。在古代，我国规划思想以“治道”（治国之道）为根本，倡导“辨方正位”“体国经野”“天人合一”，尤其在城邑营造、宫殿建筑、风景园林等方面走在了世界前列。新中国成立后，以史为鉴、把握规律，以规划引领经济社会发展，已成为中国共产党治国理政的重要方式，是中国特色社会主义发展模式的重要体现，也是中国社会长期和谐稳定和经济可持续发展的“密码”。特别是党的十八大以来，无论是规划体系分类、编制理念，还是方法路径、实施管理等，都发生了新的巨大变革，必将在推进全面建设社会主义现代化国家新征程和实现中华民族伟大复兴的历程中发挥越来越重要的功能与作用。

第一节　规划思想由来

中华民族的规划传统和规划思维源远流长，虽然至今尚未发现有专门论述规划的古代典籍，但有如《国语·周语中》的“昔我先王之有天下也，规方千里，以为甸服”① 之说、《周礼·考工记》的“匠人营国、方九里、旁三门”②、《管子·乘马》的“高毋近阜而水用足，低毋近水而沟防省”③ 等许多有关规划的思想和活动记载。

---

① （春秋）左丘明《国语·周语中·襄王不许请隧》。
② （战国）《周礼·考工记·匠人》。
③ （春秋）管仲《管子·乘马》。

一、我国规划起源

“规划”一词最早出现于《五代史平话·周史》:“世宗乃自往视，授以规划，旬日而成，用工甚省。[①]”意思是说:“世宗（即柴荣，五代后周第二位皇帝）亲自前往察看，将怎么做的方法告诉前方将士，仅用15天就完成了，非常节省用工。”这里的“规划”指的就是方法，首先用在战争之中，有“筹谋策划”之意。古籍中有关规划的训词、箴言俯拾皆是，如“凡事豫则立、不豫则废”[②]“谋定而后战，能以少覆众”[③]“不谋万世者不足谋一时，不谋全局者不足谋一域”[④]等，处处闪耀着深邃智慧的规划光芒。

与亚里士多德《政治学》中所记载的希波达姆斯的米利都城规划一样，我国古代的规划同样也是国家治理的重要方式。但是，纵览几千年的中国古代社会，“规划”不是作为一个独立的知识领域而存在，其相关的知识内容散布在各个方面和不同的领域之中，甚至有很多内容的表述与现今的规范表达多有不同。因为在中国古代，“学在官府”“学术专守”，即所谓的“官守、学业皆出于一”，有“官学”之谓。如果我们把《周礼》所置的百官看成是某种学业的执掌者，那么，可以看到，有关规划的各类相关知识就遍布在各个部门，不仅反映出规划内容的广泛性以及与其他统治管理行为的交错，同时也充分体现出规划相关知识的分散性（见表1-1）。

二、古代规划思想

纵览几千年的中国古代社会，“规划”思想认识散布在不同领域的诸多方面。历史地看，这些规划思想均服从于“治国”这个大目标，规划活动以“治

① 出自《五代史平话·周史》。作者不详，一般认为为宋人编写而由元人修订的。

② 出自《礼记·中庸》。鲁哀公请教孔子为政之道，孔子提出为政的根本在于选贤任能，修身以仁。他为鲁哀公广说修身治天下之道，阐发“五达道”与“三达德”。在讲明行“九经”之法后，孔子说:“凡事豫则立，不豫则废。言前定则不跲，事前定则不困，行前定则不疚，道前定则不穷。”在毛泽东《论持久战》中亦曾引用:“‘凡事预则立，不预则废’，没有事先的计划和准备，就不能获得战争的胜利。”

③ （北宋）欧阳修、宋祁撰《新唐书·李光弼传》。其为“二十四史”之一。

④ （清）陈澹然《寤言》，卷二《迁都建藩议》。

表 1-1　《周礼》中有关规划及营造的记载①

	是否迁都		选址	功能布局	地块划分	功能区内组织			建造
						公共设施		居住区	
	问鬼神	询万民				市	社稷		
职官	大卜	小司寇	大司徒	量人	土方氏	内宰	小宗伯	载师	匠人
部门	春	秋	地	夏	夏	天	春	地	冬
职责	礼	刑	教	政	政	治	礼	教	事
	国大迁，大师，则贞龟……	掌外朝之政，以致万民而询焉，一曰询国危，二曰询国迁，三曰询立君	以土圭之法，测土深，正日景，以求地中……然则百物阜安，乃建王国焉。制其畿方千里而封树之	掌建国之法，以分国为九州，营国城郭，营后宫，量市、朝、道、巷、门、渠	掌土圭之法，以致日景，以土地相宅，而建邦国都鄙，以辨土宜、土化之法，而授任地者	凡建国，佐后立市，设其次，置其叙，正其肆……	小宗伯之职，掌建国之神位，右社稷，左宗庙。兆五帝于四郊……	载师掌任土之法，以物地事，授地职，……以廛里任国中之地，以场圃任园地，以宅田、士田、贾田任近郊之地……	匠人营国，方九里，旁三门。国中九经九纬，经涂九轨，左祖右社，面朝后市，市朝一夫
	王：“惟王建国，辨方正位，体国经野”								

① 孙施文，《周礼》中的中国古代城市规划制度，城市规划，2012：13。

道”为依归，是统治阶级进行地域管理和“治国安民”的工具。所谓“地之守在城”[①]及“城，所以盛民也”[②]说的也是这个道理。对此，《汉书·食货志》总结的“圣王域民”[③]之法，就包含有两方面的内容：一方面是通过筑城、制里、设市、立学，让人民各得其所，实现“安其居”；另一方面是士、农、工、商四民分业，各司其职，各尽其能，实现“乐其业”，从而达到市井有条、和谐有序、国家长治久安。

1.礼乐传统——服务于治国、治道

周人鉴于商人失国的教训，认为须从政治组织上采取有力措施，建立严格的礼治统治秩序，提高王的权威。为此，礼制便成了营国制度的基础。无论是都邑建设体制、规划制度还是营建制度，都贯彻了尊卑有别的礼制精神，对维护王权、巩固王朝统治具有重大意义。这套体系虽随社会演进几度革新，但营国制度之礼制实质未改变，从奴隶社会鼎盛时代直至封建社会没落时代，都打上了这个体系的烙印，只不过时代不同，有所损益而已。春秋战国时期，诸子百家以建构合理的社会秩序为宗旨，提出不同的社会理想蓝图，对当时和后世影响最大的，当属儒、墨、法、道四家。儒家以“仁政”与“礼治”为核心，墨家以“尚同”与“尚贤”为核心，法家以“法、术、势”为核心，道家以“道法自然”和“无为而治”为核心。诸子百家尽管各道其所道，但是具有一个共同的特征，那就是西汉司马谈《论六家要旨》所总结的“务为治”[④]，这也是中国古代规划的逻辑结构：一方面服从于传统社会的国家治理体制，如权力架构（皇帝、宰相、内阁等）、职能分工（三公九卿、三省六部等）、权力制衡，以及经济、文化、军事、法律等方面的诸项制度措施；另一方面要在工程方面采取具体的制度措施与技术保障，如辨方正位、体国经野、量地以制邑、度地以居民、营邑立城、制里割宅、通田道、为沟洫等[⑤]。

---

① （春秋）管仲《管子·权修》。

② （东汉）许慎《说文解字》。

③ （东汉）班固《汉书》卷二十四上《食货志》。

④ 《易大传》：“天下一致而百虑，同归而殊途。”夫阴阳、儒、墨、名、法、道德，此务为治者也，直所从言之异路，有省不省耳。——出自《史记·太史公自序》。

⑤ 中国城市规划学会.中国城乡规划学学科史.北京：中国科学技术出版社，2018：42。

2.空间治理——服务于功能分区和区域发展

大禹治水虽然是一个流传久远的传说，但有关的文献史不绝书。大禹通过“徒以傅土，行山表木”而“定高山大川”，即采用因势利导的方式治水成功；通过水退土辟，重新划定土地界限，安置人居，对国土空间进行整治和利用，这种发源于水土治理与空间治理的古代规划思想深刻影响了古代中国的发展建设。自周初制定王畿区域体制以来，经历秦汉的经济分区规划，直至明代城市区域的发展，表明中国很早就开展了以功能为基础的空间治理。秦始皇统一中国后，将全国划分为四个经济区，推行郡县制，强调总体布局和区域规划的有机衔接。汉承秦制，进一步强化了区域内城镇网络的作用。秦汉两朝所建立的郡县体系及其分布格局，几乎影响了整个中国封建社会的空间格局。同时，由于郡县制使得每个郡县都具备了构成都邑的条件，推动了自西周分封后最重要的一次城市发展历程①。秦代的规划实践中出现了不少复道、甬道等多重的城市交通系统，西汉进一步改善水陆交通条件，还开辟了丝绸之路，形成国际交通干线及航道，这在中国交通规划史中具有开创性的意义。通过强化区域城市群体组织网络的作用，为开展区内、区际乃至国际的商品经济交流、文化交流做出了积极贡献。宋代因社会经济日益发达，按各地区经济的新情况，将全国改划分为十三个经济分区，以利于进一步推动地区经济发展。明代各地区内城镇分工协作水平日益提高，结合全国经济形势及本地经济发展要求，积极强化以大城市为中心各具特色的城市群体组织，形成了不同规模的城市区域，既有效促进了地方经济的繁荣，也促进了区域规划的发展。

3.体国经野——服务于城乡空间、整体营造

中国古代的城市建设，实际上是与广阔的乡村腹地视为一体的。《周礼》强调“体国经野”，这里的“国”是指城及其临近的郊区，“野”是指国周边广阔的乡遂。“体国经野”强调城乡整体塑造，有体有经，形成一个有机的生命体。“匠人”工作不仅要“营国”，还要为“沟洫”。前者是指城市规划，后者则是指乡村水利、道路及城市城墙、沟渠分布等。城市与乡村的规划建设必

① 包伟民.宋代城市研究.北京：中华书局，2014：49。

须统筹考虑，国土开发整治与城乡规划建设也是相互统一的。中国古代城乡规划基于以农为本的传统文明，本质上是通过对土地的合理利用与空间形塑，建立秩序井然的社会，体现天下大同与安居乐业的人文理想。例如，三级城邑建设体制，各级城邑城垣、城隅的高度差别，道路网规模及路幅宽度的差别，以及宫隅、宫门高度的差别，诸如此类的具体营建措施，也都按不同等级严加控制。周制一乡一遂可建一军；王辖六军，故王畿区域置六乡六遂；诸侯大国只许建三军，所以他们城邦定为三乡三遂；其他区域内采地配置的等级、采邑城之数量与规模，均按不同级别予以规定。

4.象天法地——服务于文化特色、人居建设

在中国古都建制的发展和演变过程中，皇权至上思想是一条贯穿始终的主线，秦咸阳的规划建设经历了从战国时期区域性的“一国之都”向大一统帝国的“天下之都”的转变，体现了宏伟、壮丽、威严的时代主题。其“象天法地”的思想与方法开启了古代中国都城规划的新纪元，受其规划思想影响而形成的历代名城辈出，如汉长安、隋唐长安与洛阳、宋东京与临安、元大都、明南京、明清北京等，这些都是当时居于世界前列的大城市。唐时日本僧人圆仁对当时扬州城市之赞许，元时意大利马可·波罗认为杭州（南宋临安）城市之庄严秀丽，堪为世界之冠。我国古代规划成就的影响颇为辽阔，不仅直接影响周边邻国，如日本、朝鲜、越南、泰国、缅甸及南洋和西域诸国，还通过“丝绸之路”——中西文化交流的桥梁，在中亚、西亚、欧洲等地区规划体系中发挥影响和作用。例如，中世纪日本著名的平安京的规划就是仿效唐长安的成果，伦敦丘园（Kew Garden）等欧洲园林亦具有我国“模仿自然”[①] 的传统园林的深刻烙印。

三、近代规划视点

近代以来，我国备受帝国主义列强的欺凌，加之西方文化的强势冲击，我

① 吴良镛．中国人居史．北京：中国建筑工业出版社，2014：419。

国规划实践也发生了裂变，其中既有古代规划思想的延续和深化，又有西方模式的引入和逐步的本土化，客观上推动了近代规划体系的变革和形成。

1.初现发展规划雏形

孙中山先生是中国民主革命的先驱，1921 年由他编著的《建国方略》从多方面提出了国家建设的初步设想，对中国社会产生了积极而深远的影响，在中国近代思想史上占据不可替代的地位，可以认为是中国近代规划发展史上最早的发展规划雏形。其中的《实业计划》①，由于当时中国处于半殖民地半封建社会的状态使其理想难以实现，只能成为空想。但从历史的角度看，孙中山先生把国家的经济社会发展做了比较详细的分析和布局谋划，特别是一系列港口、铁路等交通设施的规划布局对整个国家空间布局的构筑和城市格局发展起到了一定的影响作用。

2.着手区域规划实践

清朝末年，实业家、教育家张謇十分重视城市区域发展的协调性。张謇在 1904 年撰写的《记论舜为实业政治家》一文中，初步构想的“一年而所居成聚，二年成邑，三年成都”② 区域规划思想，对南通的发展不仅基于城市观念，而且是谋求城乡区域协调发展。在他主持南通城市建设过程中，高度谋求城镇乡村共同发展，形成一城多镇、城乡相间、布局合理的多层次城镇格局，确定了其在中国近代城市建设史上的独特地位，是我国近代最早的区域规划开拓者、实践者。当年拟议中的通、泰、盐经济区和开放吴淞的计划，比当今的苏锡常经济区早近半个世纪。

3.引入西方城市规划理念

20 世纪前后，欧美城市规划理论、技术、制度及其思想不断发展。在城市规划思潮方面，有 1898 年霍华德的田园城市、1907 年英国艾塔 · 巴奈特的汉普斯特德田园郊外、1915 年盖迪斯的区域规划、1922 年柯布西耶的“300

---

① 孙中山．建国方略．北京：中国长安出版社，2011。

② 李明勋等．张謇全集．上海：上海辞书出版社，2012：82。

万人现代大城市”、1922 年的卫星城市、1928 年的国际现代建筑协会（CIAM）、1929 年的邻里单位、1933 年的雅典宪章等。在城市规划制度与技术方面，有 1909 年英国的居住与城市规划法确定了英国城市规划制度、1900 年德国建设法案提出的道路控制线和建筑控制线、1909 年洛杉矶分区制度及 1916 年纽约用地分区制度等。这些丰富的规划理论与技术成果，经由留学生、外国专家或翻译书籍等逐步传入中国[①]。自 1921 年广州设市到 1927 年国民政府定都南京，纵观这一时期完成的汕头、汉口、南京、上海、宁波、杭州、昆明等大小城市的城市规划，可以清晰地看到西方现代城市规划的理论和方法贯穿其中。

4.推动规划立法

1928 年 7 月，国民政府颁布的《特别市组织法》和《市组织法》，从法律上确定了现代市制，将“市”和“特别市”定位为脱离县一级的独立行政建制，这也是中国第一次推行全国市组织法。1938 年颁布的《建筑法》、1939 年的《都市计划法》和 1943 年的《县乡镇营建实施纲要》等，对市、县、乡、镇各个层次的规划进行规范。由于当时经济社会发展条件的制约，法规实践存在很大的局限性，但其意义重大，标志着近代规划实践已经进入一个新的历史阶段，近代城市规划知识体系初步形成。

总体来看，我国古代规划思想一直追求“技近乎道”的境界，规划之“道”成为以儒家为代表的治道思想的重要组成部分，着重于提供通则原理及其方法原则，与西方以解决城市病为代表的现代城市规划旨趣既异、形态亦殊。同时，由于强调实用性，仅以得出特定的方法、技巧为满足，未能开创出独立的规划理论体系。近代以来，西方文化和城市规划理论对我国规划发展变革产生了巨大的推动力，一方面是西方规划理论的嫁接，包括规则的构建和观念的转变；另一方面是修筑马路等工程知识的引入。虽然近代制订的规划方案及形成的规划思想与技术仅为空谈，但在新中国城市建设恢复中，仍得到了应用与实施，在中国当代规划机制的建立中，起到了一种隐藏式的连接作用。

---

① 中国城市规划学会 . 中国城乡规划学学科史 . 北京：中国科学技术出版社，2018：129 。

第二节　当代规划历程

新中国成立以来，在我国从站起来、富起来到强起来的伟大飞跃进程中，规划事业发挥了重要的引领作用。从 70 多年的发展实践看，规划历经了从计划经济条件下的“一规独大”，到市场经济条件下多部门主导的“多规并行”，再到新时代建立起职责清晰、权责明确、分工负责的规划制度，逐步演变构成起了具有中国特色的规划体系。“欲知大道，必先为史”，总结 70 多年的规划发展史，大体可以概括为：计划经济主导下的起步发展期、改革开放到 1995 年的调整发展期、社会主义市场经济体制建立至 2012 年的加快发展期、党的十八大以来的改革创新期四个历史时期。

一、起步发展期（1949—1978年）

1949 年 10 月，中华人民共和国成立，面对百废待兴的国民经济，中央政府用了近 3 年的时间，从多方着手恢复与发展经济。国家学习借鉴苏联经验，1952 年 11 月，中央人民政府第 19 次会议决定成立国家计划委员会，专门负责国民经济计划的审查、草拟和核定，为规划（计划）制定管理从政体上提供坚强保证。1953 年 3 月，成立建筑工程部城市建设局，负责城市规划建设工作。

1954 年 9 月，第一届全国人民代表大会第一次会议胜利召开，会议通过了《中华人民共和国宪法》[①]，其中第十五条明确规定：“国家用经济计划指导国民经济的发展和改造，使生产力不断提高，以改进人民的物质生活和文化生活，巩固国家的独立和安全。”并在第二十七条中规定全国人民代表大会行使

① 中华人民共和国成立后，曾于 1954 年 9 月 20 日、1975 年 1 月 17 日、1978 年 3 月 5 日和 1982 年 12 月 4 日通过四个宪法，现行宪法为 1982 年宪法，并历经 1988 年、1993 年、1999 年、2004 年、2018 年五次修订。第一部《中华人民共和国宪法》于 1954 年 9 月 20 日在第一届全国人民代表大会第一次会议上通过，共 4 章 106 条，被称为“五四宪法”，是在对新中国成立前夕由全国政协制定的起临时宪法作用的《共同纲领》进行修改的基础上制定的。

决定国民经济计划的职权，这是宪法赋予国民经济计划至高的法律保障。1954年6月，第一次全国城市建设会议着重研究了城市建设的方针任务、组织机构和管理制度，明确了城市建设必须贯彻国家过渡时期的总路线和总任务，制定出包括《城市规划编制程序试行办法（草案）》《城市规划批准程序（草案）》《关于城市建设中几项定额问题（草稿）》和《城市建筑管理暂行条例（草案）》等在内的各项规章制度，是我国城市规划工作步入正轨的一个重要标志①。

国民经济第一个五年计划（1953—1957年）主要任务是：集中力量进行以苏联帮助我国设计的156个建设项目为中心、由694个大中型建设项目组成的工业建设，建立我国社会主义工业化初步基础，以及为我国农业、手工业和私营工商业的社会主义改造奠定基础。城市建设作为国民经济的重要组成部分，主要是根据工业建设的需要，开展联合选择厂址工作，并组织编制城市规划。“一五”期间全国共计有150多个城市编制了规划。耕地保护、用地功能分区等土地利用安排，合理选择污染或危险企业厂址、划定工业区和住宅区、防护绿地等，这些均包含于城市规划之内。因此，新中国成立初期的规划具有“国民经济计划”“城市规划”“农业规划”“国土规划”“环保规划”的“五规合一”天然融贯的内在统一属性。

从1958年开始，进入“二五”计划（1958—1962年）时期。由于“二五”计划中部分目标任务过高、过大，国家连年财政赤字，国民经济比例严重失调，人民生活困难，“二五”后期不得不对年度计划实行边编制、边实施、边调整。针对“二五”时期出现的国民经济失衡，中央决定把1963—1965年作为继续调整、整顿的过渡时期。“三五”计划（1966—1970年）受“文革”影响，没有形成经全国人大审议批准的正式规划文本，具体内容反映在《初步设想》和《汇报提纲》中。“三线”建设是“三五”计划的核心部分，因投资比重过大，从而影响了国民经济的协调发展。“四五”计划（1971—1975年）正值“文革”时期，未能编制出完整的五年计划，“四五”计划纲要（修正草案）中特别强调要夯实农业基础，降低计划指标，淡化经济建设和备战色彩。“五五”计划（1976—1980年）没有独立的文本，包括在《1976—

① 李浩．中国规划机构70年演变：兼论国家空间规划体系．北京：中国建筑工业出版社，2019：12。

1985年发展国民经济十年规划纲要（草案）》之中。这是改革开放前最后一个五年计划，其制定与实施跨越了“文革”后期和改革开放初期[①]。修订后的“十年规划”虽然在1978年2—3月召开的第五届全国人大第一次会议审议批准完成了法律程序，但未全文公布和正式下达[②]。

在城市规划领域，从1958年开始兴办人民公社，受苏联农庄规划的影响，探索出一种将发展计划和土地利用相结合并且融为一体的规划方式，对后来的城市规划产生了重要影响。随后，城市规划先是倡导“工农结合、城乡结合、有利生产、方便生活”的大庆工矿区建设模式，后受“靠山、分散、隐蔽”三线建设方针、“文革”影响，使城市规划建设工作受到极大冲击。

这一阶段，土地利用规划既有总体规划，又有详细规划，在县级以上地区开展了农业区划工作，为各类土地利用规划奠定了重要基础。1970年，农业部和林业部合并为农林部，土地利用规划一度陷入低谷，但在土地整治和土地分类上却取得了一定成绩。

这一时期，国民经济计划处于计划经济规划体系的绝对核心地位，构建了“五年计划一规总揽”的规划关系。国民经济计划统揽一切，具有无所不包的指令性特征，城市规划、土地利用规划均是国民经济计划的延伸，是实施国民经济计划的手段。为保障“五年计划”的实施，特别是重大项目布局建设，还同步出台了年度计划、地方计划、行业计划等辅助性计划，形成了以“五年计划”为核心、配套计划为辅助支撑的计划体系和模式。

二、调整发展期（1979—1989年）

以党的十一届三中全会为标志，我国实现了从以阶级斗争为纲到以经济建设为中心、改革开放的重大转折，也是规划事业发展的新转折，开创了发展规划（计划）、城乡规划、土地利用规划等各类规划调整发展的新局面。

随后的“六五”计划时期，正式将“国民经济计划”更名为“国民经济与社会发展计划”，这是我国五年计划变迁中的重大转变，使“六五”计划不局

---

① 赵华.我国历次五年规（计）划的历史经验研究.北京：光明日报出版社，2016：32。

② 杨伟民.规划体制改革的理论探索.北京：中国物价出版社，2003：11。

限于国民经济领域，而是扩展到了社会发展领域。这一时期，我国共制定了两个五年计划。“六五”计划（1981—1985 年）坚持以经济建设为中心，提出了走中国特色的社会主义道路，推动各个领域改革开放。市场开始在局部发挥作用，计划的指令性逐渐减弱，规划的指导性逐渐增强，标志着党和政府在发展观念方面的重大转变。从“七五”计划（1986—1990 年）开始，为适应经济发展的新形势，党的十二届五中全会审议通过了《中共中央关于制定国民经济和社会发展第七个五年计划的建议》，为“七五”计划制定指明了方向。以此为开端，党中央都要在每一个五年规划（计划）制定的当年，专门召开一次全会，研究提出制定国民经济和社会发展五年规划（计划）的建议。“七五”计划遵循“对内搞活经济、对外改革开放”的总方针，更加注重发展战略和方针政策的制定，通过增加 GDP 指标和划分三次产业，有效加强了国民经济核算体系的构建。

面对改革开放的新形势，1980 年 10 月召开了全国城市规划工作会议，城市在国民经济发展中的重要地位与作用得到重新强调，全国各地的城市规划工作普遍得到加强。1982 年国务院批准的《北京城市建设总体规划方案》，明确北京城市性质为“全国的政治中心和文化中心”。特区、沿海和沿江地区的城市规划实践，更加注重城市土地的商业价值，注重城市规划的灵活性和弹性以及区域发展的整体性，极大地丰富了我国城市规划内涵。

1981 年 4 月，中央书记处第 97 次会议提出“要搞好我国国土整治工作”，国家建委于当年 11 月正式成立国土局，全面开展国土规划工作。在国土规划的推动下，以综合开发整治为主，从全国到各省市（个别到县）的不同层次的区域规划工作拉开序幕，区域规划迎来了“第二个春天”①。1985 年由城乡建设环境保护部牵头组织编制的《2000 年全国城镇布局发展战略》成为原交通部、铁道部、国家海洋局等部门制定本行业长远发展规划的重要参考②。

1982 年，我国成立环境保护局，归属当时的城乡建设环境保护部，1984 年更名为国家环境保护局，城市环境保护规划被列入议程。1986 年，江西省宜春市提出了建设生态城市的发展目标，并于 1988 年开始试点工作，这被认为是我国生

① 武廷海 . 中国现代区域规划 . 北京：清华大学出版社，2006。

② 王凯 . 全国城镇体系规划的历史与现实 . 城市规划，2007，31（10）：9-15。

态城市建设的第一次具体实践[①]，开启了我国生态城市规划建设的探索之旅[②]。

1983 年，原国家科委、计委、经委、建委联合组织了“我国城市交通运输的发展方向问题”研究，第一次对我国城市交通技术政策进行了系统全面的分析论证，开创了我国城市交通政策研究的先河。1989 年，清华大学建筑与城市规划研究所编制完成的桂林中心区详细规划，是我国第一批具有系统的控制性详细规划思想和编制方法的代表项目之一。“控制性详细规划”的名称也由此进入规划的正式表述之列。

规划的法制化进程也得以迅速推进。1982 年 12 月 4 日第五届全国人民代表大会第五次会议通过的《中华人民共和国宪法》，继续强化了经济计划的作用及国家级、省级、市级、县级编制和执行五年计划的职责[③]。1984 年 1 月颁布施行的《城市规划条例》初步建立起我国城市规划的法律体系，明确了建设项目的规划许可证和竣工验收等各项基本制度。1990 年 4 月 1 日正式施行的《中华人民共和国城市规划法》是我国第一部城市规划法，标志着我国城市规划工作已进入法制化轨道。1986 年 6 月审议通过的《中华人民共和国土地管理法》，将编制土地利用总体规划作为各级政府的重要职责并以法律形式固定下来，标志着我国土地利用总体规划工作开始步入法制化轨道。

这一时期，受改革开放等党和政府在发展方针等方面的重大转变影响，规划体系进入不断调整分化演进的初级阶段。“五年计划”因计划经济体制向社会主义市场经济体制的转变而不断调整，城市规划随着城市规划法规体系和技术规范体系的初步建立迎来发展的春天，国土规划因尚未取得法定地位而未能发挥应有的作用[④]，环境保护相关内容被涵盖于城市规划之中，尚未形成独立的规划类型。

---

① 毕涛，鞠美庭，孟伟庆，路立．国内外生态城市发展进程及我国生态城市建设对策．资源节约与环保，2008，24（1）：30-33。

② 牛凤瑞，潘家华，刘治彦，中国城市发展 30 年．北京：社会科学文献出版社，2009。

③《中华人民共和国宪法（1982 年）》第十五条 国家在社会主义公有制基础上实行计划经济。国家通过经济计划的综合平衡和市场调节的辅助作用，保证国民经济按比例地协调发展。禁止任何组织或者个人扰乱社会经济秩序，破坏国家经济计划。第六十二条 全国人民代表大会行使下列职权：（九）审查和批准国民经济和社会发展计划和计划执行情况的报告。第八十九条 国务院行使下列职权：（五）编制和执行国民经济和社会发展计划和国家预算。第九十九条 县级以上的地方各级人民代表大会审查和批准本行政区域内的国民经济和社会发展计划、预算以及它们的执行情况的报告。

④ 胡序威．区域与城市研究（增补本）．北京：科学出版社，2008：402。

三、加快发展期（1990—2012年）

进入 20 世纪 90 年代，以邓小平同志南方谈话和党的十四大为标志，中国的改革开放和社会主义现代化建设事业进入新的发展阶段。确定了经济体制改革的目标是建立社会主义市场经济体制，目的是使市场在社会主义国家宏观调控下对资源配置起基础性作用，使经济活动遵循价值规律的要求，适应供求关系的变化，中国的改革开放扬起新风帆。2001 年 11 月，历经 15 年的漫长谈判，中国正式加入世界贸易组织（WTO），经济由此驶入了快车道，成为同期世界上经济增长最快、贡献最大、发展最平稳的国家。

这期间，我国共制定了五个五年规划（计划）。“八五”计划（1991—1995 年）由于对改革开放释放的动能和我国经济发展潜力估计不足，最初制定的各项经济发展指标偏低，后三年对主要指标进行了调整，这也是改革开放以来唯一在计划执行过程中对主要指标进行调整的五年计划。“九五”计划（1996—2000 年）是迎接 21 世纪的计划，提出了全面实现第二步战略目标，并向第三步战略目标迈进的指导方针和主要任务，制定的指标更加注重宏观性、战略性和政策性，也是中国规划史上首次将港澳台问题纳入五年计划。从执行结果看，提前三年实现了人均国民生产总值比 1980 年翻两番目标，人民生活总体上达到了小康水平，为进一步实现第三步战略目标奠定了良好的基础。1998 年 3 月，根据九届全国人大一次会议审议通过的《国务院机构改革方案》，将 1952 年成立以来延续了 46 年的国家计划委员会更名为国家发展计划委员会。“十五”计划（2001—2005 年）是 21 世纪制定的第一个五年计划，以调整经济结构为主线，更加重视生态建设、环境保护和经济与社会的可持续发展，并开启了五年计划的中期评估。随着 2003 年 3 月十届全国人大一次会议决定将国家发展计划委员会改组为国家发展和改革委员会，从“十一五”时期（2006—2010 年）开始，“国民经济和社会发展计划”正式更名为“国民经济和社会发展规划”。计划与规划虽仅一字之差，却反映出我国经济社会发展理念的重大转变。“十一五”规划坚持科学发展观，规划理念更加先进，规划内容更加充实，规划指标更加明确，编制程序更加规范，规划形式更加新颖，开创性地将规划指标分为预期性和约束性两大类，界定了政府和市场边界与功能；并开展了独立的第三方评估，这些创新探索和做法成为后来五年规划编制的基本遵循。“十二五”规划（2011—2015 年）是我国妥善应对国际金融危机后编制的五年规划，规划既关注当前问题，又着眼长远发展，做到“长短结合”，围绕到 2020 年全面建成小康社会目标制定发展内容，规划基调从“促进经济发展”转变为“促进经济发展方式转变”，突出了扩大内需、城镇化、节能减排和包容性增长等问题。“十二五”时期不是经济增长率最快的时期，却是各项目标实现最好、各项主要指标执行最好的时期，为“十三五”发展奠定了良好基础。

这一时期，随着地方政府发展意识的显著增强，除了国家和省级层面开展国民经济和社会发展五年规划（计划）编制之外，全国市、县（区）甚至一些发达地区的乡镇也开始编制国民经济和社会发展五年规划（计划）。为了加强规划管理工作，推动规划编制规范化，2005 年 10 月，国务院印发了《关于加强国民经济和社会发展规划编制工作的若干意见》（国发〔2005〕33 号），首次提出和确立了“三级三类”① 的发展规划体系，改变了我国自 1953 年编制第一个五年计划以来一直对发展类规划没有进行分类的做法。

随着改革开放的不断深化，规划编制类型多元化逐步兴起。自 21 世纪开始，“城市经营”理念得到重视，国内许多重要城市（特别是一些省会城市和经济实力较强的中心城市）纷纷开始编制战略规划，作为提高城市竞争力、带动地区社会经济快速发展的主要施政手段。尤其是随着房地产开发、旧城改造工作的推进，城中村改造规划、城市风貌特色规划、中央商务区（CBD）规划、城市色彩规划等提上日程。由于新区、新城建设是地方政府推进城镇化发展的重要手段，新区规划、新城规划等也纷纷出台。为应对城镇化快速推进过程中交通拥堵、环境污染等问题，城市综合交通规划、城市园林绿地系统规划、生态城市规划、非建设用地规划等相继推出。随着历史文化保护工作的加强和内容拓展，历史街区保护规划、历史文化名镇保护规划、历史文化名村保护规划等陆续兴起。由于工业和高新技术产业的发展，各类开发区规划、产业园区规划的研究和编制也广泛兴起。为适应高等教育改革、高校合并的需要，

① 按照规划的行政层级分为三级，即国家级规划、省（自治区、直辖市）级规划、市县级规划；按照规划对象和功能分为三类，即总体规划、区域规划和专项规划。

一些省会城市和高校较多地区，开始编制大学城规划、科技园规划。

城乡规划领域多层次、全方位的规划法规体系在这一阶段逐步形成。1990年4月1日，我国第一部法律层面的《中华人民共和国城市规划法》施行，这是我国城乡规划法治化的重要里程碑。1993年5月，国务院审议通过《村庄和集镇规划建设管理条例》，为村、镇规划与建设管理提供了法律依据。1994年8月，《城镇体系规划编制审批办法》颁布，明确了城镇体系的规划对象、方法与内容。1995年6月，建设部颁布并实施《城市规划编制办法实施细则》《建制镇规划建设管理办法》。2000年2月《村镇规划编制办法》颁布，对村镇规划的规范编制发挥了积极作用。2000年4月《县域城镇体系规划编制要点》颁布，则进一步掀起了县域城镇体系规划的编制热潮。2007年10月，十届全国人大常务委员会第三十次会议通过了《中华人民共和国城乡规划法》，城乡统筹被明确写入城市规划工作的指导思想，城镇体系规划、乡规划和村庄规划与城市规划、镇规划一起被纳入统一的城乡规划体系。从"城市"到"城乡"，虽然仅一字之转变，却反映出全新的规划理念，强调了城乡规划的综合调控地位，使规划编制、修改及审批的各项程序更加严格，监督检查和公众参与力度显著提高。

1998年3月，国土资源部成立，"以耕地保护为核心的土地用途管制制度"得到全面加强，对《中华人民共和国土地管理法》进行了全面修订，明确了土地利用总体规划的"国家规划"地位，建立了自上而下的统一的土地利用规划体系，保证了国家土地政策的有效贯彻执行；同时，对城乡规划等相关空间性规划进行了有效制约，防止了建设用地规模的过度扩张，有力促进了耕地保护和节约集约用地。2010年9月，国土资源部正式启动全国国土规划纲要编制工作，主要对国土空间开发、资源环境保护、国土综合整治和保障体系建设等做出总体部署与统筹安排，为国土开发、保护、利用、整治各项活动提供重要依据。这期间，国土规划实际上发挥着最高层级空间规划的作用。2010年12月，《全国主体功能区规划》一经国务院批复实施，便成为科学开发国土空间的行动纲领和远景蓝图，是国土空间开发的战略性、基础性和约束性规划，对重建空间规划体系具有基础性作用。规划将我国国土空间按开发方式分为优化开发区域、重点开发区域、限制开发区域和禁止开发区域；按开发内容分为城市化地区、农产品主产区和重点生态功能区；按层级分为国家级和省级两个层面。详见图 1–1。

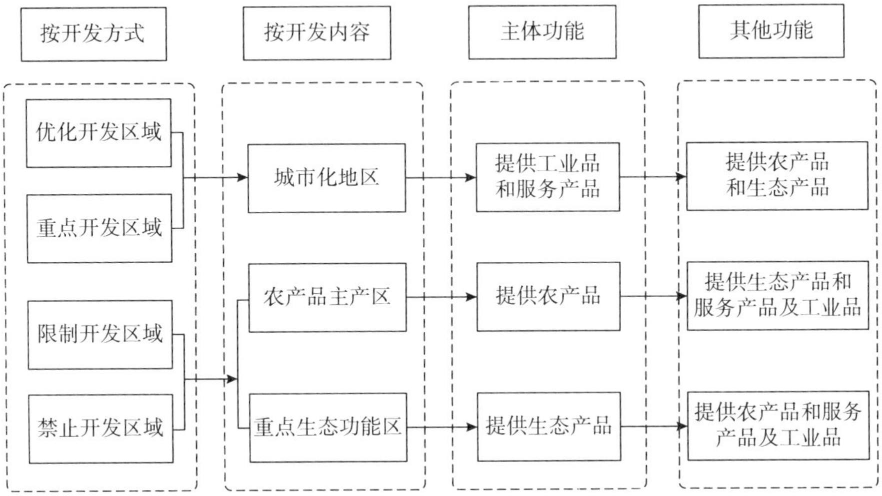

图 1-1　国土空间开发主体功能区分类及其功能图

为加强环境保护，1998 年 6 月国家环境保护局升格为国家环境保护总局，2008 年 3 月，十一届全国人大一次会议通过关于国务院机构改革方案的决定，组建环境保护部。环境保护规划作为重点专项规划纳入国民经济和社会发展规划序列。2009 年 8 月正式颁布的《规划环境影响评价条例》则明确要求，“加强对规划的环境影响评价工作，提高规划的科学性”。这对于推进产业合理布局和城市规划的优化、预防资源过度开发和生态破坏具有积极意义。

区域规划方面，随着我国经济外向度的提高，城市与城市、城市与区域之间的联系逐渐增强，区域层面的研究与规划呈现百花齐放的局面[①]。国家层面，以 1999 年国家实施西部大开发战略为开端，到 2003 年实施东北老工业基地振兴战略，再到中部崛起战略提出，这一时期，京津冀、珠三角的区域空间规划，苏锡常、杭州湾的都市圈或城市群的规划，多种多样区域规划的实践，对建立区域协调发展的规划理念起到十分重要的促进作用。资源型地区、集中连片贫困区、革命老区等区域问题的研究与规划，为我国区域布局和空间治理发挥了重要作用。

① 王凯 . 国家空间规划论 . 北京：中国建筑工业出版社，2010：77。

专项规划方面，2000 年公安部、建设部联合启动了“畅通工程”，大大促进了交通规划的普及。之后，给排水、电力电信、燃气、热力等各专项规划也逐步加强。根据城市总体规划和商业发展的内在要求，在充分反映城市商业发展规律的基础上，商务主管部门通过编制《城市商业网点规划》完成对城市未来商业网点的商业功能、结构、空间布局和建设规模的统筹设计。国土（矿产、地质类）、农业、林草、海洋等部门主导或深度参与的《矿产资源开发规划》《全国粮食生产发展规划》《林业产业振兴规划》等各类专项规划应运而生。

综合来看，五年规划的科学性、严肃性、有效性进一步增强，各级各类规划呈现整体繁荣、碎片化格局，具体表现为“纵向到底、横向并列”。纵向来看，各项规划从国家级、省级、市级层面实行自上而下的垂直管理。在国家层面，先后发布了土地利用总体规划纲要、主体功能区规划、生态环境保护纲要、特色农产品区域布局规划、长江三角洲地区区域规划、海峡西岸经济区发展规划、广西北部湾经济区城镇群规划纲要等规划，进一步提高了中央政府的国家治理能力。在地方层面，通过编制实施五年规划、城市总体规划、村镇建设规划、土地整治规划、开发区（园区）规划、基本农田保护规划、环境影响评价等，促进了国家重大战略、耕地和环境保护等基本国策的落实，极大提升了地方政府的治理效率和效能，各类规划呈现出“蓬勃生长”局面。横向来看，则是“多规并行”，在五年规划（计划）统领下，各类规划纷纷出台，在广度和深度上不断拓展、相互渗透。尽管发展迅速，但由于在不同部门管理下，编制方法不同、标准不同、时限不同、要求不同，因此规划理论方法和技术逐步分化并各自发挥作用。

四、改革创新期（2013—2020年）

党的十八大以来，我国将生态文明建设提升至与经济、政治、文化、社会四大建设并列的高度，统筹推进“五位一体”总体布局、协调推进“四个全面”战略布局成为重大的发展指引。这一时期，在经历了调整发展期的摸索试错和加快发展期的大干快上后，我国规划事业在取得巨大发展成就的同时，也暴露出了诸多问题。面对凸显的矛盾，一方面，通过机构改革，进一步理顺规划管理，使各类规划在内容体系与工作方法上得到进一步规范和创新；另一方面，规划体制改革的步伐明显加快，五年规划跟随社会主义市场经济体制制度改革及时深化，出台主体功能区规划，开展省、市、县各级“多规合一”试点，我国各类规划迎来了改革创新发展的春天。

随着我们党对执政规律、社会主义建设规律、人类社会发展规律的认识不断深化，五年规划的理念、目标、内容等不断改革创新。“十三五”规划是我国按照创新、协调、绿色、开放、共享的新发展理念制定的第一个五年规划，以提高发展质量和效益为中心，以供给侧结构性改革为主线，描绘了全面建设小康社会的美好蓝图。同时，作为我国经济发展新常态下的第一个五年规划，意义特殊，职责艰巨，在国际环境不利的境况下追求发展目标难上加难。在内容上着重突出“创新”的引擎作用，把“创新发展”单独成篇，从科技创新到构建激励创新体制机制均有规划，标志着我国经济发展由数量型增长转变为质量型增长，并将引发发展全局的深刻变革。

随着省级主体功能区规划编制的完成，主体功能区规划已经成为国家生态文明制度体系的重要一环，对重建空间规划体系具有基础性作用。为贯彻党的十八大报告上提出的“加快实施主体功能区战略，推动各地区严格按照主体功能定位发展，构建科学合理的城市格局、农业发展格局、生态安全格局”，国家发展改革委于 2013 年 6 月下发《贯彻落实主体功能区战略推进主体功能区建设若干政策的意见》（发改规划〔2013〕1154 号），旨在完善和推进主体功能区建设的配套政策。2013 年 11 月，党的十八届三中全会通过了《中共中央关于全面深化改革若干重大问题的决定》，明确要坚定不移实施主体功能区制度，建立国土空间开发保护制度，最终目标是要建立起科学的决策和责任制度、有效的执行和管理制度、内化的道德和自律制度。

2013 年 12 月，中央城镇化工作会议上第一次提出建立统一的空间规划体系。在跨区域实践层面，2014 年开始编制的《珠江三角洲全域规划（2014—2020）》，以“全领域覆盖、全要素联系、多部门联合”为目标，在区域性“多规合一”工作上迈出了历史性的一步。在县市层面，国家发展改革委、住建部、原国土部、原环保部四部委于 2014 年联合下发《关于开展市县“多规合一”试点工作的通知》，在全国选择28个市县开展“多规合一”试点工作；2015年和2016年，国家确定海南省和宁夏回族自治区开展省域“多规合一”改革试点，2017年1月，国家出台《省级空间规划试点方案》，将吉林、浙江、福建、江西、河南、广西、贵州7个省区纳入开展省级空间规划试点之列，标志着我国国土空间规划改革日渐成熟，进入大面积推广阶段。

2014年《国家新型城镇化规划（2014—2020年）》发布，明确了城镇化的发展路径、主要目标和战略任务，并统筹相关领域制度和政策创新，该规划成为指导全国城镇化健康发展的宏观性、战略性、基础性规划。2015年12月，时隔37年的中央城市工作会议在北京召开。会议强调，生态文明体制下的空间规划改革、城市设计、乡村振兴等要尊重城乡发展规律，新型城镇化背景下城乡规划转型发展进一步加快。2017年6月1日，《城市设计管理办法》出台，标志着城市发展理念再次更新，通过管理现代化和体制机制协调化，提升城市的宜居性，进一步扩充城市在各方面的承载力。

区域规划作为落实国家区域战略的核心抓手，引领协调发展的作用越发凸显。党中央提出了京津冀协同发展、长江经济带发展、共建“一带一路”、粤港澳大湾区建设、长三角一体化、黄河流域生态保护和高质量发展、成渝地区双城经济圈建设等新的区域发展战略，构成了“美丽中国”建设的核心内容[①]。围绕“四大板块”“七大区域”，国家相继推出了一批区域规划及相关政策文件，包括长三角等城市群规划、武陵山片区等区域发展与扶贫攻坚规划、关中—天水等经济区发展规划等，极大地丰富了我国区域规划的理论和实践。

专项规划逐渐打破了传统计划经济体制遗留下来的制度性壁垒，已成为完善社会主义市场经济体制、促进城乡区域协调发展、提高资源利用效率、推进基本公共服务均等化的重要载体。如2018年9月，国务院印发《乡村振兴战略规划（2018—2022年）》，是对乡村振兴战略的总体设计和阶段谋划，是指导新时代“三农”领域发展、布局重大工程项目、引导社会资本投向、制定相关政策的重要依据。

---

① 樊杰. 我国“十四五”时期高质量发展的国土空间治理与区域经济布局. 中国科学院院刊，2020（7）。

在各级各类规划充分发挥各自特色、取得有目共睹成绩的同时，规划理念也不断更新提升，奠定了促进可持续发展的重要基石[①]。例如，城市规划的“以人为本”“开放紧凑”“功能复合”“产城融合”，土地利用规划的“资源节约”“精明增长”“集约集聚”，环境保护规划的“环境友好”“绿色低碳”“生态安全”，国土规划的“区域协调”“均衡发展”“多元和谐”，等等，广泛影响着人们的思想行为和政府管理决策，引导着经济发展方式和生产生活方式的变革。

为了解决空间性规划重叠冲突、部门职责交叉重复、地方规划朝令夕改等问题，2018 年 3 月十三届全国人大一次会议通过的《国务院机构改革方案》，将国土部门的土地规划管理职责、发改部门的编制主体功能区规划职责、住建部门的城乡规划管理职责、水利部的水资源调查和确权登记管理职责、农业部的草原资源调查和确权登记管理职责、国家林业局的森林湿地等资源调查和确权登记管理职责、国家海洋局的职责、国家测绘地理信息局的职责等进行整合，组建形成自然资源部。也就是从资源权属入手，整合目前各部门编制的各类空间性规划，彻底解决空间规划“九龙治水”的管理局面，以便形成全国统一、相互衔接、分级管理的空间规划体系。紧接着，为了解决规划体系不统一、规划目标与政策工具不协调等问题，2018 年 11 月，中共中央、国务院印发了《关于统一规划体系更好发挥国家发展规划战略导向作用的意见》（中发〔2018〕44 号），这是新中国成立以来国家出台的最高层级的规划事业纲领性文件，提出要更好发挥国家发展规划的战略导向作用，为创新和完善宏观调控、推进国家治理体系和治理能力现代化、建设社会主义现代化强国提供有力支撑。2019 年 5 月 9 日，为解决空间规划类型过多、内容重叠冲突、审批流程复杂、周期过长、地方规划朝令夕改等问题，国务院发布了《关于建立国土空间规划体系并监督实施的若干意见》（中发〔2019〕18 号），提出建立全国统一、责权清晰、科学高效的国土空间规划体系并实施监管，将主体功能区规划、土地利用规划、城乡规划等空间规划融合为统一的国土空间规划，实现了“多规合一”。

这一时期，规划体制改革步伐明显加快，规划体系不断健全，基本形成了与社会主义市场经济体制相适应的五年规划制度，主体功能区规划出台，省、

---

① 董祚继、吴次芳、叶艳妹、杨昔．“多规合一”的理论与实践．杭州：浙江大学出版社，2017。

市、县各级“多规合一”试点形成重大经验，对构建规划体系起到基础性作用，国土空间规划定名，规划事业进入了全面深化改革、创新发展的关键时期。

纵观新中国成立以来的规划发展历程，规划（计划）起步于计划经济时期，完善成熟于市场经济时期，经历了起步发展期“五年计划一规总揽”、调整发展期“规划调整分化演进”、加快发展期“规划裂变多规繁荣”、改革创新期“创新探索多规合一”四大阶段，客观反映了计划经济体制向社会主义市场经济体制转变的历史必然。在起步发展期，通过制定各类规划，对建立比较独立完整的工业体系和国民经济体系发挥了特有的时代作用。在市场经济条件下，通过调整发展期、加快发展期和改革创新期不断探索与市场经济相适应的规划管理体制、编制方法、实施路径等，极大增强了市场活力和创新动力，有力保障了国家战略贯彻落实，促进了城镇化快速发展和城乡、区域协调发展，起到了促进国土空间合理利用和有效保护的作用，发挥了国家实施宏观调控和推动国民经济持续健康发展的特有功能，是促进我国创造彪炳史册的社会和谐稳定和经济可持续发展的世界奇迹的重要手段。

第三节　规划体系构建

进入新发展阶段，百年变局加速演进。建立和完善符合新时代新阶段要求的规划体系，进一步规范各类规划编制手段，推进规划编制规范化、科学化，对于落实党和国家战略意图、明确政府工作重点、引导市场主体行为、推动社会主义现代化建设事业取得新的伟大成就具有巨大现实意义。

一、规划的功能作用

规划是政府为了实现既定目标，对规划对象未来一个时期的发展设想、谋划、部署做出的科学安排。换句话说，规划就是为了实现某一领域既定目标，对未来整体性、长期性、基本性问题的思考、考量和整套行动方案的谋划设计。编制和实施规划作为中国特色社会主义制度的治理方式，近年来越来越多地受到了国际社会，特别是国外政要的关注，得到越来越多的肯定和赞许。编制和实施规划，是更好发挥政府调控、驾驭经济社会发展的应有之义，我国编制实施规划主要有四种功能作用。

1.规划是凝聚全社会共识的行动纲领

一个国家、一个民族要有共同的奋斗目标、共同的努力方向。规划在编制和实施过程中，既要广泛听取社会各界意见，最大限度地凝聚共识，引导社会各界坚定信心，又要广泛接受社会各界监督，认准一个方向、一个目标，一代接着一代干，一步一个脚印向前迈进，在相当范围和一定程度上凝聚社会共识。所以，规划就成为这种凝聚社会共识和大家意志的表达形式，可以使人们对党和政府中长期的战略意图、发展重点、奋斗目标、保障举措等看得一清二楚、一目了然，有利于在一个有 14 亿多人口的大国统一思想、凝聚共识、形成合力，保证目标的如期实现。

2.规划是政府履行职责的依据

规划明确了政府工作重点，为政府履行经济调节、市场监管、社会管理、公共服务、生态环境保护职能提供了重要依据，使财政政策、货币政策、产业政策、区域政策等既符合短期经济运行的特点，又符合长期规划的目标任务。同时，通过建立各级各类规划衔接的规划体系，综合平衡政府各部门间关系，充分调动中央和地方的积极性，将各部门、各地方的发展目标、发展任务、工作重点纳入国家发展全局予以考虑和安排，形成工作合力，能够有力推动上下左右各方、政府市场社会各界共同落实国家发展战略，促进经济持续健康发展[①]。

3.规划是引导资源配置的工具

市场经济的规律是市场决定资源配置，政府不是资源配置的主体，但政府

---

① 王昌林．十三届全国人大常委会专题讲座第十九讲——国民经济和社会发展五年规划（计划）制定和实施的主要历程、重要作用、宝贵经验与建议．中国人大网．http://www.npc.gov.cn/npc/c30834/202010/9a2a59d4e3124ec787021268174bd57e.shtml。

可以通过规划引导资源向国家战略意图的方向配置。在基础设施短缺的时代，通过编制基础设施专项规划，引导资源向基础设施领域配置；在城镇化发展的时代，可以通过编制新型城镇化规划，引导资源向城市集中；在创新驱动发展的时代，可以通过编制创新发展专项规划，引导创新资源向科技革命和产业变革的重点领域集聚。

4.规划是约束市场行为的“第二准则”

在市场经济条件下，各类市场主体生产经营、开发建设首先要依法、守法。城乡规划法等法规是规范性文件，具有普遍约束力，可以规定自然保护地、基本农田不能开发建设，但不可能清晰划定企业在具体哪块空间可以开发建设、哪块空间不可以开发建设。相比于法律法规，规划的灵活性在于，能够划定开发建设的“四至”范围，能够界定开发建设的内容。这样，法律规定才能落实，判决也才有依据。通过编制规划，划清各类空间界限，才能避免空间开发中的无序无度。所以，规划是对法的延伸，也是政府、法人、公民等市场主体的行为准则[①]，是各类开发建设活动的基本依据。

规划在凝聚全社会共识、明确履职内容、引导资源配置、约束市场行为等方面的功能作用，体现出规划是建立完善的社会主义市场经济体制的重要手段、是党治国理政的重要方式。在新时代，与时俱进、不断创新，建立定位准确、边界清晰、功能互补、统一衔接的规划体系，完善规划体制机制，是编制好实施好规划的必要条件。

二、规划存在的问题

经过70年来的改革创新、探索实践，我国的规划职能已经发生了巨大转变，各类规划围绕其职能职责形成了“纵向到底、横向并列”的管理体系，呈现多规繁荣的景象，但各类规划类型繁多、内容冲突、自成一体的问题严重影响了经济社会高质量发展的要求。

---

① 杨伟民等．新中国发展规划70年．北京：人民出版社．2019：302–303。

1.规划种类繁杂

据不完全统计，在2018年以前，经法律法规和部门规章授权编制的规划达80多种，国务院有关部门编制的行业规划有150多个，省（自治区、直辖市）和市、县地方政府编制的各类规划达7300多个。就规划期而言，差异非常明显。例如，国民经济和社会发展规划期为5年，每遇关键节点，远景可展望到10年；主体功能区规划期为10年；城乡规划中城市总规、镇的总规和省域城镇体系规划期一般为20年；土地利用总体规划期一般为15年，其中市级土地利用总体规划期为10 ~ 15年；生态环境保护规划期又与国民经济和社会发展规划期同样为5年。要使如此众多且规划期不一的规划能够相互衔接、有效落地，是一件不可能做到的事情。

2.规划之间矛盾较多

由于政府相关管理职能部门均有组织编制和发布实施规划的相应职责，且各有各的法律依据、技术路径、标准体系和审批管理机制，因此造成规划之间内容冲突、边界重叠或者空白。如陆海分界线的标准长期没有得到统一、林地和草地的划分技术规范和标准长期得不到统一。同时，规划作为有关部门履职的载体之一，编制内容和管理也涉及各自部门利益，从而导致了规划的不衔接和难统一等问题出现。如各类规划用地分类标准及确认办法不同，导致用地权属性质冲突矛盾，形成一地多种用途和多种属性的常态存在。从目前看，城乡规划和土地利用规划均建立了相对完善的用地分类体系。如在城乡规划中，依据土地使用的主要性质采用三层分类体系，城乡用地分为2大类、9中类、14小类，其中，城市建设用地进一步分为8大类、35中类、42小类，镇的用地分为9大类、30小类。在土地利用规划中，土地利用现状分类采用二级分类体系，包含12个一级类、72个二级类，用于地籍管理；土地利用规划分类采用三级分类体系，包含3个一级类、10个二级类、25个三级类，用于规划管理。而农业用地、林业用地及草原用地虽然有各自的认定标准办法，但界限在自然动态中又往往模糊，易于造成较大差异。详见表1–2。

表 1-2　主要空间性规划差异对比①

差异项	主体功能区规划	城乡规划	土地利用规划	生态及环境保护规划
规划性质	全域战略性、基础性、约束性规划	区域综合性、约束性、实施性规划	全域综合性、基础性、约束性规划	区域综合性、基础性、约束性规划
规划范围	陆域、海域全覆盖	陆域范围部分覆盖；主要范围为城乡规划建设区	陆域范围全覆盖	行政辖区范围
规划期限	10 年	20 年	15 年	5 年
规划类型	总体规划	总体规划、控制性详细规划、修建性详细规划	土地利用总体规划、土地利用详细规划、土地利用专项规划	专项规划
基础数据	空间数据采用基础地理信息 1：250000、1：100000、1：50000 数据，非空间数据采用统计公布数	空间数据采用测绘 1：10000、1：2000、1：1000 等数据，非空间数据采用统计公布数	空间数据采用土地调查数据，非空间数据采用统计公布数	空间数据采用数字地形图，非空间数据采用统计公布数和环保监测数据
规划目标	构建高效、协调、可持续的国土空间开发格局	协调城乡空间布局，改善人居环境，促进城乡经济社会全面协调可持续发展	合理利用土地，保护耕地	控制主要污染物排放，加强生态环境综合治理和生态修复

① 樊森．国土空间规划研究．西安：陕西科学技术出版社，2020：335。

续表

差异项	主体功能区规划	城乡规划	土地利用规划	生态及环境保护规划
核心内容	开展国土空间综合评价，确定区域主体功能定位，明确区域空间开发战略，制定区域政策与绩效评价方向	总体规划重点确定城市性质和功能，明确城市空间规模、结构和布局；详细规划重在确定用地性质和强度，布置基础设施	综合协调区域、城乡和各业各类用地，统筹安排土地开发、保护、利用和整治，突出耕地与基本农田保护、城乡建设用地规模与布局管控	协调经济社会发展和生态环境保护，确定生态保护和污染防治的目标、任务和措施
空间管控	优化开发、重点开发、限制开发、禁止开发四类主体功能区差异管控。城市化地区、农产品主产区和重点生态功能区	“三区四线”管控（禁建区、限建区、适建区和绿线、蓝线、紫线、黄线）	“三界四区”管控（城乡建设用地规模边界、城乡建设用地扩展边界、城乡建设用地禁建边界和允许建设区、有条件建设区、限制建设区、禁止建设区）	全国划分为生态功能区 242 个，并研究制定全国环境功能区，按照“三线一单”（生态保护红线、环境质量底线、资源利用上线和环境准入负面清单）进行管控
规划成果	一本规划；一套规划图（现状图和评价图）	一本规划（文本与说明）；一套规划图（总体规划图和若干专项规划图）	一本规划（文本与说明）；一套规划图（总体规划图和若干专项规划图和现状图）；一个规划管理信息平台	一本规划（文本含控制指标、重点项目）；若干工作部署示意图
规划层次	全国主体功能区规划—省级主体功能区规划	全国城镇体系规划—省域城镇体系规划—城市总体规划—县域总体规划—镇（乡）总体规划	全国土地利用总体规划—省级土地利用总体规划—市级土地利用总体规划—县级土地利用总体规划—乡级土地利用总体规划	全国环境功能区划—省级环境功能区划—市级环境功能区划—县级环境功能区划
立法依据	—	《中华人民共和国城乡规划法》（2015 年修正本）	《中华人民共和国土地管理法》（2004 年修正本）	《中华人民共和国环境保护法》（2014 年修订本）

续表

差异项	主体功能区规划	城乡规划	土地利用规划	生态及环境保护规划
技术标准	省级主体功能区划分技术规程	完备性、系统性优	完备性、系统性较优	完备性、系统性一般
规划编制	国家主体功能区规划由全国主体功能区规划编制工作领导小组会同各省（区、市）人民政府编制，并通过中期评估实行滚动调整；省级主体功能区规划由各省（区、市）人民政府组织市、县级人民政府编制	国务院城乡规划主管部门会同国务院有关部门组织编制全国城镇体系规划；省级人民政府组织编制省域城镇体系规划；城市人民政府组织编制城市总体规划；县人民政府组织编制县人民政府所在地镇的总体规划；镇的总体规划由镇人民政府组织编制	全国土地利用总体规划由国务院土地行政主管部门会同有关部门编制；其他由各级人民政府组织本级土地行政主管部门和其他有关部门编制	各级环境保护主管部门联合其他相关部门组织编制
规划审批	分级审批	分级审批	分级审批	同级审批
规划实施	各级人民政府实施	各级人民政府实施	各级人民政府实施	各级人民政府实施
规划修改	编制机关修改，并报原审批机构批准	编制机关修改，并报原审批机构批准	编制机关修改，并报原审批机构批准	编制机关修改，报同级人民政府批准
规划监督	多部门联合监督	城乡规划主管部门和本级人民代表大会及其常务委员会实施监督	土地行政主管部门培训土地管理监督检查人员进行监督检查	环境保护主管部门制定监测规范并统一规划国家环境质量监测站（点）

3.规划管理各自为政

规划职能分置有利于形成协调统一的规划管理，但有关部门围绕各自的管理职责自成一体，形成了类型繁多、相互交织的规划体系，且在规划运行管理中各自为政，导致“规”出多门且难以协调，造成各类规划出现了“就发展论发展”“就城市论城市”“就土地谈土地”衔接不力等问题，以及规划往往随着领导变，不能一张蓝图绘到底，重当前、轻长远，重局部、轻全局，口气大、难落实等乱象的发生。

按照目标导向、问题导向，解决各级各类规划之间缺乏明确的分工和联系、功能定位模糊问题及部门之间政出多门、互相“扯皮”甚至相互掣肘现象，是改革规划体制的重要任务，是构建新时代规划体系的现实需要。

三、时代发展变革趋势

进入新发展阶段，我国发展内外环境发生深刻变化，许多新的重大理论、方法和实践问题均发生了变化。制定和实施规划，就需要立足新形势新任务新要求，正确认识和把握时代发展趋势。

1.经济社会高质量发展的趋势

自 20 世纪 50 年代初开始编制第一个规划（“一五”计划）至今已经接近 70 年，通过一系列规划的制定和实施，我国占世界经济的比重提高到 16% 以上，成为全球第二大消费市场；常住人口城镇化率提高到 60.6%，人均可支配收入增加到 3.1 万元，城镇人均住房建筑面积接近 40 平方米，绝对贫困问题得到历史性解决，我国迎来了从站起来、富起来到强起来的伟大飞跃。党的十九大已作出中国经济由高速增长阶段转向高质量发展阶段的重要判断，推动高质量发展成为当前和今后一个时期确定发展思路、制定各类政策的根本要求。直面新时代新要求，更需要编制出符合人民意愿、富有时代特征、落实全面建设社会主义现代化国家目标的高质量规划体系，必须不断创新规划理念和方法，发挥它已成为党治国理政重要方式的功能作用。

2.践行生态文明建设理念的需要

党的十八大以来，党中央把统筹推进“五位一体”总体布局置于强化顶层设计和整体谋划的重要位置。在生态文明建设中，首次提出建立空间规划体系，划定生产空间、生活空间、生态空间开发管制界限，落实用途管制要求，围绕建设美丽中国，深化生态文明体制改革，健全国土空间开发、资源节约利用、生态环境保护的体制机制，推动形成人与自然和谐发展的现代化建设新格局。因而，推动生态文明建设理念深入人心，认真践行“两山论”，走深走实“两山路”，建设美丽中国，就必须建立与此相适应的规划体系。

3.推进国家治理体系和治理能力现代化的需要

党的十八届三中全会确立的关于全面深化改革的总目标是完善和发展中国特色社会主义制度，推进国家治理体系和治理能力现代化。面对规划编制、实施中存在的问题，经过从省、市、县（区）“多规合一”的改革试点，发挥试点探路、摸索经验的重要作用，形成了一批可复制可推广的试点成果体系，创造了一批典型案例。党的十九届三中全会对国家机构改革作出重要决定，明确组建自然资源部，将分散在发改部门、住建部门、国土部门的空间规划事权进行了有效整合，为空间规划体系整合提供了组织保障。因此，通过理顺规划类型，完善规划体系，明确空间规划编制主体、管理主体，对于形成各类开发保护建设活动的基本依据、明晰管理职能体系，是适应新时代国家机构改革和政府职能转变的客观需要，是提升国家治理能力的重要体现和保障。

4.以高新技术赋能规划创新的需要

随着计算机和新一代信息技术的发展，改变了以往人们数据获取、整理、分析等的方法和手段，必将驱使规划编制进入智能化、数字化发展新阶段。依托人工智能、大数据、云计算、区块链、物联网、城市信息模型等不断成熟的技术，将会大大提高规划编制的智慧化、规划实施的合理化和规划管控的科学化水平。依托遥感、全球定位系统、地理信息系统等信息化技术，自然资源本底数据采集将可以实现全域数字化。在新技术背景下，通过高新技术赋能，加快建设国家规划综合管理信息平台，有利于改善规划编制、实施、管理的局限性和丰富方法与手段，实现规划基础信息互联互通和归集共享，加强规划的协调衔接、跟踪监测、实施管控和统一管理，自觉服务于经济社会的高质量发展和人民群众的高品质生活。

新阶段把握新特征，准确识变、科学应变、主动求变，以深化改革激发规划体制的新活力，推动规划编制实施工作取得更大成效。规划体制改革的思想基础、实践基础、制度基础已经成熟，新时代规划体系呼之欲出。

四、新时代规划体系构建

建立规划体系并实施，在我国规划发展史上具有里程碑的意义。这是一场系统性、整体性、重构性改革，强化了规划工作的科学性、严肃性，也进一步强调了规划的权威性，标志着我国规划体制改革进入了新阶段。

1.规划体系构建要求

早在2005年，《国务院关于加强国民经济和社会发展规划编制工作的若干意见》提出了“三级三类”的发展规划体系。改革开放特别是党的十八大以来，国家发展规划对创新和完善宏观调控的作用明显增强，对推进国家治理体系和治理能力现代化的作用日益显现，但规划体系不统一、规划目标与政策工具不协调等问题仍然突出，影响国家发展规划战略导向作用的充分发挥。

立足新时代，面临新形势新任务新要求，为进一步明确各类规划功能定位，理顺各类相互关系，避免交叉重复和矛盾冲突，2018年9月20日，中央全面深化改革委员会第四次会议审议通过《中共中央 国务院关于统一规划体系更好发挥国家发展规划战略导向作用的意见》（中发〔2018〕44号）（以下简称《意见》），并于2018年11月发布实施。

《意见》指出：以规划引领经济社会发展，是党治国理政的重要方式，是中国特色社会主义发展模式的重要体现。科学编制并有效实施国家发展规划，阐明建设社会主义现代化强国奋斗目标在规划期内的战略部署和具体安排，引导公共资源配置方向，规范市场主体行为，有利于保持国家战略连续性稳定性，集中力量办大事，确保一张蓝图绘到底。

《意见》内容分为：总体要求；明确规划功能定位，理顺规划关系；统一规划体系，形成规划合力；统筹规划管理，加强规划衔接协调；规范规划编制程序，提高规划质量；突出规划引领，强化政策协同；健全实施机制，确保规划有效落实等7个方面共21条意见。其中《意见》总体要求为：坚持以人民为中心的发展思想，牢固树立新发展理念，落实高质量发展要求，理顺规划关系，统一规划体系，完善规划管理，提高规划质量，强化政策协同，健全实施机制，加快建立制度健全、科学规范、运行有效的规划体制，更好发挥国家发展规划的战略导向作用，为创新和完善宏观调控、推进国家治理体系和治理能力现代化、建设社会主义现代化强国提供有力支撑。

2."三级四类"规划体系构成

至此，党和国家对规划体系构建及其编制在总结以往成功经验和教训的基础上，进行了"顶层设计"，提出了按照下位规划服从上位规划、下级规划服务上级规划、等位规划相互协调的原则，建立了以国家发展规划为统领，以空间规划为基础，以专项规划、区域规划为支撑，由国家、省、市县各级规划共同组成，定位准确、边界清晰、功能互补、统一衔接的"三级四类"规划体系，见图1–2。

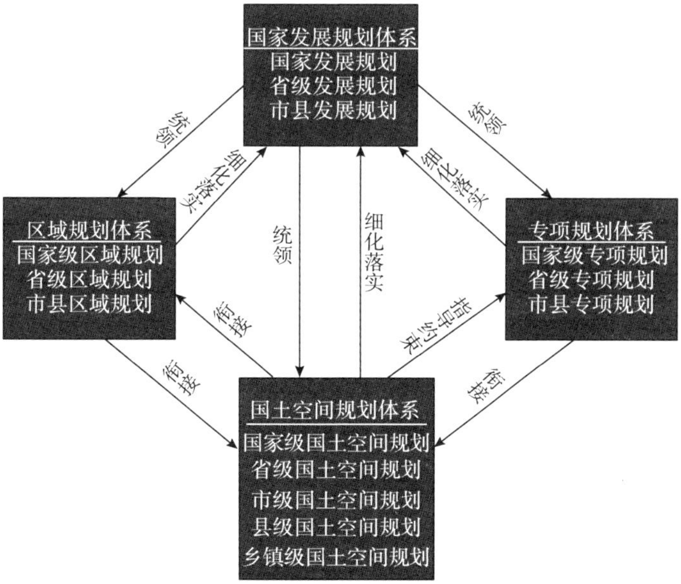

图1-2 新时代国家规划体系框架图

国家发展规划：即中华人民共和国国民经济和社会发展五年规划纲要，是社会主义现代化战略在规划期内的阶段性部署和安排，主要阐明国家战略意图、明确政府工作重点、引导规范市场主体行为，是经济社会发展的宏伟蓝图，是全国各族人民共同的行动纲领，是政府履行经济调节、市场监管、社会管理、公共服务、生态环境保护职能的重要依据。国家发展规划根据党中央关于制定国民经济和社会发展五年规划的建议，由国务院组织编制，经全国人民代表大会审查批准，居于规划体系最上位，是其他各级各类规划的总遵循。《意见》要求：强化国家发展规划的统领作用。要提高国家发展规划的战略性、宏观性、政策性，增强指导和约束功能，聚焦事关国家长远发展的大战略、跨部门跨行业的大政策、具有全局性影响的跨区域大项目，把党的主张转化为国家意志，为各类规划系统落实国家发展战略提供遵循。要发挥国家发展规划统筹重大战略和重大举措时空安排功能，明确空间战略格局、空间结构优化方向以及重大生产力布局安排，为国家级空间规划留出接口。科学选取需要集中力量突破的关键领域和需要着力开发或者保护的重点区域，为确定国家级重点专项规划编制目录清单、区域规划年度审批计划并开展相关工作提供依据。

国家级空间规划：以空间治理和空间结构优化为主要内容，是实施国土空间用途管制和生态保护修复的重要依据。国家级空间规划要细化落实国家发展规划提出的国土空间开发保护要求，由国务院有关部门编制，报国务院审批。《意见》要求：强化空间规划的基础作用。国家级空间规划要聚焦空间开发强度管控和主要控制线落地，全面摸清并分析国土空间本底条件，划定城镇、农业、生态空间及生态保护红线、永久基本农田、城镇开发边界，并以此为载体统筹协调各类空间管控手段，整合形成“多规合一”的空间规划。要强化国家级空间规划在空间开发保护方面的基础和平台功能，为国家发展规划确定的重大战略任务落地实施提供空间保障，对其他规划提出的基础设施、城镇建设、资源能源、生态环保等开发保护活动提供指导和约束。

国家级区域规划：指导特定区域发展和制定相关政策的重要依据。国家级区域规划要细化落实国家发展规划对特定区域提出的战略任务，由国务院有关部门编制，报国务院审批。《意见》要求：强化区域规划的支撑作用。国家级区域规划主要以国家发展规划确定的重点地区、跨行政区且经济社会活动联系紧密的连片区域及承担重大战略任务的特定区域为对象，以贯彻实施重大区域战略、协调解决跨行政区重大问题为重点，突出区域特色，指导特定区域协调协同发展。

国家级专项规划：指导特定领域发展、布局重大工程项目、合理配置公共资源、引导社会资本投向、制定相关政策的重要依据。国家级专项规划要细化落实国家发展规划对特定领域提出的战略任务，由国务院有关部门编制，其中国家级重点专项规划报国务院审批，党中央有明确要求的除外。《意见》要求：强化专项规划的支撑作用。国家级专项规划原则上限定于关系国民经济和社会发展全局且需要中央政府发挥作用的市场失灵领域。国家级重点专项规划要严格限定在编制目录清单内，与国家发展规划同步部署、同步研究、同步编制。国家级专项规划要围绕国家发展规划在特定领域提出的重点任务，制定细化落实的时间表和路线图，提高针对性和可操作性。

国家发展规划居于规划体系最上位，是其他各级各类规划的总遵循。国家级空间规划对国家级专项规划具有空间性指导和约束作用。国家级专项规划、区域规划、空间规划，均须依据国家发展规划编制。国家级专项规划、区域规划、空间规划，规划期与国家发展规划不一致的，应根据同期国家发展规划的战略安排对规划目标任务适时进行调整或修编。

省级规划、市县级规划依据国家发展规划制定，既要加强与国家级专项规划、区域规划、空间规划的衔接，形成全国“一盘棋”，又要因地制宜，符合地方实际，突出地方特色。

五、完善规划运行机制

构建统一的规划体系，必须规范技术、统一标准，构建完整的规划编制审批、实施监管、法规政策和技术标准，进一步细化统一各项办法和技术规程，建立科学有效的规划运行机制。

1.编制审批

规划编制审批包括了各类规划起草、衔接、论证、审批、发布等程序制度。

（1）建立健全规划编制目录清单管理制度

报请国务院批准的国家级专项规划、区域规划，由国务院发展改革部门会同有关部门统筹协调后制定编制目录清单或审批计划，报国务院批准实施。报请国务院批准的国家级空间规划，由国务院自然资源主管部门会同发展改革部门制定编制目录清单，报国务院批准实施。国务院各部门自行编制或批准的各类规划，须报国务院发展改革部门备案。除党中央、国务院有明确要求外，未列入目录清单、审批计划的规划，原则上不得编制或批准实施。属各部门日常工作或任务实施期限少于 3 年的，原则上不编制规划。

（2）强化规划衔接协调

建立健全规划衔接协调机制，明确衔接原则和重点，规范衔接程序，确保各级各类规划协调一致。报请党中央、国务院批准的规划，须事先与发展规划进行统筹衔接。衔接重点是规划目标特别是约束性指标、发展方向、总体布局、重大政策、重大工程、风险防控等，必要时由发展改革部门会同规划编制部门组织开展审查论证。省级发展规划须按程序报送国务院发展改革部门进行衔接。加强国家级专项规划、区域规划与空间规划的衔接，确保规划落地。

（3）深化重大问题研究论证和社会论证

拓展规划前期研究广度和深度，深入研究国民经济和社会发展全局性、前瞻性、关键性、深层次重大问题，科学研判发展趋势和阶段性特征，准确把握突出短板和发展方向，研究提出基本思路和解决方案。加强规划内容多角度论证和多方案比选，充分考虑要素支撑条件、资源环境约束和重大风险防范等，科学测算规划目标指标并做好平衡协调，深入论证重大工程、重大项目、重大政策实施的必要性、可行性和效果影响。坚持开门编制规划，提高规划编制的透明度和社会参与度。健全公众参与机制，坚持问需于民、问计于民，广开言路，广泛听取人民群众意见建议。综合运用大数据、云计算等现代信息技术，创新规划编制手段。充分发挥科研机构、智库等对规划编制的辅助支持作用。

（4）严格规划审批、发布程序

健全专家咨询论证制度，邀请相关领域专家科学论证规划内容并出具论证报告。扩大规划征求意见范围，适时公布规划草案或征求意见稿，充分征求社会公众等各方面意见建议。规范规划草案送审稿、起草说明、论证报告等审批要件，明确审批权限。规划经审批机关批准后，按程序发布实施。

（5）发挥规划管理信息平台作用

国务院发展改革部门要依托现有政务信息平台，建设国家规划综合管理信息平台，加强与相关政务模块之间的连接和信息共享，将各类规划纳入统一管理，强化规划衔接协调，跟踪监测规划编制和实施进程，推动规划基础信息互联互通和归集共享。

2.实施监督

按照谁牵头编制谁组织实施的基本原则，落实规划实施责任，完善监测评估，强化分类实施，提升规划实施效能。

（1）加强规划实施评估

规划编制部门要组织开展规划实施年度监测分析、中期评估和总结评估，鼓励开展第三方评估，强化监测评估结果应用。国家发展规划中期评估要结合国内外发展环境的新变化新要求，重点评估实施进展情况及存在问题，提出推进规划实施建议，评估报告报国务院审定后提请全国人民代表大会常务委员会审议。国家级专项规划、区域规划、空间规划的评估结果在向审批部门报告的同时，报送国务院发展改革部门。

（2）健全规划动态调整和修订机制

强化规划权威性、严肃性，未经法定程序批准，不得随意调整更改各类规划。经评估确需对国家发展规划进行调整修订时，须按照新形势新要求调整完善规划内容，由国务院提出调整建议，经党中央同意后，提请全国人民代表大会常务委员会审查批准。国家发展规划修订后，相关国家级规划相应进行调整修订，由规划编制部门提出建议，经国务院发展改革部门进行衔接论证后报原审批主体批准。

（3）完善规划实施监督考核机制

各类规划编制部门要将规划实施情况作为政务信息公开的重要内容，及时公布实施进展，自觉接受人大监督、审计监督和社会监督。国家发展规划实施情况纳入各有关部门和地方各级领导班子、领导干部考核评价体系，探索实行规划实施考核结果与被考核责任主体绩效相挂钩。

（4）健全规划审批和实施工作机制

建立健全党委领导、人大批准、政府编制实施的国家发展规划工作机制。国家发展规划根据党中央关于制定国民经济和社会发展五年规划的建议编制，重大实施进展情况及时报告党中央。全国人民代表大会审查批准国家发展规划，并依法监督规划实施情况。国务院编制实施国家发展规划，并按照优化协同高效的要求强化对其他各类规划的管理。

3.法规政策

规划的法规政策是规划编制审批的保障基础，为规划实施监督和技术标准制定提供法定依据和法定程序。

（1）依法编制规划

《中华人民共和国宪法》是我国的根本大法，拥有最高法律效力，是治国安邦的总章程，是规划体制机制运转的法律基础。《中华人民共和国民法典》在法律体系中居于基础性地位，是市场经济的基本法。编制规划不仅要遵循背景法、主干法、专项法、相关法和技术条例，同时，国家相关部委出台的意见、办法、方案、指南等都是应遵循的重要依据。

（2）完善法律法规

应当加快出台《中华人民共和国发展规划法》《中华人民共和国国土空间规划法》，将行之有效的经验和做法以法律形式固定下来。梳理现有与发展规划工作相关的法律法规、部门规章，针对发现的问题推动相关法律法规、部门规章的立改废释工作。

4.技术标准

规划技术标准既是编制各类规划的基础依据，又是依法规范规划编制单位行为，以及政府和社会公众对规划编制和实施进行监督检查的重要依据。

（1）继承发展现行规划标准科学内容

坚持“多规合一”，继承发展现行规划，尤其空间性规划的标准科学内容，梳理、解决相关标准交叉重复、内容滞后等问题。主要涉及现有城乡规划技术标准（共约包括 48 项标准，其中，基础标准 6 项、通用标准 11 项、专用标准 31 项）、土地利用规划的主要技术规范（涉及省、市、县、乡各级技术规程、指南等）、环境保护规划的相关技术规范及农、林、水、草等专项规划技术标准等。

（2）加快构建新规划技术标准体系

加强并完善规划技术标准体系建设的顶层设计，制定各项标准制修订的整体安排和路线图，围绕编制审批实施监督全流程管理工作需要，完善由基础通用、编制审批、实施监督、信息技术等类型标准组成的规划技术标准体系。如自然资源部制定的《国土空间规划技术标准体系建设三年行动计划（2021—2023）》涉及以上四类的 20 余项技术标准。

以规划引领经济社会发展，是党治国理政的重要方式，是中国特色社会主义发展模式的重要体现，也是中国社会长期和谐稳定和经济可持续发展的“密码”。落实高质量发展要求，加快统一规划体系建设，理顺规划关系，完善规划管理，提高规划质量，强化政策协同，健全实施机制，加快建立制度健全、科学规范、运行有效的规划体制，必将使规划在推进全面建设社会主义现代化国家新征程和实现中华民族伟大复兴的历程中发挥越来越重要的功能和作用。

第四节　编制基本要求

随着中国特色社会主义进入新时代，党和国家对规划体系进行了“顶层设计”，提出了新要求，做出了新部署，为今后规划编制指明了方向。目前，各级政府、相关职能部门和社会各界编制规划的方式方法不尽相同，但基本规范与技术要领相似，也就是人们常说的“万变不离其宗”。我们只有掌握了这些基本要求，才能在规划编制过程中得心应手、游刃有余，从而编制出符合新时代要求的高质量规划。

一、明确规划分类

不同类型规划、不同层级规划的作用对象、发展重点、发展目标、政策举措等方面既有一定联系，又存在明显差异。为清晰准确判断规划重点，需要在规划编制之前，对规划目的、核心诉求、重大关切等方面进行有效研判，明确规划类型。

在具体实践中，明确规划分类是诸多规划编制者和政府官员难以厘清的一个话题，但这又是从业者必须明白的一件事，即无论编制哪个层级的哪类规划，通过规划名称就可以知晓这个规划的分类与属性（见表 1–3）。

表 1-3　　　　规划分类与属性示例

规划名称	规划属性	规划分类
《中华人民共和国国民经济和社会发展第十四个五年规划和2035 年远景目标纲要》	国家级	发展规划
《苏州市相城区国民经济和社会发展第十四个五年规划和二〇三五年远景目标纲要》	市县级	发展规划
《陕西省国土空间规划（2020—2035 年）》	省　级	空间规划
《广德县空间规划（2017—2030 年）》	市县级	空间规划
《西部大开发“十三五”规划》	国家级	区域规划
《宁镇扬同城化发展规划》	省　级	区域规划
《国家质量兴农战略规划（2018—2022 年）》	国家级	专项规划
《滨州市粮食食品产业发展规划（2020—2025 年）》	省　级	专项规划

从现阶段来看，发展规划作为专有门类规划，发挥着引领和战略导向性作用，实行国家级、省（自治区、直辖市）级和市县级三级管理体制。

国土空间规划是对一定区域国土空间开发保护在空间和时间上作出的安排，包括总体规划、详细规划和相关专项规划。国家、省、市县编制国土空间总体规划，各地结合实际编制乡镇国土空间规划。国土空间总体规划是详细规划的依据、相关专项规划的基础。各地可因地制宜，将市县与乡镇国土空间规划合并编制，也可以几个乡镇为单元编制乡镇级国土空间规划。

专项规划是依据同级政府制定发展规划、国土空间规划的部署要求及目录清单编制完成的规划。除此之外，还有上级业务主管部门下发的要求编制规划的通知、指导意见等，这些都是编制专项规划的依据。专项规划可在国家级、省级和市县级编制，不同层级、不同地区的专项规划可结合实际选择编制的重点内容和精度。

编制区域规划，目的是使不同行政区管辖的但具有相同或相近资源优势、产业形态和地理经济区的发展成为一个有机统一的体系，达到优势互补、相互促进。区域规划在国家级、省级、市县级跨区域编制，内容深度根据问题导向确定。

二、落实规划依据

法无授权不可为。无论是编制发展规划、空间规划，还是区域规划、专项规划，均需有明确的依据。否则，所编规划就会成为无源之水、无本之木，难以经得起时间和实践的检验，发挥不了规划应有的功能和作用。

1.明确规划编制基本遵循

编制规划要以马克思列宁主义、毛泽东思想、邓小平理论、“三个代表”重要思想、科学发展观、习近平新时代中国特色社会主义思想为指导，紧紧围绕建设社会主义现代化强国宏伟目标，坚持以人民为中心，立足新发展阶段，贯彻新发展理念，融入新发展格局，以高质量发展为主题，紧紧围绕统筹推进“五位一体”总体布局和协调推进“四个全面”战略布局，使规划更好体现时代特色、更好贯彻国家发展战略。坚持目标导向和问题导向相统一，坚持立足国内和全球视野相统筹，坚持全面规划和突出重点相协调，坚持战略性和操作性相结合。注重实用管用，在强调战略导向作用的同时，突出约束力、可操作，使规划能够实现预期目标。

2.遵守法律法规、技术标准

编制省级发展规划，主要依据《中华人民共和国宪法》《中共中央关于制定国民经济和社会发展规划的建议》和省级党委《关于制定国民经济和社会发展规划的建议》及国务院、省级政府关于制定国民经济和社会发展规划的安排意见来制定。编制市县级发展规划，原则上同级党委不产生关于制定国民经济和社会发展规划的建议，主要依据是上级政府关于制定国民经济和社会发展规划的安排部署；但实际工作中也不能一概而论，有些市县也召开党的全会，制定出台规划建议，无疑这也是编制同级发展规划的主要依据。

国土空间规划，依据发展规划编制，为发展规划落地实施提供空间保障。《中华人民共和国土地管理法》《中华人民共和国城乡规划法》等国土空间规划相关法律法规无疑是最重要的依据。《全国主体功能区规划》《全国国土规划纲要（2016—2030年）》及国家相关部委出台的意见、办法、方案、指南等都是应遵循的重要依据。有些地区出台的地方性法规，如条例、规程、办法、通则等，也是编制国土空间规划不可忽视的依据。按照“多规合一”要求，制定、完善各级各类国土空间规划编制办法和技术规程，是保证规划科学性的前提条件，是各级规划编制有力的技术依据。

编制专项规划和区域规划，在遵守规划技术标准体系的基础上，要遵循发展规划、国土空间规划，不得违背上位规划强制性内容。

三、做好前期准备

当确立编制一项规划后，首先要做好前期准备工作。前期准备工作的扎实程度，对编制此项规划具有整体性和全局性的影响，是规划编制的基础工作。

1.拟订规划编制方案

无论是编制发展规划、国土空间规划，还是专项规划、区域规划，都是一项复杂的系统工程，涉及的行业、门类较多，需要统筹考虑、仔细安排，制订周密的工作方案。主要包括编制规划的目的作用、总体要求、重点任务、方法步骤、时间进度、组织领导等。

一般发展规划由同级发展改革部门提出，国土空间规划由自然资源部门提出，区域规划则依据规划纲要的要求由相关部门提出，报请政府同意。专项规划大多服务于发展规划或国土空间规划而同步展开。

制订规划编制工作方案要按照国家和上级政府安排，紧贴当地实际，拓宽视野，体现长远，突出重点，集中攻关薄弱环节和滞后领域，使规划编制为实现经济社会高质量发展奠定坚实基础。特别是在进度安排上要注意把握好时间节点，明确联系人、联系地址、联系方式等。

2.开展重大课题研究

这是我国多年编制规划的成功经验之一。实践证明，好的规划是深入实际调查研究出来的，而不是闭门造车编出来的。同时，新的规划期又会面临许多新情况、新问题，国内外及周边环境也会发生变化，会有许多的有利条件和基础，面临的困难和问题发生改变。因此，编制规划前必须深入规划区听取方方面面的意见和建议。常言道:“成绩不说跑不了，问题不说不得了。”着力研究未来一个时期经济社会将有可能呈现的环境形势和有关重大课题，既可以是问题与目标导向型研究，也可以是对策建议型或方案比选型研究，这类成果大多可为规划采纳或应用，或直接服务于规划编制。

开展规划重大问题研究，发展规划、区域规划一般侧重于发展思路、发展路径、提升产业竞争力、加大科技创新、打造一流营商环境、全面推进乡村振兴等方面的重大课题。国土空间规划由于其自身的特点，重大课题研究一般侧重于确定国土空间在生态保护、农业生产、产业发展、城镇建设等不同功能指向下的承载能力等级和适宜程度等领域研究，目的是提出未来发展方向和定位、划定不同的功能区域。值得注意的是，不同地方、不同区域，即便是同一省市的不同县（区），开展发展规划等各类规划编制研究的重大课题也不尽相同。

四、拟定规划提纲

规划是对未来一个时期整体性、长期性、基本问题的考量、设计和对新时代各项重大方略的科学统筹。一个好的、高质量的规划，必然应有一个思路清晰、符合实际、令人耳目一新的编制提纲。

提纲是一种概括性地叙述纲目、要点的公文。它不是把全文的内容一次性写出来，只需提纲挈领式地写出主要内容，就像抓住了网的总绳和衣服的领子一样，把所要写的内容简明扼要地提示出来。为了防止写规划时大家的不同认识，可以先列一个提纲，待各方面取得认同后，再去起草，这样不但可以节省时间，而且也可防止做无用功。

提纲由标题和相应层级的提纲等组成，一般应写到二级，有些重要材料若需要与有关部门沟通，也可写到三级，或明确提纲项下要写的主要内容。在编制规划过程中，不同规划应有不同提纲。提纲不仅要体现时代风貌，也必须符合实际，不仅要有前瞻性，也要有其规范性。

提纲在规划编制中，具有画龙点睛的作用。无论编制哪一类规划，在制定提纲时，都必须高度重视、认真对待、反复琢磨、字斟句酌，让人通过提纲就知道文内要表达的意思。

五、把握规划重点

由于规划编制的对象、领域、层级和主体不同，规划的具体内容也不尽相同。发展规划是国家和各级政府在规划期内对社会主义现代化建设做出的阶段性部署和安排。规划重点是高举旗帜，站在时代前沿，提出经济建设和社会发展领域里的重大项目、重点发展任务、重要保障措施。规划不仅要分析现状、环境形势，而且要有明确的指导思想、发展目标、空间格局、战略任务、保障举措等。

国土空间规划以空间治理和空间结构优化为主要内容，聚焦空间开发强度管控和主要控制线落地，全面摸清并分析国土空间本底条件，划定城镇、农业、生态空间及生态保护红线、永久基本农田、城镇开发边界，并以此为载体统筹协调各类空间管控手段，整合形成“多规合一”的国土空间规划，为发展规划确定的重大战略任务落地实施提供空间保障，对其他规划提出的基础设施、城镇建设、资源能源、生态环保等开发保护活动提供指导和约束。

区域规划是指导特定区域发展和制定相关政策的重要依据，主要体现在跨区域的政策协调、空间布局、指标约束和开放合作上。区域规划必须从其历史、现状和发展趋势出发，明确规划区域社会经济发展的方向和目标，对区域社会经济发展和总体建设，对土地利用、城镇建设、基础设施和公共服务设施布局、环境保护等方面做出总体部署。

专项规划原则上界定在事关经济社会发展全局且需要政府发挥重要作用的市场失灵领域。其中，各级政府明确的重点专项规划要严格限定在规划目录清单之内，防止“凡事”编规划和规划泛化。专项规划一般应围绕各级政府发展规划在特定领域提出的重点任务、重点目标、重大举措，重点是制定细化落实的时间表、路线图，解决规划的落实落地问题。内容要求则更加具体，能够直接操作。

从不同主体看，国家级规划是上位规划，管宏观、管战略，地方规划是下位规划，具有宏观与微观相统一的特点，重点是落实国家的大政方针，注重发挥区域资源优势、比较优势，因地制宜确定本地区发展战略、目标任务、发展重点和保障措施等。

六、运用规划语言

正确地运用规划语言，是规划编制者、管理者的共同期待，是“仁者见仁、智者见智”的大问题。在规划编制过程中，写作者常常会遇到规划语言难以驾驭、难以准确运用的状况，总有一种“战战兢兢、如履薄冰、如临深渊”的感觉，很容易与工作总结、调研报告、领导讲话等公文混为一谈，失去了规划应有的语言风格。

规划语言具有法律性语言的特点，在语言表述上与工作总结、调研报告和领导讲话不同，不仅准确肯定、规范严谨，而且简洁凝练，当然需要宽泛时也应宽泛。规划既是体现党委、政府及有关部门意图、引导市场主体行为、统一广大人民行动的公文形态，也是向全社会展示的发展蓝图，不是要求别人怎么做，而是指明鼓励什么、支持什么、限制什么、禁止什么。

规划应表明规划制定者的态度，对某项工作任务持什么意见，这是市场主体和社会各界认识规划的主要关注点。因此，规划中的语言表述，必须清晰明了，绝不能模棱两可、似是而非，不采用华而不实的口号式语言和含义不清的语言。

起草规划时，还要全面准确地反映经济社会发展的客观实际，开门见山，用语、时间、数据、引文准确，计量单位、制表配图和添加专栏等都要符合国家相关主管部门的规定。力争做到行文流畅，表述准确，主次分明，图文并茂，有时也可以添加附件或增加名词解释。特别是随着新时代互联网技术和智能化手段的推广应用，未来规划的表达方式必将以数字化方式展现出来。

实践证明，言为心声。一句有深度、有见地的话，往往会凝聚极大的正能量。因此，正确地运用规划语言，不仅是规划外在形式的表现，也是规划内容的真实表达，考验着规划编制者的智慧和能力。

新中国成立以来的实践已经反复证明，坚持规划引领经济社会发展，是时代之需、民心所向，是一条光明正确的道路。提升整个社会对规划体系的认识、普及规划编制知识、建立适应高质量发展要求的规划机制，是坚持和完善中国特色社会主义制度、推进国家治理体系和治理能力现代化的重要内容。唯有各类主体正确认识理解“三级四类”规划体系的内涵外延，摒弃之前的思维定式，摆脱之前技术依赖，按照科学规划思维，发挥规划合力，才能开展好新时代规划编制工作，才能达到“以规划引领经济社会发展”的功能要求。

第二章 发展规划

新中国成立70多年来，我国已编制完成了14个国民经济和社会发展五年规划纲要。随着时代的变迁，发展规划不断发展、不断丰富，无论是其地位作用、编制手段、主要内容、表达方式，还是各级政府重视程度均发生了巨大变化，已成为引领经济社会发展的重要方式和中国特色社会主义发展模式的重要体现，也是中国经济可持续发展和社会长期和谐稳定“两大奇迹”的主要贡献者之一。其主要阐明国家战略意图，明确政府工作重点，引导市场主体行为，是我国经济社会发展的宏伟蓝图、各族人民的行动纲领和政府履行经济调节、市场监管、社会管理和公共服务职责的重要依据。

第一节 概念内涵

发展规划也称国民经济和社会发展五年规划纲要（五年规划），是党和国家对经济发展的一种重要管理方式，是宪法赋予、人大审议通过的纲领性文件。发展规划聚焦事关国家长远发展的大战略、跨部门跨行业的大政策、具有全局性影响的跨区域大项目，把党的主张转化为国家意志，为各类规划系统落实国家发展战略提供遵循。图2-1是发展规划概念框架图。

苏联在1929年4月举行的联共第十六次代表大会上制定并通过了1928—1932年国民经济计划，标志着五年计划在苏联的诞生。苏联从当时的国情出发，通过五年计划取得了辉煌的发展成就，到1937年第二个五年计划完成，苏联已实现了以重工业为中心的工业化，工业总产值迅速跃升至欧洲第一、世界第二。第二次世界大战后，随着欧亚大陆一大批社会主义国家的出现，五年计划被社会主义阵营中一大部分国家所借鉴，到20世纪50年代中期，东欧社

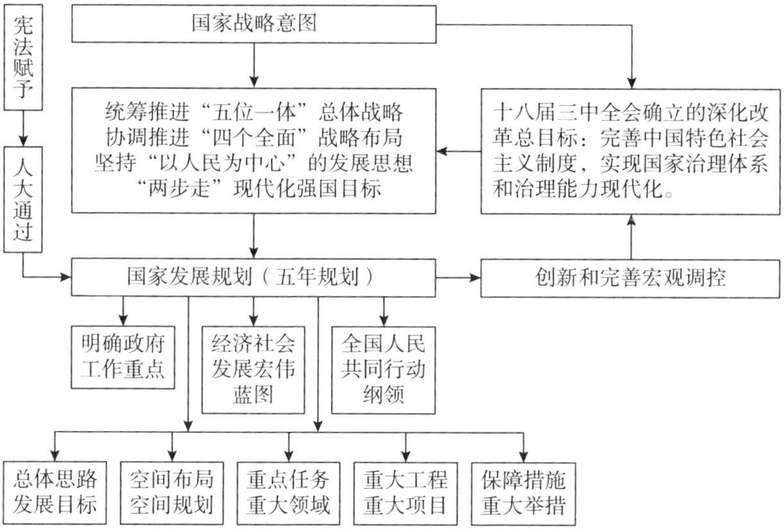

图 2-1　发展规划概念框架图

会主义国家相继完成了第一个五年计划。随后的历史发展证明，五年计划不仅深刻影响了苏联的经济发展，还对所有社会主义阵营国家的经济社会发展产生了深远的影响，在很长一段时间里成为社会主义国家管理经济发展的主要模式。

新中国成立后，我国借鉴苏联经验，已制定了 14 个发展规划（计划）。从 1953 年开始制定并实施第一个五年计划起，前十个均称为五年计划，从“十一五”开始称之为五年规划。发展规划（五年规划）在中国经济发展的不同历史阶段呈现出鲜明的阶段性特征。在计划经济条件下，政府根据发展安排配置各种资源和要素；在市场经济条件下，市场发挥着资源配置的决定性作用，更好发挥政府作用，激发各类市场主体活力。

“编制和实施国民经济和社会发展五年规划，是我们党治国理政的重要方式”。这一重要论述站在历史和全局的高度，凝练概括了五年规划在中国特色社会主义发展模式中的独特作用，将党领导人民建设社会主义的伟大实践上升为重要理论成果。编制实施五年规划，是在党中央统一领导下，集中全党全国智慧，制定和形成引领经济社会发展的中长期规划，保持政策连续性和稳定性，朝着一个既定目标和方向前进，一任接着一任干，一张蓝图绘到底。

“一五”计划到“五五”计划的编制实施，奠定了我国工业化、现代化的基础，基本形成了独立的、比较完整的工业体系和国民经济体系，为开展社会主义建设积累了经验。改革开放后，从“六五”计划到“九五”计划的完成，我国初步建立起社会主义市场经济体制基本框架，基本解决了人民生活的温饱问题，实现了总体小康的战略目标，特别是“九五”计划作为社会主义市场经济条件下的第一个中长期计划，提出了实行经济体制和经济增长方式“两个根本性转变”。“十五”计划推动了我国经济总量从世界第八位上升为第四位，主要工农业产品产量位居世界前列。“十一五”规划将“五年计划”改为“五年规划”，准确体现了社会主义市场经济条件下中长期规划的功能定位，反映了发展理念、经济体制、政府职能的重大变革，我国经济总量跃升为世界第二位。“十二五”规划提出以科学发展为主题，以加快转变经济发展方式为主线，我国综合国力和国际影响力大幅提升，经济总量稳居世界第二位。党的十八大以来，我国发展历史进入了新阶段、新时代，在“十三五”规划坚持新发展理念，新时代新要求成为规划的主题，我国全面建成了小康社会，历史性地解决了绝对贫困问题。

这一历程表明，用发展规划引领经济社会发展，是符合中国国情、彰显制度优势的体制安排。编制实施发展规划，已成为中国特色社会主义发展模式的一个鲜明特点和世界各国借鉴学习中国发展经验的一个重要窗口，必须长期坚持、不断发展。

第二节　基本程序

建立规范化、制度化的办事程序已成为社会各界衡量政府各类活动的基本标准。遵循一定的程序，不仅是编制规划必不可少的重要过程，也是保证规划质量必不可少的重要环节，更是严格执行国务院《重大行政决策程序暂行条例》规定所必需的。各地发展规划的编制背景、编制依据、规划原则、规划内容和具体要求各不相同，但一般的发展规划编制程序可以概括为前期研究、思路研究、纲要起草、听取意见、规划衔接、规划论证、审议批准、发布实施、平台管理九个步骤。以上九个步骤紧密关联、层层递进、互为印证，一环扣一环，构成了完整的规划编制程序。

一、前期研究

当确立开展发展规划前期研究工作后，首先要制订全面、完整、可操作性较强的工作实施方案。主要任务是：制订工作计划，重点明确编制依据、进度安排、衔接要求、论证方式和审批机关等，特别是在进度安排上要注意把握好时间节点。开展前期研究主要工作包括两个方面。

一方面是坚持评估先行，通过中期与总结评估、安全与风险评估、潜力与约束评估等基础评估，对形势任务、突出问题、矛盾和风险等进行分析研判，为进一步深化重大问题研究奠定基础。

另一方面是加强课题研究，重点突出三个类型。一是基础类课题研究。关键是摸清发展底子，准确把握突出短板和发展方向，研究提出发展思路，明确发展定位和目标。主要开展经济社会发展基础现状评价、经济社会发展环境和发展趋势分析、经济社会发展的阶段性特征及规划主题主线、经济社会发展总体思路及发展战略、发展目标和指标体系、优化空间布局等方面的课题研究。二是专项类课题研究。紧紧围绕职能部门业务领域，坚持问题导向，选择关乎未来五年发展的重要领域进行深入研究，一般侧重于构建现代产业体系、制造业高质量发展、战略新兴产业发展、现代农业发展、数字经济发展、文旅融合发展、生态环境保护和治理体系、创新驱动体系建设、区域合作发展、优化城镇体系、乡村振兴战略、城乡重大基础设施建设、基本公共服务均等化、社会治理体系建设等开展方向性主题研究。三是重大类课题研究。科学研判发展趋势和阶段性特征，分析发展潜力，对接国家和省（自治区、直辖市）重大发展战略，开展“三个重大”研究：通过补短板、强弱项、增实效，研究提出一批重大标志性工程和重大项目；聚焦事关发展全局和人民群众急难愁盼的大事，研究提出一批有力度的重大政策；按照深化改革扩大开放的要求，研究提出一批基础性、关键性、突破性重大改革开放举措，为高质量编制规划提供全方位、强有力支撑。

二、思路研究

在前期研究基础上，进一步聚集重点，对若干重大问题进行攻关，并在此基础上形成有关未来五年经济社会发展的“基本思路”。规划思路研究要立足更长远的战略目标任务，重点分析未来五年经济、社会发展的有利条件、制约因素及亟须解决的重大问题，剖析深层次矛盾，提出未来五年经济社会发展战略、发展定位、主要目标、产业布局和重大工程项目、重大改革举措等。对发展思路、发展理念、发展措施等进行归纳梳理，得出基本判断，提交政府和党委相关会议讨论，主要用于统一思想，凝聚共识，为下一步规划纲要文本起草奠定坚实基础。这一阶段主要工作为：一是实地考察调研，深入各行业、各区域进行全面调研，切身感受，增强感性认识，形成直观印象；二是深度访谈，对政府相关部门、专家协会、企业等相关人员进行多方式访谈，深入了解各方面情况，广泛听取意见和建议，针对目标问题展开讨论，激发头脑风暴；三是形成完整的思路文稿，规划基本思路不强调面面俱到，但必须重点突出、设计合理，重在明确发展的方向路径选择、重大举措。

三、纲要起草

规划纲要文本既是编制发展规划的主要成果，也是编制工作的主要任务。中央及各级党的全会审议通过《关于制定国民经济和社会发展五年规划的建议》之后，纲要文本起草就进入了最为关键的阶段。主要程序包括：提出规划编制框架，组织纲要文本编制。纲要文本的起草，按照《建议》确定的指导思想、政治方向、发展理念、基本原则、重大战略等为引领，在充分吸收前期研究成果、未来五年经济社会发展的“基本思路”的基础上，将发展思路、目标任务、重大举措等内容落于文本。重点要做好发展目标设置和指标测算，提出重点任务和政策举措、筛选重大工程项目，为规划目标任务的有效实施提供支撑。

四、听取意见

纲要草案的形成过程，是坚持实事求是、走群众路线、广泛听取民主意见、集中各方面智慧的过程，也是不断统一思想认识的过程。纲要草案征求意见的范围要广泛，通过书面、座谈会、网络等多种方式，既要多次征求党委、人大、政协、军队、各部门意见，又要召开经济和社会专家、科教文卫体代表、企业家和农民代表、民主党派和无党派人士等座谈会，虚心听取意见建议，更要通过互联网媒体、报刊开设专栏等方式公开征集社会公众意见建议，问需于民、问计于民。

五、规划衔接

规划衔接是保障各类规划协调配合、形成合力的关键环节。如市县发展规划草案在送本级人民政府审定前，应与国家、省（市）发展规划进行衔接，与国家级、省级专项规划进行衔接。同时，要与跨省（自治区、直辖市）的区域规划、省（自治区、直辖市）内区域规划的发展方针、目标重点任务衔接一致，对发展趋势的判断、需求预测、空间布局、主要指标和重大政策措施要相互衔接。

六、规划论证

规划论证主要是在提交政府审查批准前，由规划专家委员会组织全体会议，在之前多次讨论的基础上，对纲要草案中提出的目标、任务和举措的科学性、合理性、可行性进行最后的论证，形成独立的第三方论证报告，作为附件正式提交人民代表大会，作为人大审议纲要草案的参考。

七、审议批准

纲要草案审议批准流程分为两步：第一步是报请政府、党委审定；第二步是提交同级人民代表大会审议。第一步通常是先经过市县政府常务会或政府扩大会议同意后，再上报党委常委会讨论通过。在完成这一程序前，通常还要向党委、政府主要领导、主管领导汇报，并根据他们的意见在上会前对规划进行充实完善。第二步是发展规划文本由政府提交同级人民代表大会审议批准。在向同级人代会提交前，还要向人大、政协专门委员会，人大、政协常务会或常委会征求意见。此外，规划在提交批准机关审批前，规划编制部门应同时报送规划编制说明，其目的是帮助审批机关更好地理解和把握规划的重点、取得广泛的认同。

八、发布实施

纲要草案经过批准后，需按程序对外正式公开发布，并通过多种形式进行宣传解读。通过规划宣讲、刊发解读文章、出版辅导读本、网络宣传等方式对纲要进行广泛宣传，达到统一思想认识、最大限度地凝聚全社会共识的目标，使发展规划成为引领经济社会发展的重要方式。

九、平台管理

建设规划综合管理平台，将正式发布的发展规划成果纳入平台管理，实现政府对发展规划的数字化、智慧化应用。通过运用规划综合管理信息平台，使国土空间规划、专项规划等各级各类规划在主要目标、发展方向、总体布局、重大政策、重大工程、风险防控等方面必须与发展规划协调一致。同时，跟踪监测发展规划实施进程，推动规划信息互联互通和归集共享，有效提高政府治理能力现代化。

第三节 调查研究

由于编制发展规划是一项繁杂的系统工程，涉及国民经济和社会发展的方方面面，因此，编制规划前必须精心准备，开展实地调研，收集各种有效的资料，尤其是来自基层一线的资料。这个阶段不仅是编制规划必经的且无法回避的过程，也是对规划编制者能力和素质的一次大考。

那么，调查研究在编制发展规划中究竟起什么作用，这是每个规划从业者都必须明确的。通过调查研究主要是获取编制规划所需的各种资料和多种诉求。从不同层级看，方法要求也不尽一致。站在国家和省级层面看，大多由发展改革部门主导编制，获取和收集整理各类资料的手段相对简单一些。一方面规划编写班子就有相关部门的人员参与，他们可以直接从本部门获得；另一方面还可以通过同级致函、向下一级印发通知或采取电话联系等手段实现。目前大多数市县编制发展规划，采取招标或委托相关科研院所等第三方机构承担的办法。编制规划，就必须明确收集相关基础资料。只有收集整理的资料能用管用且是高质量的，才能有效地服务于规划编制工作；只有开好头、起好步，才能为编制好高质量规划奠定坚实的基础。

为此，可以积极借鉴相关中介机构开展企业尽职调查的做法来进行编制规划的资料收集。承担编制规划的科研院所等第三方机构除深入委托编制规划的市县开展实地调研、切身感受当地的发展变化外，至少应从委托编制规划的发展改革部门收集到下列资料：

（1）基本情况介绍（包括自然地理、历史沿革、特色优势、经济社会发展、园区建设、科技创新及获得的各类荣誉称号等）；

（2）当地上一期发展规划、规划中期评估报告、空间规划、区域规划及重要的专项规划；

（3）党委、政府近年工作总结、重要会议报告及给上级部门调研汇报；

（4）各部门今后发展思路及工作安排；

（5）1：10000 市县数字化地形图；

（6）1：5000 以上城镇区域地形图；

（7）近 5 ～ 15 年统计年鉴；

（8）矿产资源开发评价报告；

（9）主要功能园区开发建设规划；

（10）近期人口普查、土地调查、环境发展报告；

（11）近期重要的发展研究课题成果；

（12）规划编制组认为有必要获取的其他资料。

同时，还可采取有奖征文（如“我给规划建箴言”）等方式，从全社会收集各个层面对未来发展的期望和看法，了解广大民众的新期待，以此获取更加丰富的民众心声，有力服务于规划编制。

第四节　主体框架

众所周知，一项好的规划，必须要有好的主体架构和符合国情、省情及市情、县情的发展内容。规划的主体架构决定着规划的内容深度和质量高低，二者相辅相成、相得益彰。规划的主体架构常常按照由纲到目、由大到小、先板块后条目的顺序编写。除此之外，其他具有创新形式、重点突出、删繁就简，以及让规划更加醒目、更能方便运用的方法也应大力的提倡与鼓励。

实践中，编制不同层级、不同地区的发展规划要制定与此相匹配的规划主体架构。因而，在确定规划主体架构时，必须高度重视、慎之又慎，绝不允许草率行之、盲目应付，只有这样确定的规划主体架构，才能经得起各种会议和人们的推敲评价，才能为规划编制发挥应有的功效。

例如，十三届全国人大四次会议审查通过的《中华人民共和国国民经济和社会发展第十四个五年规划和2035年远景目标纲要》，几经调整，反复讨论，最终确定的规划主体架构共有十九篇六十五章，就是一个非常有新意、有见地、让人眼前一亮、又符合我国国情的主体架构。详情如下：

第一篇　开启全面建设社会主义现代化国家新征程

第一章　发展环境

第二章　指导方针

第三章　主要目标

第二篇　坚持创新驱动发展　全面塑造发展新优势

第四章　强化国家战略科技力量

第五章　提升企业技术创新能力

第六章　激发人才创新活力

第七章　完善科技创新体制机制

第三篇　加快发展现代产业体系　巩固壮大实体经济根基

第八章　深入实施制造强国战略

第九章　发展壮大战略性新兴产业

第十章　促进服务业繁荣发展

第十一章　建设现代化基础设施体系

第四篇　形成强大国内市场　构建新发展格局

第十二章　畅通国内大循环

第十三章　促进国内国际双循环

第十四章　加快培育完整内需体系

第五篇　加快数字化发展　建设数字中国

第十五章　打造数字经济新优势

第十六章　加快数字社会建设步伐

第十七章　提高数字政府建设水平

第十八章　营造良好数字生态

第六篇　全面深化改革　构建高水平社会主义市场经济体制

第十九章　激发各类市场主体活力

第二十章　建设高标准市场体系

第二十一章　建立现代财税金融体制

第二十二章　提升政府经济治理能力

第七篇　坚持农业农村优先发展　全面推进乡村振兴

第二十三章　提高农业质量效益和竞争力

第二十四章　实施乡村建设行动

第二十五章　健全城乡融合发展体制机制

第二十六章　实现巩固拓展脱贫攻坚成果同乡村振兴有效衔接

第八篇　完善新型城镇化战略　提升城镇化发展质量

第二十七章　加快农业转移人口市民化

第二十八章　完善城镇化空间布局

第二十九章　全面提升城市品质

第九篇　优化区域经济布局　促进区域协调发展

第三十章　优化国土空间开发保护格局

第三十一章　深入实施区域重大战略

第三十二章　深入实施区域协调发展战略

第三十三章　积极拓展海洋经济发展空间

第十篇　发展社会主义先进文化　提升国家文化软实力

第三十四章　提高社会文明程度

第三十五章　提升公共文化服务水平

第三十六章　健全现代文化产业体系

第十一篇　推动绿色发展　促进人与自然和谐共生

第三十七章　提升生态系统质量和稳定性

第三十八章　持续改善环境质量

第三十九章　加快发展方式绿色转型

第十二篇　实行高水平对外开放　开拓合作共赢新局面

第四十章　建设更高水平开放型经济新体制

第四十一章　推动共建“一带一路”高质量发展

第四十二章　积极参与全球治理体系改革和建设

第十三篇　提升国民素质　促进人的全面发展

第四十三章　建设高质量教育体系

第四十四章　全面推进健康中国建设

第四十五章　实施积极应对人口老龄化国家战略

第十四篇　增进民生福祉　提升共建共治共享水平

第四十六章　健全国家公共服务制度体系

第四十七章　实施就业优先战略

第四十八章　优化收入分配结构

第四十九章　健全多层次社会保障体系

第五十章　保障妇女未成年人和残疾人基本权益

第五十一章　构建基层社会治理新格局

第十五篇　统筹发展和安全　建设更高水平的平安中国

第五十二章　加强国家安全体系和能力建设

第五十三章　强化国家经济安全保障

第五十四章　全面提高公共安全保障能力

第五十五章　维护社会稳定和安全

第十六篇　加快国防和军队现代化　实现富国和强军相统一

第五十六章　提高国防和军队现代化质量效益

第五十七章　促进国防实力和经济实力同步提升

第十七篇　加强社会主义民主法治建设　健全党和国家监督制度

第五十八章　发展社会主义民主

第五十九章　全面推进依法治国

第六十章　完善党和国家监督体系

第十八篇　坚持“一国两制”　推进祖国统一

第六十一章　保持香港、澳门长期繁荣稳定

第六十二章　推进两岸关系和平发展和祖国统一

第十九篇　加强规划实施保障

第六十三章　加强党中央集中统一领导

第六十四章　健全统一规划体系

第六十五章　完善规划实施机制

又如，广东省十三届人大四次会议审议批准的《广东省国民经济和社会发展第十四个五年规划和2035年远景目标纲要》的主体架构，共有二十一章八十三节，层次清晰、思路创新，荣获全国发展改革系统“十四五”规划编制“创新创优奖”。详情如下：

第一章　“十三五”时期重大成就和“十四五”时期发展环境

第一节　“十三五”时期取得的重大成就

第二节　“十四五”时期面临的发展环境

第二章　总体要求

第一节　指导思想

第二节　基本原则

第二节　建立现代财税体制

第三节　建设服务型有为政府

第九章　聚焦高水平开放　增创全面开放合作新优势

第一节　着力建设更高水平开放型经济新体制

第二节　积极拓展全面开放空间

第三节　深入参与"一带一路"建设

第四节　全力推进粤港澳融合发展

第十章　共建粤港澳大湾区国际金融枢纽　加快建设金融强省

第一节　构建区域金融协调发展新格局

第二节　加快建设现代金融体系

第三节　提升金融服务实体经济水平

第四节　实施更高水平金融开放

第十一章　全面实施乡村振兴战略　加快农业农村现代化

第一节　提高农业质量效益和竞争力

第二节　实施乡村建设行动

第三节　全面深化农村改革

第十二章　深入推进新型城镇化　优化区域协调发展格局

第一节　构建"一核一带一区"区域发展格局

第二节　优化城镇化空间布局

第三节　支持推动深圳建设先行示范区、广州实现老城市新活力和"四个出新出彩"

第四节　提高城市发展品质

第五节　完善城乡区域协调发展的体制机制

第十三章　积极拓展蓝色发展空间　全面建设海洋强省

第一节　大力实施海洋综合治理

第二节　加快构建海洋开发新格局

第三节　提升海洋产业国际竞争力

第十四章　深入践行生态文明理念　加快建设美丽广东

第一节　大力推进绿色低碳循环发展

第二节 全面系统治理环境污染
第三节 加大生态建设与保护力度
第四节 持续深化生态文明体制改革
第十五章 坚持守正创新 促进文化强省建设
第一节 提升社会文明程度
第二节 构建现代公共文化服务体系
第三节 提升文化产业竞争力
第四节 推动岭南文化传承创新
第十六章 大力推进教育现代化 建设教育强省
第一节 推动基础教育高质量发展
第二节 促进职业教育提质培优
第三节 提升高等教育内涵发展水平
第四节 建设高素质专业化创新型教师队伍
第五节 深化教育综合改革
第十七章 实施健康广东战略 推进卫生健康高质量发展
第一节 构建强大的公共卫生体系
第二节 筑牢“顶天立地”医疗卫生大格局
第三节 促进中医药创新发展
第四节 深化医药卫生体制改革
第五节 深入开展全民健康运动
第十八章 强化民生保障 加快建设幸福广东
第一节 促进更充分更高质量就业
第二节 提高人民收入水平
第三节 完善社会保障体系
第四节 积极应对人口老龄化
第五节 保障妇女、未成年人和残疾人基本权益
第十九章 全面推进依法治省 建设法治广东
第一节 加强和改进立法工作
第二节 深入推进法治政府建设

第三节　全面加强法治社会建设

第四节　创新完善社会治理

第二十章　统筹发展和安全　防范化解重大风险

第一节　加强国家安全体系和能力建设

第二节　保障经济安全

第三节　保障社会公共安全

第四节　维护社会稳定和安全

第二十一章　完善规划实施保障机制

第一节　加强党的全面领导

第二节　完善规划体系

第三节　健全实施机制

第四节　强化重要政策、重大改革举措和重大项目支撑

附件 1　广东省“十四五”重点专项规划目录清单

附件 2　广东省“十四五”规划重大建设项目汇总表

再如，苏州市相城区第四届人民代表大会第五次会议审查批准的《苏州市相城区国民经济和社会发展第十四个五年规划和二〇三五年远景目标纲要》，其主体架构有十一章三十八节，恰当地处理了章节关系，并进行了大胆的创新，视野开阔，思路清晰。详情如下：

第一章　发展基础

一、“十三五”时期我们成就斐然

二、“十四五”时期我们充满机遇

第二章　目标展望

一、指导思想

二、发展目标

三、远景展望

第三章　人民生活

一、让孩子接受更好的教育

二、让患者不再为看病发愁

三、让老人得到妥善照料

四、让居民住得更加舒心
五、让生活环境更加优雅
第四章 产业发展
一、让新产业成为主动力
二、让传统产业焕发新机
三、让文旅产业火起来
四、让农业更加健康智慧
第五章 科技创新
一、让人才更多汇集相城
二、让企业成为创新主体
三、让科技载体为创新添力
第六章 空间布局
一、顺应自然的空间格局
二、让城镇空间得到优化
三、让农业空间得到保育
四、让生态空间得到保护
第七章 基础设施
一、让相城更加智能
二、建设更加快捷的交通体系
三、建设让人放心的水网
四、构建绿色智慧的能源体系
五、让相城更加安全
第八章 区域联动
一、推动空间联动
二、推动市场联动
三、推动创新联动
四、推动政策联动
第九章 营商环境
一、持续放宽市场准入

二、为市场主体提供更贴心的服务

三、让市场竞争更加公平

第十章　改革开放

一、加快重点领域关键环节改革

二、扩大高水平对外开放

第十一章　规划实施

一、全面加强党的领导

二、实施重大工程和行动

三、创新规划实施保障机制

综上，虽然只列举了几个不同层级发展规划的主体架构，但它们都有一个共同的特点，那就是特色鲜明、思路清晰、所指明确、表达完整。不仅追求形式上的统一，而且追求文字上的规范干练，为规划内容的起草起到了重要的铺陈作用，值得各地编制发展规划时认真学习和借鉴。

根据编制发展规划要求，从国家到地方各级政府需同步开展，且需经过同级人民代表大会批准，还有支持服务发展规划并与之配套落地的专项规划也要同步编制。由于时间短、任务重，常常出现一些地方规划主体架构确定时是按章节结构去写，并没有注意处理篇章关系，有时为了追求与上级规划形式上的统一，当发现上级规划主体架构是按篇章结构确定时，就匆忙在章节结构上加篇。从理论上讲，章节结构一般追求一条主线，而篇章结构则追求的是板块条目结构、分块论述，层层递进。如果将章节结构、篇章结构混为一谈，就会致使规划主体架构出现不伦不类的状况。这种现象，需引起制定规划主体架构的地方政府和规划单位的重视和警觉。

第五节　主要内容

当规划的主体架构确定之后，就要按照所编规划的对象、领域、层级进行编写。科学编制规划是一项系统工程，不仅要注重规划在宏观调控、总体部署方面的需求，更好地贯彻国家发展战略要求，更要突出重点，体现特色。

主要内容一般由六大板块组成：成就总结、环境分析、发展战略、重大任务、项目支撑和保障举措。成就总结主要写过去五年推进工作的做法、取得的成效和获得的荣誉；环境分析主要写发展现状、存在问题、机遇挑战等；发展战略主要写指导思想、基本原则、发展目标、空间格局等；重大任务主要写规划期要干的重大部署、重点工作和改革举措；项目支撑是把重点任务落实为具体工作任务的手段，是各级政府和市场主体最为看重和关心的部分；保障举措除渗透到相关章节之外，加强党的全面领导和加强规划实施监测与落实都是必不可少的内容。

一、成就总结

成就总结是规划的第一部分内容，以深入的现状调查为基础，以全面的政策分析和研判为前提，摸清现状，分析资源支撑和发展基础，挖掘上升潜力和价值，明确制约发展的短板，找准突破发展的切入点并突出地方特色，制定差异化发展路径。编写这部分内容时，需用较强的文字归纳、提炼和综合能力，分门别类地对国民经济和社会发展的主要方面进行高度的总括。

通过对过去五年规划实施情况进行全面系统的检查、评价，让人们一目了然地看到当地国民经济和社会发展诸方面取得的成绩、存在的不足问题、成功经验等。一般先写依据、做法，再写取得成绩（是用事实和数据说话），最后写取得的荣誉。重点从综合实力、产业发展、城乡建设、生态文明、民生保障、社会治理、改革开放等方面，进行全面性、系统化、立体式研究，客观评价五年工作取得的进展成效，总结提炼先进的经验做法，深入剖析工作中出现的问题及原因，形成对于地区发展现状的深刻认识。

规划成就总结一定要实事求是，成绩不夸大，缺点不缩小，更不能故弄玄虚。还必须学会量体裁衣，详略得当。发展规划通过五年的实施，能够获取的资料内容很多，有重要的、有次要的，写作时哪些该要、哪些该舍，要善于把握主次，做到该详的详、该略的略。

相比而言，在规划成就总结时，有些地区往往对成绩总结比较充分，如：

“经济实力跃上新台阶；结构调整取得新成效；发展后劲和内生动力得到新提升；城乡面貌发生新变化；生态建设和环境治理步入新阶段；改革开放取得新突破；民生改善达到新水平；社会事业取得新进展。”对存在的问题只是轻描淡写地一带而过。而有些地区往往在对经济社会发展状况进行总结后，对存在的问题总结比较充分，如江苏省无锡市十四届人大四次会议审议批准的《无锡市国民经济和社会发展“十二五”规划纲要》指出：“同时必须清醒看到，无锡发展中不平衡、不协调、不可持续的问题仍然突出，主要是：产业结构偏重，服务业发展水平和比重偏低；城乡二元结构仍未根本改变，区域统筹发展面临众多制约；人才、知识等创新要素缺乏，自主创新能力不足；资源环境约束强化，实现可持续发展目标任重道远；常住人口总量持续增加，人口老龄化加剧，优化人口结构和素质任务艰巨；收入分配差距拉大，公共服务不够均衡；社会管理体系不够健全，化解社会矛盾压力增大等，迫切要求我们增强机遇意识和忧患意识，紧紧抓住世界科技革命和长江三角洲地区一体化发展的新机遇，科学把握发展规律，主动适应环境变化，加快转型发展步伐，有效化解多种矛盾，坚持用改革的办法解决前进中的新问题，用创新的思路探索现代化建设的新路径。”

可以看出，视野越开阔，忧患意识、机遇意识越强，越能把自己置身在全局乃至全国、全球的大背景去考量。所以，不管编制什么层级的发展规划，编制前首先要搞清现状。成就总结现状分析的重点是准确定位，找准自己的位置，而不是自我纵向比较的成绩罗列，只有在与发达省区和周边地区的横向比较中，才能发现自身的差距和不足，这也是今后努力的方向和要补的短板。

二、环境分析

环境分析或面临形势分析，重点是明确规划编制的背景。

如我国“十二五”规划提出了三个“时期”的重要认识：“‘十二五’时期是实现全面建设小康社会奋斗目标承上启下的关键时期，是深入贯彻落实科学发展观、构建社会主义和谐社会的重要时期，也是深化重要领域和关键环节改革的攻坚时期。”而“十三五”规划则指出：“‘十三五’时期是全面建成小康社会决胜阶段。必须认真贯彻党中央战略决策和部署，准确把握国内外发展环境和条件的深刻变化，积极适应把握引领经济发展新常态，全面推进创新发展、协调发展、绿色发展、开放发展、共享发展，确保全面建成小康社会。”“十四五”时期，则是我国全面建成小康社会、实现第一个百年奋斗目标之后，乘势而上开启全面建设社会主义现代化国家新征程、向第二个百年奋斗目标进军的第一个五年。“当前和今后一个时期，我国发展仍然处于重要战略机遇期，但机遇和挑战都有新的发展变化。必须统筹中华民族伟大复兴战略全局和世界百年未有之大变局，深刻认识我国社会主要矛盾变化带来的新特征新要求，深刻认识错综复杂的国际环境带来的新矛盾新挑战，增强机遇意识和风险意识，立足社会主义初级阶段基本国情，保持战略定力，办好自己的事，认识和把握发展规律，发扬斗争精神，增强斗争本领，树立底线思维，准确识变、科学应变、主动求变，善于在危机中育先机、于变局中开新局”。

概括地讲，这部分内容主要是对未来五年经济社会发展面临国际国内环境及趋势的分析，尽可能做出准确研判，减少因形势变化而带来的损失，正确地识别机遇与挑战，当困难问题来临的时候能够从容应对。尤其要认清国际关系不确定不稳定因素及地缘政治形势变化对未来中国乃至世界发展的影响。对于省、市、县而言，在分析世情、国情之后，还要分析省情、市情和县情。

三、发展战略

发展战略在整个规划中发挥着灵魂作用，必须高度重视。这部分内容相对规范，主要由指导思想、基本原则、发展目标、空间格局等部分构成，也是发展规划编制中的主要内容。

1.指导思想

在规划中居于核心位置，是同党中央保持高度一致的重要标志，是规划编制的总遵循。根据党的十九大作出的战略部署和我国经济社会发展的客观要求，《中共中央关于制定国民经济和社会发展第十四个五年规划和二〇三五年远景目标的建议》中，明确提出“十四五”时期经济社会发展指导思想是：高举中国特色社会主义伟大旗帜，深入贯彻党的十九大和十九届二中、三中、四中、五中全会精神，坚持以马克思列宁主义、毛泽东思想、邓小平理论、“三个代表”重要思想、科学发展观、习近平新时代中国特色社会主义思想为指导，全面贯彻党的基本理论、基本路线、基本方略，统筹推进经济建设、政治建设、文化建设、社会建设、生态文明建设的总体布局，协调推进全面建设社会主义现代化国家、全面深化改革、全面依法治国、全面从严治党的战略布局，坚定不移贯彻创新、协调、绿色、开放、共享的新发展理念，坚持稳中求进工作总基调，以推动高质量发展为主题，以深化供给侧结构性改革为主线，以改革创新为根本动力，以满足人民日益增长的美好生活需要为根本目的，统筹发展和安全，加快建设现代化经济体系，加快构建以国内大循环为主体、国内国际双循环相互促进的新发展格局，推进国家治理体系和治理能力现代化，实现经济行稳致远、社会安定和谐，为全面建设社会主义现代化国家开好局、起好步。

在“十四五”期间，无论是编制哪一层级的规划，都必须遵循这一指导思想，这绝不是文字搬家、层层照抄。只有在此大前提下，才能依据各地特色、重点和产业实现的路径与目的，写出规划的特色和新意。

2.基本原则

基本原则是编制规划必须遵循的准则，主要体现在发展理念、重大方针和政府工作的导向等方面，是人们观察问题、处理问题、指导经济社会发展一以贯之的准则，是必须坚持的。原则要立意高远，在吃透上情、熟知下情的基础上而制定，容不得随意更改。具体写作时，既要结合实际，又要站在政治和战略的高度，切忌空话大话连篇。规划中的原则不宜过多，少则三条，多则五六条，关键是切中要害、管用好用。

例如，2019 年 3 月，中共中央、国务院印发的《粤港澳大湾区发展规划纲要》确定的基本原则共有六条，站位高远，立意深刻。即：

创新驱动，改革引领。

协调发展，统筹兼顾。

绿色发展，保护生态。

开放合作，互利共赢。

共享发展，改善民生。

“一国两制”，依法办事。

3.发展目标

目标是引领经济社会发展的方向，既是编制规划的基本要素，是建设社会主义现代化国家奋斗目标在规划期内的具体要求，也是充分发挥发展规划战略导向作用、确保一张蓝图绘到底的核心支撑。规划不仅要有预期性目标，也要有约束性目标；不仅要有共性目标，也要有个性目标。制定目标时，还要注意规划目标与现行统计指标的一致性和可采集性，又要便于实现目标考核和人民群众得实惠。科学合理的发展目标，不仅给人以信心、动力和鼓舞，恰如人们常说的“跳起来摘桃子”，也让人们通过目标，就能够清晰地看到未来发展的美好蓝图和壮丽画卷。

从“十四五”开始，规划目标必将随着中国阔步踏上社会主义现代化新征程，社会主要矛盾由人民日益增长的物质文化需要同落后的社会生产力之间的矛盾转化为人民日益增长的美好生活需要和不平衡不充分的发展之间的矛盾，以及我国经济由高速增长阶段转向高质量发展阶段和国家深入推进供给侧结构性改革等重大举措而发生相应的改变。必将根据经济发展特征、产业发展规律，提出符合实际的新目标。因此，未来规划目标必须与时俱进。在构建指标体系方面，应重点围绕高质量发展、高品质生活、高水平开放、高标准治理等类别设置主要指标；在划定指标属性方面，一般“预期性”的指标应适当简化，而“约束性”的指标应适当优化，还可创新性地设置一些“观察性”指标，以体现规划指标的前瞻性，进一步增强指标的可测性和落地性。市县级的规划在贯彻上级规划指标的前提下，鼓励增加体现地域特色的指标，形成符合中国特色不同层级发展规划指标体系。并要注重让经济增长等“数量型”指标真正成为预期性指标，为其他目标的实现提供更多的改革和发展空间，减少其刚性约束；用反映经济增长质量目标替代结构变化目标，可考虑增加投入产出比、单位土地面积产出率等效率方面目标；增加反映人民群众生活质量、发展机会的指标，如人均休闲时间与年旅游天数等，不断发挥规划目标在落实新发展理念和实现新发展目标方面的引领作用。

4.空间格局

新中国成立以来，特别是进入21世纪之前，我国在各类规划编制中，往往用产业布局、重大项目布局替代空间布局，空间布局的重要性和紧迫性并未显现出来。进入新世纪后，随着“两化”（工业化与城镇化）的双提升，土地资源的“两性”（紧缺性与稀缺性）日益显现，从而引起了党和国家及各级政府对空间布局的不断重视。随之，在全国逐步开展了省级及市县不同层级不同区域的“多规合一”空间规划改革试点，取得了一大批宝贵的可复制可借鉴经验。从“十四五”规划开始，发展规划必须充分利用既有的空间规划试点成果，或以此为基础，根据区位发展条件和资源环境承载能力，对区域内的各类用地情况进行功能组织，推动形成功能定位清晰、发展导向明确、开发建设有序、经济发展与人口资源环境相互协调的时空格局。

“十五五”及未来发展规划编制，这部分内容原则上应该以空间格局的形态展现出来，而不是以往比较详尽的空间布局，因为“十四五”期间，各地国土空间规划将陆续编制完成。国土空间规划与发展规划的最大区别，就在于国土空间规划的“三区三线”等是清晰的，国土空间规划作为基础将会更加有效地服务于未来发展规划编制，而发展规划又为国土空间规划动态调整提供了坚实依据，这也是对著名的《马丘比丘宪章》提出的“规划是一个动态的过程”的最好诠释。

空间格局确立，要立足区位发展条件和资源环境承载能力，落实主体功能区战略，明确空间战略格局、空间结构优化方向及重大生产力布局安排，为各类规划有效对接留出“窗口”。

四、重大任务

明确重大任务、突出发展重点是规划的重头戏。这一部分主要解决“干什么”和“怎么干”的问题。重点是破解经济社会发展中面临的种种约束，如资源约束、环境约束、要素约束、制度约束等，通过深化改革、补短板、强弱项化解发展不充分不平衡，推动经济高质量发展。这部分也是规划中内容最丰富、篇幅最大的章节，主要体现在以下三个方面。

一是科学安排发展重点。重点阐明各级政府对产业鼓励什么、支持什么，以及未来推进的方向，这些将依靠市场主体自主实施，而政府这只“看得见的手”的作用，主要是维护市场机制正常运行。而规划中确定的教育、公共卫生、科技创新、劳动保障、促进就业、乡村振兴、防灾减灾、社会管理、公共安全等领域的重大任务，是政府对社会的郑重承诺，各级政府要切实履行职能、运用公共资源全力完成。

二是明确应采取的措施。规划中提出的各项任务，无论谁是落实主体，其实施都需要有重大举措。包括经济发展重点的选择、区域发展的协调、基础设施的完善、城镇化的推进、社会治理能力的提升，政府既要提供导向，完善市场机制加以实现，更重要的是要通过体制机制创新和政策完善来激发市场主体的积极性、创造性，营造良好的发展环境，为规划的实施提供政策保障。

三是提出完成任务的政策。这些政策主要包括产业政策、财政政策、金融政策、土地政策、就业政策、人口政策、改革开放政策等。站在国家层面，实施的政策门类则更多。这部分内容往往呈现出层级越高，需要协调提出的政策越多，层级越低，相对提出的政策越少。

五、项目支撑

项目的谋划是发展规划编制的重要环节，实实在在的项目是发展规划中重点任务落到实处的重要抓手。从现实出发，结合国家、省（市）发展战略导向和市场发展宏观趋势谋划项目，形成既具有可操作性，又具有适度超前性的项目库，为高质量发展、高水平建设提供强有力的支撑。

一是加强项目谋划。积极对接国家、省（市）重要战略导向和重大项目布局，谋划提升综合竞争力的战略性项目，以高质量的项目谋划推动高质量发展；积极对接国家投资导向，争取更多项目资金支持；聚焦生态环境、公共服务、基础设施、乡村振兴等补短板、惠民生领域，精准施策，倾斜性谋划补短板项目，促进全社会各领域充分均衡发展；围绕自身核心优势，主动谋划重大产业项目，扩大招商引资，提升造血能力。

二是完善项目体系。覆盖经济发展、生态环境、基础设施、乡村振兴、城镇建设、改革开放、民生福祉、社会治理、党政建设等各个领域，按照分类形成完善的项目体系，促进项目储备库规范化、标准化建设。针对同类型小项目，以打包形式汇总为重大项目纳入项目库。

三是统筹项目布局。以区域效益最大化为目标，按照空间开发强度管控要求和用地空间结构，统筹重大项目空间布局，特别要考虑存量和增量建设用地的合理配置、区域生态环境容量的合理设定、用水指标的要素支撑等因素，合理安排项目建设用地规模，将核心引擎项目向开发区等重点发展区域倾斜，推进区域均衡化发展。

四是强化项目落地。围绕发展规划在特定领域提出的战略任务，制订项目推进方案，明确“路线图”和“时间表”，提高针对性和可操作性；强化项目建设用地的空间落实，明确用地布局及规模边界，达到上图入库，加强用水、用能、人才、政务服务等资源要素保障，不断优化项目建设条件，推进项目落地实施；强化部门联动，协调解决项目推进过程中的困难和问题，确保项目如期开工建设。

六、保障举措

保障举措是编制发展规划必须体现的部分。加强党的全面领导是第一位的，这也是体现规划政治性的重要方面，开展规划实施监测与完善规划实施机制是不可或缺的，主要从组织保障、要素支撑、规划衔接、责任分工等方面为规划顺利实施提供坚实保障。

例如，国家和浙江省“十四五”规划纲要分别在第十九篇和第十六部分确定了强化规划实施的保障措施。国家仅强调了三个方面的内容，即加强党中央集中统一领导、健全统一规划体系和完善规划实施机制；浙江省则强调了四个方面的内容，即坚持党的全面领导、发挥发展规划的战略导向作用、完善规划实施要素保障机制和加强规划组织实施。有些地区“十四五”规划纲要提出的保障措施是：坚持党的全面领导、加强资源要素保障、完善规划实施机制。

通过上述规划保障举措，表明了发展规划的战略导向地位，任何只注重规划编制而忽视规划落实的想法都是要不得的。

第六节　关键把握

编制一项高质量的规划，在高度重视并抓好全程管控的情况下，更应注重把握关键环节，做到一环套一环，环环紧扣，一步一步扎实地走到位，决不能顾此失彼。总结以往规划编制的成功经验，必须牢牢把握以下关键环节。

一、重视工作安排

这是提出并指导规划编制的第一份公文。常言道：良好的开端是成功的一半。一定要从思想上、组织上高度重视，充分认识规划编制的重大意义和指导作用。从一开始就要明确地提出指导思想、工作目标、时间进度、考评考核要求，使规划工作安排成为领会上情、了解下情、统筹全盘、部署任务的“指南针”，为高质量编制规划开好头、起好步。与此同时，还要成立以各级党委和政府主要领导为“双组长”的发展规划编制领导小组，这也是编制发展规划特点决定的，主管领导为副组长，发展改革部门主要负责人为办公室主任，相关规划编制部门领导参加的领导小组，指导、协调规划编制并进行质量把关。

二、开展重大问题研究

开展重大问题研究是多年编制规划的成功做法，也是破解编制规划难题的主要手段。鉴于规划是一种独立的公文形态，要求开门见山、直奔主题，文中一般不出现解释性、说明性的文字表述，因而，对规划中需要直接引用结论性的数据、观点等重大事项（如城镇化率、发展目标、产业结构优化、加快科技创新、发展阶段判断等），就需要事先开展重大问题研究。重大问题研究的目的是把那些规划背后的事项搞清楚、弄明白，就像费孝通先生在《乡土中国》中指出的那样："靠种地谋生的人才明白泥土的可贵，'土'是他们的命根。"开展重大问题研究就是要明白深入基层、深入一线调查研究的重要性，不但要了解实际，还要掌握根本，真正知晓"台上一分钟，台下十年功"的内涵，对规划中提及的观点、论据、提法都能经得起种种拷问，不仅要知其然，而且要知其所以然。

特别是在实现中华民族伟大复兴的进程中，面对日益严峻复杂的国内外形势和百年大变局，规划编制前期，一定要把那些事关发展全局的重大问题研究清楚，主动向社会公开征集意见。做到重点突出，亮点璀璨。

一般说来，这些研究成果将直接为随后起草《规划思路》和《规划纲要》服务，也是《规划思路》和《规划纲要》强有力的支撑。它相当于各级政府自上而下、自下而上"双向"用力找问题、测指标、明任务、拓路径，堪称全球迄今为止规模最大的公共政策"集中研究""竞争研究""集体研究"，是一次具有中国特色的政府购买智库服务、发展智慧用于科学决策的生动实践。

三、组建编写班子

人是最宝贵的要素资源，编写规划离不开人的主导。这里所说的编写班子区别于各级政府成立的领导小组，编写班子是要动手写作规划的团队。不同层级组建的编写班子不同，站在国家和省级层面看，组建编写班子，一定要"能文能武"。"能文"指的是文字功底好，"能武"指的是战略思维好。通常，编写班子由发展改革部门牵头，相关部门和研究机构派专人参与。在市县层面，规划编制形式较多，有的是借鉴国家和省级层面的做法，自己亲自动手；有的是聘请有关专业人士指导、自己动手完成；有的是委托有关科研机构承担，且这种委托形式越来越受到重视，成为主流。除委托有关科研机构编制规划外，无论采取哪种形式，都要组建专门的、有精兵强将参与的编写班子。

鉴于发展规划涉及国民经济和社会发展的方方面面，根据我们多年编制规划的经验，编写班子中必须配备有相关学科背景的人员，如学习并从事过工业经济、农业经济、统计分析、社科研究、资源环境、交通水电、科教文卫、应急管理等方面的专业人员，大家既共同面对，又分工负责。只有这样，我们才能在规划编制中对涉及的种种问题有认识、能作为。否则，从收集到的、即便是调研得来的众多资料中照抄照搬、囫囵吞枣，是无法编制出高质量、高水平的发展规划的。

四、形成规划基本思路

依托前期研究成果和调查研究，由规划编写班子起草完成规划基本思路（征求意见稿），在征求各方面（主要指各地区、相关部门及专家学者）意见基础上，向各级党委、政府汇报，经会议审议通过后，形成今后五年规划基本思路，用于统一各方认识。规划基本思路虽然是规划纲要的早期收获，但它集中体现的是各级党委和政府的战略意图，在起草时一定要非常重视。这项工作在实际中常常呈现为国家和省级层面高度重视，有安排有检查，一步一个脚印，步步留痕，作用重大；反而越是层级较低的和经济欠发达的地区，越是容易流于形式或予以省略，直接开始编制规划纲要，这种做法明显有不妥之处，还需要在今后实践中不断探索和完善。

五、吃透《建议》精神

为适应改革开放以来党对经济工作的领导，从 1985 年制定“七五”计划开始，每次编制五年规划的基期年，中央和省（自治区、直辖市）、有些市县都要召开党的全会，审议通过各级党的全会《关于制定国民经济和社会发展五年规划的建议》（以下简称《建议》）。《建议》起草由中央政治局和各级党委常委会领导，组成专门小组负责。一般起草小组必须要有发展改革部门的人员参加，工作方式大体是先集中学习，主要学习党和国家的大政方针，随后组成专题调研组分赴各地调查研究，在此基础上起草《建议》提纲，然后根据中央和各级党委主管领导对《建议》提纲的指示批示，以及收集到的各方面的意见，起草小组开始集中写作，起草《建议》。

这一环节需引起重视的是，必须明白《建议》形成的过程实际上就是民主决策的过程：一方面要广泛听取各地、各部门党委及党内老同志的意见建议，以集中全党的智慧；另一方面要广泛征求各民主党派与工商联负责人、无党派人士及专家学者的意见，以吸收全社会的智慧，以便对《建议》不断地修改、充实和完善，最后形成《建议》讨论稿正式提交党的全会予以审议。经党的全会审议通过后的《建议》，无疑是下一步指导规划编写班子编制规划的权威性、纲领性文献，这样的《建议》必须原原本本学、逐字逐句学、联系实际学、深入思考学，在吃透精神、悟明要义上下功夫，做到真学真懂、真学真会，为正式起草规划纲要奠定坚实基础。

六、编写规划纲要文本

中央及各级党的全会审议通过《建议》之后，规划纲要文本起草就进入了最为关键的冲刺阶段。这时，编写规划纲要文本有前期研究成果和两个最重要的参考文件：规划基本思路和党的全会通过的《建议》，应该说指导思想、重大战略等有《建议》引领，发展路径、主要目标、重大举措等有思路支撑，编制一份高质量的规划纲要文本就是水到渠成的事了。

规划纲要以基本思路为基础，全面落实党的《建议》精神，深入分析发展基础，研判机遇挑战，完善指标体系并设定发展目标，优化发展思路、发展定位，细化重点任务、重点项目，提出保障措施。规划纲要一般包括文本、附表、附图、附件等成果要件。

七、加强规划衔接

加强规划衔接是保障规划形成合力、用于指导引导经济社会发展的主要功能之一。规划衔接应遵循其他类规划服从发展规划，下位规划服从上位规划、下级规划服从上级规划，相关规划不得矛盾、抵触的原则，知晓各级规划衔接并不是所有内容都要进行衔接，主要是围绕相互关联、互相影响、有重大利益关系和重大发展思路的内容来进行，主要把握目标是否一致、政府安排的重大基础设施是否符合国家统一布局、战略资源的开发利用是否符合国家的战略要求、是否科学合理配置、是否有利于节约和循环利用、是否能够达到政府期望的效果等。规划衔接就是要处理好局部与全局的关系。各地区、各部门依据当地实际编制的规划，从局部看，也许是合理的、可行的，但从全局考虑，就有可能出现不匹配、不协调的问题，甚至出现事与愿违的相反结果。例如，水利专项规划、高速公路网规划、铁路规划等，如果不能站在全局统筹考虑，上游规划、经济发展快的地区规划，就会给下游和经济发展落后地区的规划带来负面影响。此外，内河航运、桥梁建造乃至工业发展与水利、交通规划关系十分密切，如不进行必要衔接，就有可能出现所建项目不符合防洪、取水及其道路选线等要求。只有通过规划衔接，才能调整不适应、不协调的地方，从而达到凝聚共识、共谋发展的目的。

八、征求各方意见

规划纲要文本完成后，这时只能叫规划纲要（草案）。一是要广泛征求意见，听取方方面面对规划纲要（草案）充实完善的真知灼见，尊重民心所向、民之所需，吸纳民众智慧。二是按程序听取各地、各部门等意见，召开专家座谈会，听取修改完善规划纲要（草案）的观点和思路。三是按要求向有关会议汇报，主动征求人大、政协意见，使规划纲要（草案）更接地气。四是按规定向各级党委政府汇报，使规划纲要真正成为体现党的意图、引导社会行为、鼓舞全体人民投身中国特色社会主义伟大事业的行动指南，为规划纲要（草案）提交人民代表大会审议做好充分准备。做好这一环节的关键是分层次征求意见，尽可能把意见征求到位、征求充分、不留遗漏。

九、发布实施

发展规划文本起草完成后，必须按程序审批。规划通过审批，一方面可以得到进一步的完善；另一方面可以有效统一各级领导机关和人大代表、政协委员的认识，为规划实施奠定坚实的思想基础。

发展规划的审批，通常先报请同级政府、党委审定后，再提交同级人民代表大会审议通过。发展规划文本在提交人大会议审议前，在名称的后面需加“草案”二字，人大会议审议批准后，由政府发布实施时不再加“草案”字样。这里需要说明，发展规划后面要加“纲要”二字，这是因为政府提交同级人民代表大会审批的发展规划，尽管涉及国民经济和社会发展的方方面面，但它是总括的，是提纲挈领的重点内容，而不是规划的全部。至于更详尽、更具体的规划内容还要在相关部门编制的专项规划中去体现。

发展规划经同级人民代表大会审议批准后，由同级人民政府公布，并组织实施。规划一经发布，组织实施则成为关键。

十、监测评估

规划监测评估是保障规划实施的必要环节，也是落实好规划的重要手段。我国自“十五”开始，提出了对规划进行中期评估的要求，这一举措的实施，有力地保障了规划实施。“十四五”规划纲要又提出：“开展规划实施情况动态监测、中期评估和总结评估，中期评估和总结评估情况按程序提请中央政治局常委会审议，并依法向全国人民代表大会常务委员会报告规划实施情况，自觉接受人大监督。”这一要求，进一步明确了发展规划不仅要开展中期评估，而且要进行总结评估，首次提出中期评估和总结评估情况，要按程序提请中央政治局常委会审议后依法向全国人民代表大会常务委员会报告规划实施情况，使规划中期、总结评估的重要性进一步凸显。当前及此后规划编制必须同步建设规划综合管理平台，充分发挥平台作用，利用信息化、大数据等现代技术手段方法对发展规划实施进行监测评估。

规划通过评估，可以发现或暴露规划实施中存在的一些问题，经过分析原因，提出改进措施，将有利于从体制机制上保障规划目标、重大任务的有效落实。在实际工作中要注意把握以下四点。一是扎实做好前期准备，及时研究制订方案，明确评估对象、方法、分工及时间进度安排，为规划评估奠定基础。二是在评估方法上，要坚持“三个结合”：坚持自我评估和第三方评估相结合，坚持传统评估（走访座谈、问卷调查）和现代评估（模型分析、大数据、云计算）相结合，坚持定性和定量评估相结合。三是在评估内容上，注重突出重点，围绕规划主要目标、重大项目、重要举措实施等关键环节进行评估，使评估成为协调规划实施、促进规划落实的有效手段。四是在评估报告形成后，要通过召开座谈会、组织专家评议、书面征求意见等方式，充分听取人大代表、政协委员和各有关部门的意见。对规划实际运行明显偏离并难以完成的规划指标，需要进行调整时，由政府提出调整方案，经同级党委常委会审定，报同级人民代表大会常务委员会批准。

坚持环环相扣，把握好以上十个环节，既是编制一项高质量发展规划的需要，也是推动保障规划落地实施的需要，必须给予足够的重视。减少或放弃任一环节，都有可能给规划编制和实施带来重大的损失和浪费，必须坚决杜绝。“不立规矩不成方圆”，只有环节定了、程序明了，一项高质量的规划内容才能随之而定。

第三章

国土空间规划

国土空间规划是国家空间发展的指南、可持续发展的空间蓝图，是各类开发保护建设活动的基本依据。建立全国统一、责权清晰、科学高效的国土空间规划体系，编制好国土空间规划，推进“多规合一”，整体谋划新时代国土空间开发保护格局，综合考虑人口、经济社会、国土空间利用、生态环境保护等因素，科学布局生产空间、生活空间、生态空间，划定“三区三线”，绘制“一张蓝图”，是加快形成绿色生产方式和生活方式、推进生态文明建设、建设美丽中国的关键举措，是坚持以人民为中心、实现高质量发展和高品质生活、建设美好家园的重要手段，是保障国家战略有效实施、促进国家治理体系和治理能力现代化、实现“两个一百年”奋斗目标和中华民族伟大复兴中国梦的必然要求。编制好国土空间规划也是广大从业者应负的责任。

第一节　概念内涵

正确把握、理解空间规划的基本概念是科学编制空间规划的前提，清晰其法律地位是规划作用功效的法定原则和基本要求。空间规划作为编制各类规划在国土空间特定范围内的布局基础，推进时必须紧密联系实际，慎之又慎。常言道：“基础不牢，地动山摇。”

一、基本概念

什么是空间规划？空间规划的概念如何定义？世界各国有所不同。基本的含义是从自然、经济、社会和文化等综合条件出发，对未来各种空间活动做出合理的安排。通常由主管部门编制，旨在形成更加合理的空间组织和相互关系，实现经济、社会和生态效益的叠加和多赢。

1.我国空间规划

我国空间规划的理念不是现在才有或提出来的，早在第一部词典《尔雅》中就有这样的记载："邑外谓之郊，郊外谓之牧，牧外谓之野，野外谓之林。"意思是说：县以外就是郊区，郊区以外就是放牧的地方，放牧的地方以外就是野外，野外之外就是森林。实际上，这就是典型的农牧社会空间分布状态的真实表达，也是古人对空间规划认识的最早贡献，是人类文明用地的产物。

新中国成立后，党的工作的重点逐步由农村转向城市，这一时期，百废待兴，为了适应城市经济的恢复和发展，城市建设工作被提上了议事日程。1952年9月，中央财政经济委员会召开了新中国成立以来第一次城市建设座谈会，并提出城市建设要根据国家长期计划，分别在不同城市有计划、有步骤地进行新建或改造，加强规划设计工作，加强统一领导，克服盲目性。自此，我国开始编制城市建设规划，"一五"期间，全国共计有150多个城市编制了规划。

改革开放以来，"规划"取代"计划"成为政府管控经济社会发展的有效手段，各种规划如雨后春笋般涌现。如主体功能区规划，城市总规、详规，土地利用规划等，它们均属于我国原有规划体系中空间规划的部分，在推进工业化和城市化过程中发挥了重要作用。但其规划理念、规划体系、管理体制等较为混乱，尚未形成完善、统一、有序的空间规划体系。

2013年11月，党的十八届三中全会通过的《中共中央关于全面深化改革若干重大问题的决定》中首次明确提出："建立空间规划体系、落实用途管制。"自此，空间规划这一词语才在国家层面被正式使用。随后，在中央城市化工作会议、《国家新型城镇化规划（2014—2020）》以及中共中央、国务院印发的《生态文明体制改革总体方案》中多次提出"构建以空间规划为基础，以用途管制为主要手段构建以空间治理和空间结构优化为主要内容，全国统一、相互衔接、分级管理的空间规划体系"。2014年12月，由国家发展改革委、原国土资源部、原环境保护部和住建部分别牵头，选取28个市县开展"多规合一"试点工作；2016年12月，中共中央办公厅、国务院办公厅印发了《省级空间规划试点方案》，确定海南、宁夏、吉林、浙江、福建等9个省（自治区）开展省级空间规划试点。2018年3月17日，十三届全国人大一次会议表决通过关于国务院机构改革方案的决定中均将构建空间规划体系作为一项重点改革任务予以强调。构建空间规划体系，已成为推进国家治理体系和治理能力现代化，助力生态文明和新型城镇化的重要举措。2018年11月18日，中共中央、国务院发布《关于统一规划体系更好发挥国家发展规划战略导向作用的意见》明确要求：我国要建立以国家发展规划为统领，以空间规划为基础，以专项规划、区域规划为支撑，由国家、省、市县各级规划共同组成，定位准确、边界清晰、功能互补、统一衔接的国家规划体系。自此，我国空间规划的地位得以明确。2019年5月9日，国务院正式发布了《关于建立国土空间规划体系并监督实施的若干意见》，提出建立国土空间规划体系并实施监管，将主体功能区规划、土地利用规划、城乡规划等空间规划融合为统一的国土空间规划，实现"多规合一"，至此，空间规划正名为国土空间规划，并明确了我国将分三步建立国土空间规划体系。国土空间规划是指，"一定时期内一个国家或地区对所辖国土空间资源和布局进行的长远谋划和统筹安排，旨在实现对国土空间有效管控及科学治理，促进发展与保护的平衡"。其研究对象是国土空间开发保护格局；研究范围是行政辖区；研究任务是全域国土空间开发保护格局的总体安排和综合部署，统筹开发和保护，对同级专项规划和下层次规划进行指导和约束。

2.国外空间规划

在1980年之前，国际上对"空间规划"并未形成专有概念，往往泛指与物质形体空间相关的具体规划设计。1980年以来，随着理论上空间的社会意义被认知和实践中空间与非空间因素的相互作用在各种尺度上日益普遍而复杂，空间规划逐渐作为一个特定含义的专用概念和名词被重视。1983年《欧洲区域/空间规划章程》中空间规划（Spatial Planning）一词正式出现，被使用于政府规划文件，代表了经济政策、社会政策、文化政策和生态政策在地理空间上的表达，旨在依据区域总体战略，通过跨学科的专业、技术和政策来均衡区域的发展。1997年欧盟委员会颁布的"欧洲空间规划制度概要"将空间规划正式定义为："主要由公共部门使用的影响未来活动空间分布的方法，其目标是创造一个更合理的土地利用和功能关系的领土组织，来平衡环境保护和社会、经济发展的需求。"

目前，大部分发达国家都十分重视空间规划的编制和实施，如英国的区域空间战略和现在的大伦敦规划、德国的联邦空间规划、法国的空间规划指令、日本的国土形成计划、韩国的国土建设综合规划等。由于体制和发展水平的差异，各国的空间规划在形式上、内容上和影响力上也不尽相同，但空间规划的本质都是一种纠偏市场失灵的方法，以求通过政府对公共资源的调控和再配置，保证空间合理安排，实现经济社会的可持续发展。

二、法律地位

目前，我国编制的各类空间规划均有各自层面的法律依据。例如，编制城乡规划，依据《中华人民共和国城乡规划法》；编制土地利用规划，依据《中华人民共和国土地管理法》；编制环境保护规划，依据《中华人民共和国环境保护法》；其他与空间规划相关的依据还有《中华人民共和国森林法》《中华人民共和国草原法》《中华人民共和国海域使用管理法》等，这些法律法规在各自规划管理中发挥着重要的作用。同时，也要认识到我国目前的空间规划体系，如城乡规划、土地利用总体规划、环境保护规划等各类规划之间，存在着相互冲突、有效衔接不够等弊端，已严重影响了国土空间治理的效果和效率。因此，加快制定能够有效管控国土空间的国土空间开发保护法和国土空间规划法已迫在眉睫。

值得关注的是，2019 年 8 月 26 日，十三届全国人大常委会第十二次会议审议通过的《中华人民共和国土地管理法（修正案）》，自 2020 年 1 月 1 日起施行。新的土地管理法为我国国土空间规划改革预留了法律空间，增加的第 18 条规定：国家建立国土空间规划体系。经依法批准的国土空间规划是各类开发活动、保护活动和建设活动的基本依据。新土地管理法还明确：已经编制国土空间规划的，不再编制土地利用总体规划和城乡规划。自此，国土空间规划在完成其重大历史使命期有了基本依据。

因而，从长远发展看，尽快制定国土空间开发保护法和国土空间规划法是国之大计，是弥补国家国土空间规划宏观顶层设计长期缺失、解决现行空间性规划法律法规冲突的重要举措，是推动国土空间规划改革、完善国土空间体系、实现全面依法治国的根本保障。

第二节　基本程序

国土空间规划是基于自然环境条件和空间地理数据的全域空间类规划，一般情况下，无论是哪一级国土空间规划，其规划编制都要经历以下三个阶段：第一是前期准备阶段，第二是规划编制阶段，第三是规划审批阶段。

一、前期准备阶段

1.国土空间规划组织准备工作

各级人民政府应根据建立国土空间规划体系的新要求、新部署，制订印发国土空间规划工作方案，召开国土空间规划编制工作动员会议，成立由本级人民政府主管领导担任组长、相关职能部门负责人为成员的国土空间规划领导小组；由本级自然资源管理部门牵头，以招投标的方式选择具有城乡规划、土地规划、主体功能区规划、海洋功能区规划等空间规划编制经验的技术单位，组建规划编制技术团队；积极邀请国家、省市相关领域专家组建专家咨询组，对国土空间规划编制工作中的基础问题进行咨询、研讨和指导；各级人民政府根据国土空间规划的任务和计划安排，将国土空间规划编制工作经费列入本级政府年度财政预算，按时拨付，确保足额到位，保障规划编制的顺利进行。

2.国土空间规划基础调研工作

开展国土空间规划基础调研是国土空间规划编制的重要基础，结合多年的城乡规划、土地利用总体规划、“多规合一”、空间规划专题研究、空间规划编制试点及先行实施项目等经验，我们认为应以新技术的应用和创新实施管理为手段，构建更全面、高效及标准化的国土空间规划调研及资料收集作业流程和规范，提升国土空间调查的效率和质量。

结合国土空间规划要求和工作内容，基础调研首先要拟订调研工作方案，落实调研资料清单、责任划分及工作进度安排、组织安排重要会议等。同时结合当地的实际情况，除传统的现场踏勘、问卷调查、访谈、座谈会调查、文献资料收集等调研方法外，还要积极借助大数据技术、测绘技术、遥感技术等现代信息技术开展资料收集工作。

3.国土空间规划基础资料整理工作

调查所获得的基础资料是国土空间规划定性和定量分析的主要依据，国土空间规划所需的基础资料涉及的部门多、内容杂，容易出现获取的资料深度不一致、内容交叉重复、统计标准不统一、数据相互矛盾等问题，影响国土空间规划的基础研究及评价工作。由此可见，在正式开展国土空间规划研究及编制工作之前，有必要按照标准统一、方法科学的要求对基础资料进行有条理、成体系的整理与规范，以便更好地为国土空间规划的现状数据库构建、重大专题研究、一本规划编制等服务。

国土空间规划基础资料整理要在国土空间规划项目类型和资料分析研究基础上，对各类渠道收集所得的资料进行梳理，分析各类资料间的层次、类别和关系，建立国土空间规划资料目录，以此作为国土空间规划“共建、共享、共用”的唯一数据。

二、规划编制阶段

1.基础研究阶段

（1）开展资源环境承载能力和国土空间开发适宜性评价工作

2018 年，深入推动长江经济带发展座谈会不仅明确了资源环境承载能力和国土空间开发适宜性评价（以下简称“双评价”）在国土空间保护与开发中的基础性作用，也进一步确定了其在我国国土空间规划编制中的地位。“双评价”作为国土空间规划的前提和基础，既是科学认知自然地理国情和区域发展格局演变规律的必然途径，也是直面地区发展方式存在突出问题的必然要求，还是指导规划提出适应国土空间高质量发展基本要求的必然选择，其不仅能指导统一国土空间规划编制，还能有机衔接不同层级、不同类型规划，同时，还是动态监督和科学评估规划成效的有力工具，其重要性不言而喻。因此，各级国土空间规划编制的第一步就是要针对国土空间科学、合理、有效地开展“双评价”工作。

（2）开展重大问题专题研究工作

了解掌握国土空间开发、保护和治理中的突出问题，除了“双评价”涉及的内容之外，还包括更为丰富和复杂的内容，因此，在强调“双评价”重要性的同时，不能忽视其他基础研究的重要性，应围绕影响国土空间未来可持续发展的各项重大问题积极开展国土空间规划专题研究，在《省级国土空间规划编制指南（试行）》（2020 年 1 月）和《市级国土空间总体规划编制指南（试行）》（2020 年 9 月）中都对国土空间规划的专题研究有明确的要求，从要求的内容来看，国土空间规划的重大专题研究主要包括人口变化特征、气候及地质灾害影响、开发保护格局优化、重大交通及信息发展影响、基础服务设施支撑、资源集约节约利用、生态修复与整治等方面，当然，各地方在编制国土空间规划时也可针对地方特点，开展相关领域的专题研究。

2.初步成果阶段

初步成果阶段是规划编制工作的主要阶段，依据《省级国土空间规划编制指南（试行）》（2020 年 1 月）和《市级国土空间总体规划编制指南（试行）》（2020 年 9 月）中提出的国土空间规划的成果要求，国土空间规划这一阶段工作主要包括以下四个方面：（1）针对前期开展的重大问题专题研究，完成国土空间规划各重大专题成果；（2）完成国土空间规划文本、说明、图件编制及绘制；（3）对国土空间规划所有的现状及规划数据进行整理，建立国土空间规划数据库；（4）完成国土空间基础信息平台和“一张图”实施监督系统的建设。

3.深化成果阶段

深化成果阶段也是国土空间规划的规划设计方案论证阶段，这一阶段的工作主要是针对规划完成的初步成果，组织开展各部门和公众意见征求、专家咨询等，形成征求意见成果；组织召开专家和部门联合评审会，形成规划评审意见成果，并针对征求意见成果和规划评审意见成果进行修改与完善。

国土空间规划应贯彻落实“人民城市人民建，人民城市为人民”理念，坚持开门编规划，建立全流程、多渠道的公众参与和社会协调机制。在规划的深化成果阶段，要通过积极召开座谈会、书面征求意见等方式广泛收集各部门意见；通过逐一对接、发函征询等方式深入了解下一级政府诉求、意见；通过广泛询智“取经”等方式征求各领域专家意见；通过听证会、论证会、网络公开等方式凝聚公众智慧，征求公众意见。

三、规划审批阶段

国土空间规划成果要按照“谁审批、谁监管”的原则，分级建立国土空间规划审查备案制度。全国国土空间规划由自然资源部会同有关部门组织编制，由党中央、国务院审定后印发；省级国土空间规划由省级政府组织编制，经同级人民代表大会常务委员会审议后，报国务院批准；需报国务院审批的城市国土空间规划，由市政府组织编制，经同级人民代表大会常务委员会审议后，由省级政府报国务院批准；其他市县及乡镇国土空间规划由省级政府根据当地实际，明确规划编制审批内容和程序要求。

第三节 调查研究

调查研究是国土空间规划必需的前期工作，没有扎实的调查研究，缺乏大量的第一手资料，就不可能正确认识规划对象，也不可能制订合乎实际、具有科学性的规划方案，实际上，调查研究的过程也是国土空间规划方案的孕育过程。

一、基础资料的获取

调查研究的第一步工作就是获取编制规划所需的资料，国土空间规划基础资料庞杂，纵向贯穿国家、省 、市、县及乡镇五级，横向涵盖自然资源、发展改革、环保、住建、交通、水利、农业、林业等各个部门。如何收集资料，收集什么样的资料，对国土空间规划的开展至关重要，翔实、丰富、完整的基础资料是做好国土空间规划的前提。

1.资料获取类型

获取编制国土空间规划资料，既有宏观也有微观的资料，从空间规划的纵向来看，越是高层级的国土空间规划的资料，资料越宏观，也越容易收集，来源的渠道较为丰富，比如，在省级国土空间规划时需要的主体功能区规划、城镇体系规划、土地利用总体规划、各部门的基础数据等都能通过致函或网络直接获取。越是往下级的国土空间规划资料相对越复杂且更为具体，各类资料分布于各个部门，收集相对越困难，大部分需要靠走访、现场踏勘或者通过文献资料搜集获取。

按照编制国土空间规划的内容要求，至少应该收集下列资料。

（1）勘查资料

主要指与国土空间规划和建设相关的地质资料，包括：工程地质，即城市所在地区的地质构造、地面土层物理状况、国土空间内不同地段的地基承载力以及滑坡、崩塌等基础资料；地震地质，即城市所在地区断裂带的分布及活动情况、国土空间内地震烈度区划等基础资料；水文地质，即国土空间内地下水的存在形式、储量、水质、开采及补给条件等基础资料。

（2）地理测绘数据资料

国土“三调”数据、基础测绘数据，包括 1 : 10000 比例尺或 1 : 50000 比例尺数字线划图（DLG）、城市大比例尺数字线划图（DLG）、数字高程模型

（DEM）、数字正射影像图（DOM）等基础测绘成果数据，以及国土空间规划底图编制的基础数据、资源调查数据（包括地理国情普查、地质环境调查和海洋、林草、矿产等专项自然资源调查成果）等。

（3）各类基础要素资料

包括气象水文、历史文化、公共与基础设施、经济社会发展等各类要素资料。

气象资料主要包括温度、湿度、降水、蒸发、风向、风速、日照、冰冻等基础资料。

水文资料主要包括江河湖海水位、流量、流速、水量、洪水淹没界线等。大河两岸地区还应收集流域情况、流域规划、河道整治规划、现有防洪设施等基础资料；山区地区还应收集山洪、泥石流等基础资料。

历史文化资料主要包括地区的历史沿革、城址变迁、城镇建设区扩展以及国土空间规划历史、地区园林、绿地、风景区、文物古迹、优秀近代建筑等基础资料。

经济社会发展资料主要包括近 10 年地区国民经济和社会发展数据及近 10 年城乡人口数据。

公共与基础设施资料主要包含教育、医疗、养老、文化以及供排水、道路交通、环保环卫的基础现状等资料。

自然资源资料主要包括矿产资源、水资源、燃料动力资源、农副产品资源的分布、数量、开采利用价值等。

土地利用资料主要包括现状及历年地区土地利用分类统计、地区用地增长状况、国土空间内各类用地分布状况等。

环境资料主要包括环境监测成果、各厂矿单位排放污染物的数量及危害情况、地区垃圾的数量及分布、其他影响地区环境质量有害因素的分布状况及危害情况、地方病及其他有害居民健康的环境资料。

（4）各类空间规划成果数据资料

这些数据资料主要包括各级空间类规划、专项规划、详细规划、经济发展规划等各类规划数据，其中，空间类规划数据又包含城乡规划、土地利用规划、林业规划等数据。

需要注意的是，各类空间规划及测绘资料需要收集矢量数据，数据采用2000国家大地坐标系和1985国家高程基准作为空间定位基础。

2.资料获取方法

国土空间规划所需资料数量大、范围广、变化多，传统的规划资料获取的方法包括有现场踏勘、问卷或抽样、访谈或座谈、文献资料搜集等，但随着信息与技术的进步，越来越多的科学技术手段运用到了调查、数据梳理、分析判断等工作中，如借助大数据、测绘、遥感等工具开展数据收集，通过微信公众号等方式开展线上问卷调查等。

现场踏勘：现场踏勘是国土空间规划调查中最基本的手段，通过现场踏勘，一方面可以获取直观的现状信息，尤其是物质空间方面的第一手资料，弥补文献、统计资料乃至各种图形资料的不足；另一方面也可使规划人员在建立起感性认识的同时，发现现状的特点和其中所存在的问题。该方法主要用于国土空间规划在土地使用、城镇乡结构等方面的调查。

问卷调查：问卷调查是掌握一定范围内大众态度和行为时最常见的调查形式。通过问卷调查可以大致掌握被调查群体的意愿、喜好、观点等。问卷调查的具体形式可以是多样的，传统方法是采用发放问卷的方式，现代的调查方法多采用微信小程序、网络调查等电子问卷方式，既方便快捷又便于数据的统计分析与处理。

访谈与座谈会调查：其特点是调查者与被调查者面对面交流，能够在较短的时间内获得较为完整的资料，通常情况下是针对无文字记载的民风民俗、历史文化等方面，针对尚未形成文字的一些愿望与设想的调查，针对关于国土空间重要决策问题收集专业人士的意见。

文献资料搜集：国土空间规划的相关文献和统计资料通常以公开出版的城市统计年鉴、各类专业年鉴、不同时期的地方志等形式存在，这些文献及统计资料具有信息量大、覆盖范围广、时间跨度长等特点，其内含的数据及资料信息具有连续性，可通过数据分析推导出发展趋势等特点。

大数据采集：大数据采集是基于国土空间规划的社会活动产生的海量信息数据，通过信息技术筛选出具有应用价值的数据，通常具有涵盖面广、实时性强的特点，并且通过对统一地域、不同时空的数据采集后分析，能够得出其变化趋势，是国土空间规划中分析人口流向、生态保护、城镇建设、交通发展等内容的重要手段。

二、重点内容研究

1.研究重点

国土空间规划是一个以国土全域空间为载体，承载了人与自然的全要素、时空演化的整体，它是制定空间发展政策、开展国土空间资源保护利用修复及实施国土空间规划管理的依据。编制国土空间规划，对国土空间规划的重大问题开展研究是必不可少的重要环节，也是保证国土空间规划质量的重要手段。

《中共中央 国务院关于建立国土空间规划体系并监督实施的若干意见》（以下简称《若干意见》）提出，建立分级分类的国土空间规划是空间规划的总体框架要求，从上至下空间规划共分为五级，分别是国家级、省级、市级、县级、乡镇级，并清晰地明确了国土空间规划要依据各级政府的事权，明确各级空间规划“管什么就批什么”。因此，各级国土空间规划侧重点及编制重点不尽相同。

全国国土空间规划是对我国海、陆全域空间作出的全局安排，是一个总纲性的文件。全国国土空间规划是站在国家的角度审视问题，并提出各项战略目标及控制要求，全国国土空间规划考虑的问题更全面、更立体，不仅针对的是土地的利用、城镇的建设、功能区的划分，更多的是从资源开发保护出发提出国土空间保护、开发、利用、修复的战略、政策及要求。因此，全国国土空间规划前期研究中所考虑的问题是具有宏观性、系统性和战略性的。

省级国土空间规划是对全国国土空间规划的落实，在国家五级国土空间规划体系中具有承上启下的作用，是推进省级国土空间治理体系和治理能力现代化的重要抓手，《省级国土空间规划编制指南（试行）》（2020 年 1 月）中提出各地要结合实际，开展国土空间开发保护重大问题研究，如目标战略、开发保护格局、乡村振兴与城乡融合发展、历史文化传承、国土空间整治与生态修复、实施机制与政策保障等，沿海的省份应该开展海洋相关专题的研究。

市县和乡镇国土空间规划是本级政府对上级国土空间规划要求的细化落实，是对本行政区域开发保护作出的具体安排，侧重实施性。自然资源部印发的《市级国土空间总体规划编制指南（试行）》（2020年9月）中提出，规划要分析自然地理格局，重视现行规划评估和灾害风险评估，加强包括但不限于人口与新型城镇化、产业发展、综合交通、公共服务、建设用地集约节约利用、城市更新、土地整治与生态修复、历史文化遗产保护与城乡风貌特色等研究。

2.主要专题

2019年《自然资源部关于全面开展国土空间规划工作的通知》中提出要开展重大问题研究，要在对国土空间开发保护现状研究评估预判的基础上，专题分析对本地区未来可持续发展具有重大影响的问题，积极开展国土空间规划前期研究。通常来讲，国土空间规划编制主要涉及以下十个方面的专题研究。

（1）“双评价”研究

国土空间规划较之前的各类空间规划最大的不同就是国土空间规划的编制更加科学，从过去我们找环境要东西，变成环境给我们东西，空间环境地位从被动变为主动，实际上强调的是从环境资源现实出发开展社会活动，这就要求我们明确环境所能承受的人类社会活动的极限点，找准适宜开展各类社会活动的核心区域，而找到这个极限点和明确空间的适宜性就是开展“双评价”的重要目的。

“双评价”是指资源环境承载能力评价和国土空间开发适宜性评价。资源环境承载能力评价是通过区域内土地资源、水资源、矿产资源、能源、水环境、大气环境等各项因子分析判断资源（利用）、环境（质量）、生态（基线）、灾害（风险）四类要素，定量测度国土空间发展的综合潜力，对人类活动的承载能力以及为人的经济、社会活动提供生态系统服务的能力，总结来说，资源环境承载能力评价实际上是对自然资源和生态环境本底的相对客观的评价。国土空间开发适宜性评价也是通过各项因子的分析判断国土空间的自然条件对生态（保护）、农业（生产）和城镇（开发）三种利用方式的适宜程度，是着重从资源保护与开发利用关系上的分析与判断。

通过“双评价”可以客观地反映现状资源环境的优势与短板，明确国土空间发展的潜力以及生态建设、农业建设、城镇建设的适宜区域，将“双评价”成果通过对比开发利用、永久基本农田、生态保护红线的现状，对既有的规划成果进行校正，为科学划定生态保护红线、永久基本农田、城镇开发边界等空间管控边界，统筹优化生态、农业、城镇等空间布局提供基础支撑。此外，“双评价”成果从空间上明确国土空间范围内生态修复的要点，有助于分析提升国土空间资源环境承载能力的路径，为后续的国土空间综合整治与生态修复提供了基础支撑。总之，开展“双评价”工作是各级国土空间规划的必选动作，是掌握国土空间现状的重要手段之一，其评价方法和技术流程也是统一的，不同的是各级国土空间规划在进行“双评价”时采用的数据精度有所不同，分析的结果也略有差异，这就要求我们在开展此项工作时要上下联动、统筹协调，保证上下级国土空间规划“双评价”成果的一致性，当然，在进行乡镇国土空间规划或县级国土空间规划时，可以根据实际情况采用上一级国土空间规划中的“双评价”研究成果，在研究成果上进行深化与细化。另外，“双评价”主要是通过各项因子的叠加分析得出相关结论，不同地区在进行“双评价”时应重点考虑地区特点，例如，沿海地区应重点考虑海洋等因素影响，而青藏高原地区在进行“双评价”的分析时，海拔高度的选择与平原地区、沿海地区有明显的差别，且气候应该是其中的重要因子，应当重点考虑。

（2）“双评估”研究

如果说“双评价”是掌握国土空间自然现状的密码，那么“双评估”就是掌握国土空间发展现状的钥匙。国土空间规划中的“双评估”通常是指国土空间开发保护现状评估和现行空间类规划实施情况评估。

“双评估”是国土空间规划编制的重要基础性工作，其目的是分析国土空间发展面临的潜在风险，识别不同空间规划之间的冲突和矛盾，总结成效和问题，是国土空间规划中掌握发展现状的重要手段之一。国土空间开发保护现状评估一般以安全、创新、协调、绿色、开放、共享等理念构建的指标体系为标准，从数量、质量、布局、结构、效率等角度，找出一定区域国土空间开发保护现状与高质量发展要求之间存在的差距和问题所在，同时在现状评估的基础上，结合影响国土空间开发保护因素的变动趋势，分析国土空间发展面临的潜在风险。现行空间类规划实施情况评估则是指对现行土地利用总体规划、城乡规划、林业草原规划、海洋功能区划等空间类规划在规划目标、规模结构、保护利用等方面的实施情况进行评估，并识别不同空间规划之间的冲突和矛盾，总结成效和问题。

通过“双评估”一系列的指标及数据分析，揭示了国土空间在底线管控、结构效率、生活品质等方面的问题及不足，评估了规划实施的效果，研判了城市规划与城市空间扩张及用地结构的契合度，审视了城市规划发展的成效和问题，可以说，“双评估”有助于厘清城市发展目标，总结现有规划的实施成效与不足，为开展国土空间规划及专项规划的编制修订夯实了基础；同时，促进了国土空间公共服务、综合整治及生态修复等要素的有序配置。“双评估”与“双评价”一样是掌握国土空间现状的必要基础性工作，各级国土空间规划都应该开展“双评估”的研究，但在进行“双评估”研究时要体现自上而下、上下结合的工作思路，要保障上下级“双评估”及“双评估”与本级国土空间规划的联动。

（3）国土空间格局研究

国土空间是由诸多资源要素共同构成的复杂的国土空间资源巨系统，其格局是一种动态演变的过程，具有特定的时间和空间属性，其形态和状态在时空尺度上会呈现出不同的变化特征①。因此，对于国土空间格局的研究，首先应从现状出发，针对国土空间中涉及的人口集聚、区域发展、产业布局、城乡统筹、资源利用、环境保护等方面的问题进行梳理，全面分析国土空间格局形成、发展、演变的背景及形式基础，探索其演化规律，揭示国土空间现状结构与空间格局之间的耦合关系。同时，从优化国土空间格局的目标出发，集成整合基础地理、资源环境、产业发展、生态安全等国土空间基础数据，构建科学合理的国土空间格局评价方法与指标体系，提出国土空间优化开发的战略方向与政策建议，对促进国土空间有序、适度及可持续利用具有指导意义，也为制

---

① 林伊琳，赵俊三，张萌，陈国平．滇中城市群国土空间格局识别与时空演化特征分析 [J]. 农业机械学报，2019. 50（8）：176–191。

定国土空间用途管制规则、明确资源要素配置和国土空间修复治理重点提供战略方向性指导，这就是国土空间格局研究的重要目的。

国土空间格局优化是贯彻落实多重使命要求、科学合理高效配置国土空间资源的核心关键内容，是支撑国土空间规划有效发挥“承上启下、统筹平衡、指导约束”作用的重要途径。因此，在上下各级的国土空间规划中，国土空间格局的研究与优化都是继“双评价”“双评估”研究之后的又一项重要工作，在国土空间格局的研究与优化中要落实贯彻上级的区域发展战略、主导功能区战略等使命，立足自身的统筹协调，优化国土空间资源配置，指导下一层次各类实施性规划和开发建设行为活动。

（4）国土空间战略目标研究

现行的各类空间规划纷纷强调战略研究在引导空间有序发展、协调人口资源环境发展和区域整体协调等方面的价值，加强战略性研究是国土空间规划编制的必要手段，国土空间战略目标的主要内容就是在更大的空间维度中给相应尺度的国土空间建立起一个具有独特性、包容性和竞争力的发展定位，对国土空间发展所要达到的目标设定限制，具有前瞻性、整体性、创新性和层次性。

国土空间战略目标研究首先要通过对上级规划要求、外部环境、内部条件、资源和要素的分析，明确空间发展的愿景、使命和目标，其次由于规划是针对未来的，预测是规划的基础和依据，要通过调查研究和情境预测分析评估，应用多种方法对未来的发展趋势进行综合分析和情景分析。在体系中，越高层级的空间规划越注重对战略格局的研判、综合谋划及实施对策的研究，其战略性也越凸显。省级国土空间规划，承上要落实国家战略和重要部署，通过对国家主体功能区、区域协调发展、国家安全等重大战略要求的研究，梳理其对省域国土空间的具体要求，明确省级国土空间治理的战略和目标；启下要结合省内发展与未来趋势，尤其是要分析本省地域特征、经济社会发展水平，落实省级党委和政府要求，针对省域国土空间利用问题与目标导向，制定省域国土空间开发与保护的目标战略。市县国土空间规划同时具备较强的过渡性和实施性，其战略目标应体现传导上级规划目标指标，为实现地市目标提供支撑，量化上级战略定位及目标要求，体现对专项规划及下级乡镇空间规划的引导。乡镇级国土空间的战略目标则以落实上级目标为主。

（5）规划分区及管控研究

在新的国土空间规划体系下，“主体功能—规划分区—用地用海分类”的全域空间主体功能与分区分类管控体系基本建立，《省级国土空间规划编制指南（试行）》（2020 年 1 月）提出，要落实国家级主体功能区，完善细化省级主体功能区，按照主体功能定位划定政策单元，明确管控导向；《市级国土空间总体规划编制指南（试行）》（2020 年 9 月）明确了两级规划分区的内涵。此外，《国土空间调查、规划、用途管制用地用海分类指南（试行）》对全域用地用海分类也进行了明确。以上政策文件初步明确了“主体功能—规划分区—用地用海分类”承接、传导、细化落实规划意图的框架，但是对于规划分区的划定方法与管控机制尚没有相关的技术规程与指南，因此，在各级的国土空间规划，尤其是市县级的国土空间规划中，要结合实际情况明确主体功能与规划分区的关系，探索规划分区与用途管控的方法及原则。

在省级国土空间规划中以落实国家主体功能为主，通常将国土空间依据功能划分为三类空间：生态空间、农业空间和城镇空间。而市县级的国土空间规划则是在上级空间规划的基础上按要求进行规划分区的划定及管控，同时在《市级国土空间总体规划编制指南（试行）》（2020 年 9 月）中也指出，“如在市域内存在本指南未列出的特色政策管控要求，可在规划分区建议的基础上叠加历史文化保护、灾害风险防控等管控区域，形成复合管控区”。县级国土空间规划国家尚未出台编制指南，但各个省基本参照市级的指南出台了相应的编制指南，从各省出台的县级指南看，基本内容与市级的指南保持一致。因此，现阶段规划分区与管控研究的重点不是各级国土空间规划应该划定哪些分区，而是要研究厘清分区划定时的方法思路及管控的一些细节措施等。

（6）乡村振兴与城乡融合发展研究

党的十九大以来，国家针对解决“三农”问题实施了“乡村振兴”战略，以坚持农民主体地位，坚持乡村全面振兴，坚持城乡融合发展，坚持因地制宜、循序渐进的原则，实施乡村振兴和城乡融合发展。社会对于乡村建设的关注程度逐渐提高，乡村建设从地方实践逐渐上升到国家战略层面，那么如何在本轮国土空间规划中落实城乡统筹、缩小城乡二元差距、解决“三农”问题，是空间规划中乡村振兴与城乡融合发展研究的主要问题。

乡村振兴战略是对我国各项支持农村发展政策的延续和提升，城乡融合发展是对统筹城乡发展、城乡发展一体化战略的继承和升华，具有明显的时代特色和价值导向，国土空间规划背景下的乡村振兴和城乡融合发展研究要在“三线”约束的管控下，坚持粮食安全优先的理念，统筹国土空间资源，从差异化的实际出发，以功能空间管控下的人口配套、产业配套、设施配套为研究重点，省级空间规划要提出乡村振兴和城乡融合发展的思路，探索解决“三农”问题和树立新型城乡关系的方法和措施，促进城乡资源全要素流通，缩小城乡居民生活水平差距，提升改善城乡人居环境。市县级国土空间规划应落实国家、省战略部署，结合有关政策情况及地区实际，优化乡村空间布局，制定差异化的政策指引和建设标准，确定乡村生活设施用地位置与规模，同时，加快城乡产业发展、基础设施、公共服务、资源能源等一体化进程，合理布局生活、生产及生态空间。乡镇国土空间规划要承接上级国土空间规划的要求，将乡村建设与城乡统筹落入各类空间中，落实到用地类型与用地规模上。

（7）历史文化保护与传承研究

历史文化资源作为文化强国建设的重要基础，也是国土空间规划的重要组成部分和刚性管控内容之一。2021 年 3 月，自然资源部、国家文物局联合发布的《关于在国土空间规划编制和实施中加强历史文化遗产保护管理的指导意见》中要求发挥国土空间规划的引领作用，加强历史文化遗产管理与保护。如何实现全域全要素的历史文化保护与管控，是国土空间规划中历史文化保护与传承研究的重点。

历史文化保护与传承研究首先要厘清历史文化资源保护名录及保护要求，确保历史文化遗产保护的“点、线、面”全要素覆盖，确保物质与非物质遗产兼顾，确保地上、地下遗产兼顾；其次要建立全域历史文化资源管控体系，跳出历史城区、历史文化名镇名村等传统历史文化要素空间载体，对三类空间的历史文化保护提出有针对性的不同管控要求，并与三条控制线的管控要求相衔接；最后要联合保护要素的各部门，建立完善的历史文化遗产信息数据库，构建多类型的文化遗产信息管理平台，实现历史文化遗产的全要素保护。需要注意的是，在省级层面尤其要关注跨区域文化遗产廊道的协调与保护，明确在不同层级的国土空间规划中对跨区域文化空间的保护要求、协调措施。市县级国土空间规划中要加强纵向联动，确保数据信息的一致。

（8）国土综合整治与生态修复研究

国土综合整治与生态修复是为优化国土空间开发格局，健全国土空间开发、自然资源节约、生态环境保护的体制机制新要求，采取综合措施对某一空间范围内的国土资源进行开发、利用、整治和保护的全部活动，具有工程性、可实施性、支撑性，是国土空间规划的编制与实施的重要内容和支撑手段。

国土综合整治与生态修复研究的关键点在于，相较传统的土地整治，更强调“山水林田湖草生命共同体”系统思想，注重统筹涉及山水林田湖草生态系统的整体保护、系统修复、区域统筹和综合治理。省级国土空间规划层面的国土综合整治与生态修复，要承接国家层面的总体要求，重点在于明确本省域内的主要问题分类和分区划定，结合省内各地市的情况分解整治和修复的指标与任务，提出省级重大工程和示范项目、配套政策的支持等。市县级国土综合整治与生态修复作为国土空间规划面向实施的重要环节，更加侧重落地性与实施性，市县国土综合整治以全域国土资源的开发利用为导向，重点突出综合性，针对各类型荒置废弃、利用不合理的国土资源进行综合评价与定级分类，提出市县国土空间整治分区和开发利用模式，优化国土资源利用结构，促进市县国土资源的高效利用。生态修复则是以市县生态系统的品质提升为导向，重点突出系统性，针对结构紊乱、功能严重受损的生态系统进行诊断评估，围绕生态系统的完整性、功能性和结构性等特征，补足、补齐和补好生态短板，提升市县国土空间魅力品质。

（9）建设用地集约节约利用和城市更新研究

建设用地集约节约利用是缓解土地供需矛盾、保障社会经济稳定快速发展的必然选择，尤其是国土空间规划在强调保障粮食安全、生态安全的前提下进行国土空间的高效开发，更是对建设用地的集约节约利用提出了更为严格的要求。在有限的指标规模中要落实布局各类建设发展用地，首先必须针对国土空间内的建设用地的利用特征进行分析，通过对城乡建设用地规模、指标、集约节约利用评价、用地和人口变化数据及政策研究，开展城乡建设用地集约节约利用评价工作，摸清建设用地现状、结构及空间分布情况，制定控制指标，探索集约节约用地新模式，促进城乡建设内涵挖潜，提高土地利用效率，为国土空间规划编制提供科学的基础研究，提高国土空间规划的科学性。

随着我国经济由高速增长阶段转向高质量发展阶段，越来越多的城市开始探索以城市更新的方式挖掘城市存量空间、提升土地利用效能、优化城市产业结构、推动城市功能和经济转型。城市更新的研究更侧重于在市县级国土空间规划中进行，市县国土空间规划中的城市更新研究要以摸底调查的方式收集城市老旧小区、城中村、低效工业、低效办公等用地数据作为前期推进更新工作的判断依据，研究提出城市更新方向和重点更新空间，明确城市更新片区和单元的划定标准，确定重点片区和单元在城市更新中的定位、方式、方案设计等方面的编制要点，为下一步详细的城市设计指明方向。

（10）实施保障机制研究

国土空间规划实施保障机制是国土空间规划落地实施的有力机制保障。《若干意见》从强化规划权威、改进规划审批、健全用途管制制度、监督规划实施、推进“放管服”改革五个方面，对国土空间规划实施保障作了要求。

规划的实施保障机制是确保规划实施落地的重要手段，规划实施保障机制的研究要立足于国土空间规划的改革背景，充分运用新的技术、新的方法，通过研究规划的传导、用途管控单元划分、管控规则及规划的监管体系等，着力构建国土空间规划的编制审查，组织实施、监测预警和监管，以及动态评估三大实施保障机制，推动形成可操作性的国土空间规划实施保障体系。

以上是根据国土空间规划的主要内容提出的需要开展的普适性的重点内容研究，而国土空间规划是一项庞大且复杂的工作，具有很明显的地域特点，其重点内容的研究很难在这里面面俱到。各地各级国土空间规划在编制时应当根据实际情况适当取舍、酌情增加重点内容的研究，例如，沿海地区可增加海洋资源与保护的研究，青藏高原地区可增加气候变化带来的风险研究，矿产资源丰富地区可开展矿产资源综合利用的研究，耕地丰富及农业发展优势地区可开展农业现代化与耕地保护研究，等等，在这里不一一赘述。总之，重点内容的研究要紧扣国土空间规划编制内容科学设置，重点内容的研究要服务于规划编制，围绕空间规划的主要内容与任务展开，切不可盲目开展。

第四节　主体架构

国土空间规划在国土空间治理和可持续发展中起着基础性、战略性的引领作用，是各类开发保护建设活动的基本依据，是实施国土空间用途管制和生态保护修复的重要依据。空间规划在国土开发保护方面的基础和平台功能，为发展规划确定的重大战略任务落地实施提供了空间保障，对其他规划提出的基础设施、城镇建设、资源能源、生态环保等开发保护活动提供了指导和约束。

国土空间规划编制想要体现战略性、提高科学性、加强协调性、注重操作性，必须有与规划层级、规划类型相匹配的规划主体架构。因此，编制国土空间规划，必须特别关注主体架构的确定，全面落实国家、区域及地方发展战略定位部署，客观分析规划对象内部外部发展条件，确定实现高质量发展的高品质空间格局的具体目标，宏观把控与目标落实协调慎重考虑，杜绝草率盲目，这样确定的规划主体架构，才能切实保障规划编制发挥应有的作用。

例如，青海省立足“三个最大①”省情定位，全面落实“四个扎扎实实②”重大要求和“四地两体系③”建设目标，以共同守护好地球“第三极”为重任，基于“生态省、高原省、资源省、民族省”省情特征，既站位高远，又贴近省情，形成了促进国土空间治理能力现代化水平提升、保障更加富裕文明和谐美丽新青海建设的国土空间规划。

《青海省国土空间规划》（征求意见稿）的主体架构，共有十三章五十九节，章节整体体系清晰，章节前后协调递进，是青海国土空间保护、开发、利用、修复的政策和总纲。详情如下：

第一章　规划背景

---

① “三个最大”即青海最大的价值在生态、最大的责任在生态、最大的潜力也在生态。

② “四个扎扎实实”即扎扎实实推进经济持续健康发展、扎扎实实推进生态环境保护、扎扎实实保障和改善民生、扎扎实实加强规范党内政治生活。

③ “四地两体系”即国家清洁能源产业高地、战略性矿产资源保障基地、国际生态旅游目的地、绿色有机农畜产品输出地以及具有青海特色的现代化经济体系、以国家公园为主体的自然保护地体系。

第一节　地理格局与资源禀赋
第二节　国土空间保护开发现状与问题
第三节　国土空间保护开发面临挑战
第二章　目标与战略
第一节　指导思想与基本原则
第二节　总体定位
第三节　开发保护目标
第四节　空间战略
第三章　国土空间开发保护格局
第一节　巩固两屏三区多廊生态空间格局
第二节　优化四区一带农牧空间格局
第三节　打造一群两区两轴多点城镇空间格局
第四章　守护“中华水塔”，筑牢国家生态安全屏障
第一节　稳固江河源区水源涵养功能
第二节　加强生物多样性保护网络建设
第三节　构建以国家公园为主体的自然保护地体系
第四节　严格生态保护红线及生态空间管控
第五节　系统保护高原重要生态要素
第六节　提高生态系统碳汇
第五章　优化农牧空间，支撑绿色有机农畜产业发展
第一节　加强农牧产品主产区保护
第二节　严格永久基本农田和农牧空间管控
第三节　加强耕地保护和提质
第四节　强化草原保护和可持续利用
第五节　优化乡村空间布局
第六节　推进高原美丽乡村建设
第六章　完善城镇空间，推进高原美丽城镇建设
第一节　构建协调有序的城镇体系
第二节　强化城镇开发边界及城镇空间管控

第三节　推进城镇建设用地提质增效
第四节　优化产业空间布局
第五节　提升城乡公共服务水平
第六节　建设高原美丽宜居家园

第七章　强化资源开发与保护，提升能源资源保障能力

第一节　加强重要矿产资源勘查开发
第二节　优化战略性矿产资源保障区布局
第三节　推进绿色矿业发展

第八章　传承自然和历史文化遗产，彰显高原国土魅力

第一节　健全历史文化遗产保护体系
第二节　加强历史文化空间和自然景观管控
第三节　建设世界级高原人文生态景观区
第四节　塑造富有特色的城乡风貌

第九章　构筑设施网络，保障基础支撑体系建设

第一节　完善综合交通体系
第二节　强化能源保障体系
第三节　建设水利基础设施
第四节　推进信息基础设施建设
第五节　健全防灾减灾体系
第六节　基础设施用地管控与保障

第十章　持续实施生态修复与国土综合整治

第一节　加强重点生态功能区生态修复
第二节　历史遗留矿山生态修复治理
第三节　退化土地修复治理
第四节　全域土地综合整治

第十一章　构建全面开放格局，推进重点地区协作发展

第一节　构建全方位对外开放格局
第二节　推进沿黄地区生态保护与高质量协同发展
第三节　共建兰西城市群

第四节　促进省际区域协调发展

第五节　强化省内重点地区协作

第十二章　构建规划传导与管控体系

第一节　强化专项规划管控

第二节　加强市州传导

第三节　优化主体功能区

第十三章　实施保障机制

第一节　健全配套政策机制

第二节　建设国土空间“一张图”实施监督信息系统

第三节　建立规划考核监测评估预警制度

第四节　健全公众参与和社会协调机制

第五节　加强资金和技术保障措施

第六节　近期安排

又如，广州市从规划理念创新入手，推动规划从单一土地利用到自然资源资产管控转变，将规划编制过程作为共治共享的社会治理过程，把城市设计作为解决问题的重要手段，形成以“美丽国土空间、高质量发展、高品质生活、高水平治理”为特点的国土空间规划。《广州市国土空间规划》（征求意见稿）的主体架构，共有十二章三十一节，站位高远、立意深刻、溯本求源。详情如下：

第一章　总则

第二章　战略目标

第三章　粤港澳大湾区协同发展

第一节　强化区域发展核心引擎功能

第二节　培育现代化都市圈

第三节　打造南沙粤港澳全面合作示范区

第四章　美丽国土空间格局

第一节　优化国土空间开发保护格局

第二节　统筹“三线”划定与管控

第五章　城镇功能优化

第一节　城镇发展策略
第二节　现代化产业体系布局
第三节　居住空间与公共服务
第四节　公共空间与游憩体系
第六章　乡村振兴发展
第一节　优化乡村发展布局
第二节　推动富民兴村产业发展
第三节　建设美丽宜居岭南乡村
第七章　土地利用与国土空间用途管制
第一节　土地利用结构优化与用途分区
第二节　山水林田湖海保护与利用
第三节　建设用地节约集约利用
第八章　综合交通体系
第一节　提升国际交通枢纽能级
第二节　完善城市交通网络布局
第三节　绿色智慧赋能交通转型
第九章　城市文化与风貌特色
第一节　历史文化保护与活化
第二节　城市文化综合实力提升
第三节　城市风貌特色彰显
第十章　城市安全与基础设施
第一节　安全韧性城市建设
第二节　市政基础设施保障
第十一章　国土空间生态修复
第一节　生态修复与环境治理
第二节　存量低效建设用地整治
第十二章　规划实施机制
第一节　规划实施传导
第二节　规划管控体系

第三节　规划体检与评估

第四节　规划政策保障

再如，浙江省开化县作为国家发展改革委等四部委确定的全国28个市县“多规合一”试点地区之一，围绕加快生态文明建设总要求，立足重点生态功能区定位，边试点、边改进、边完善，编制完成了全国首个获批的县级空间规划。《开化县空间规划》的主体架构，共有十一章四十一节，各章节关系协调，基于开化国家重点生态功能区的定位，为空间用途管制和各类开发建设活动提供了基本依据，是一个具有战略性、纲领性、约束性的主体架构。详情如下：

第一章　规划基础

第一节　现状与问题

第二节　资源环境承载能力评价

第三节　国土空间开发适宜性评价

第四节　趋势分析

第二章　战略目标

第一节　指导思想

第二节　基本原则

第三节　战略定位

第四节　主要目标

第五节　空间发展战略

第六节　空间结构

第三章　空间格局及管控原则

第一节　三区三线划定

第二节　空间管控原则

第四章　基础设施网络布局

第一节　交通基础设施

第二节　能源基础设施

第三节　水利基础设施

第四节　信息基础设施

第五章　生态环境保护

第一节　生态保护与修复

第二节　环境污染防治

第六章　城乡发展布局

第一节　城镇体系

第二节　乡村发展

第七章　产业发展布局

第一节　以旅游业为重点的服务业发展布局

第二节　以绿色低碳为重点的工业发展布局

第三节　以生态休闲为重点的农业发展布局

第八章　公共服务布局

第一节　空间布局导向

第二节　分级配置

第九章　用地安排

第一节　三类空间用地规模与结构

第二节　生态空间用地布局

第三节　农业空间用地布局

第四节　城镇空间用地布局

第十章　中心城区城市建设用地布局

第一节　城市建设用地规模

第二节　居住用地布局

第三节　公共管理与公共服务用地布局

第四节　商业服务业用地布局

第五节　工业及仓储物流用地布局

第六节　综合交通规划

第七节　绿地景观系统规划

第八节　基础设施系统规划

第十一章　实施保障

第一节　加强组织领导

第二节　制订实施方案

第三节　推行平台管理

第四节　加强社会监督

国土空间规划尚在建立规划体系的起步阶段，以上仅列举了几个不同层级国土空间规划的主体架构，但这些规划主体架构体系完整、逻辑严谨、层次清晰、表达完整。这些规划主体架构章节体系上体现出不同层级规划的重点，文字使用上规范准确，为规划内容的编写搭建出了重要的框架，为各级各类国土空间规划的编制提供了参考借鉴。

新时代国土空间规划体系将以往相互分离的各类各层级涉及国土空间的规划，如主体功能区规划、城乡规划、土地利用规划和各类专项规划等，融合为统一的国土空间规划，建立了包括总体规划、详细规划和相关专项规划，从全国到省级、市级、县级、乡镇级国土空间规划管控的完整规划体系。在确定不同层级、不同类型的国土空间规划主体架构时，要因地制宜、具体对待。国土空间总体规划要依据规划层级的不同明确编制重点，确定规划主体架构。相关专项规划应相互协同，不同层级、不同地区的专项规划应结合实际选择编制的类型和精度，确定规划主体架构。详细规划应切合其实施性规划的定位，依据规划须落实的具体内容，确定规划主体架构。

第五节　重点内容

国土空间规划是在“多规合一”基础上形成的新的规划形式，从规划主体架构中就可以看出，其重点是对国土空间的保护、开发、利用、修复和治理作出总体部署与统筹安排。做好国土空间规划，需要将全域的国土空间保护、开发、利用和治理作为一个整体进行全域、全要素、全类型活动的统筹考虑；需要厘清各类实际存在的使用状况，去修正和协调各类使用相互之间的关系，以建立不同使用之间的良好关系；需要充分考虑规划体系与治理结构的关系，规划与事权相结合，依据不同层级规划解决的问题不同、调配的资源不同、管控的对象不同，把控规划内容与深度①。国土空间规划的核心就是在全域范围内，通过国土整治、生态修复、城乡建设等手段，对组成国土空间的各项要素的各种使用进行统筹安排，以逐步实现一定目标和解决特定问题。国土空间规划的重点内容包括目标与战略、空间开发保护、资源要素配置、综合支撑体系、生态修复与国土整治、规划实施传导六大板块。

一、目标与战略

明确空间发展目标与战略，是为了强化国土空间规划的战略引领和底线管控作用，促进实现国土空间开发保护更高质量、更有效率、更加公平、更可持续。

1.开发保护目标

开发保护目标是在一定规划期限内，规划对象选择的发展方向和预期达到的指标。开发保护目标的确定旨在落实国家安全战略、区域协调发展战略和主体功能区战略，具体到各级各类国土空间规划编制中，开发保护目标的确定既能强化不同层级规划之间的实施传导，又能加强各类规划之间的衔接协调。

为了更好地落实战略要求，同时方便对规划实施情况进行监督与评估，还要确定各阶段国土空间开发保护的量化指标，其中近期目标的确定应与国民经济和社会发展规划做好衔接。

例如，《省级国土空间规划编制指南（试行）》针对目标定位提出，落实国家重大战略，按照全国国土空间规划纲要的主要目标、管控方向、重大任务等，结合省域实际，明确省级国土空间发展的总体定位，确定国土空间开发保护目标，落实全国国土空间规划纲要确定的省级国土空间规划指标要求，完善指标体系。从生态保护、农业发展、区域建设三个方面设置了 15 项规划指标，包括 9 项约束性指标和 6 项预期性指标（见表 3-1）。

---

① 孙施文，刘奇志，邓红蒂，黄慧明，张菁，郑筱津，张尚武，林坚．国土空间规划怎么做 [J]. 城市规划，2020，44（1）：112-116。

表 3-1　　规划指标体系表（省级）

序号	类型	名称	单位	属性
1	生态保护类	生态保护红线面积	平方千米	约束性
2		用水总量	亿立方米	约束性
3		林地保有量	平方千米（万亩）	约束性
4		基本草原面积	平方千米（万亩）	约束性
5		湿地面积	平方千米（万亩）	约束性
6		新增生态修复面积	平方千米	预期性
7		自然岸线保有率（大陆自然海岸线保有率、重要河湖自然岸线保有率）	%	约束性
8	农业发展类	耕地保有量（永久基本农田保护面积）	平方千米（万亩）	约束性
9		规模化畜禽养殖用地面积	平方千米（万亩）	预期性
10		海水养殖用海区面积	万亩	预期性
11	区域建设类	国土开发强度	%	预期性
12		城乡建设用地规模	平方千米	约束性
13		“1/2/3 小时”交通圈人口覆盖率	%	预期性
14		公路与铁路网密度	千米 / 平方千米	预期性
15		单位 GDP 使用建设用地（用水）下降率	%	约束性

又如，《市级国土空间总体规划编制指南（试行）》针对明确发展目标战略提出，围绕“两个一百年”奋斗目标和上位规划部署，结合本地发展阶段和特点，并针对存在问题、风险挑战和未来趋势，确定城市性质和国土空间发展目标，落实上位规划的约束性指标要求，结合经济社会发展要求，确定国土空间开发保护的量化指标。从空间底线、空间结构与效率、空间品质三个方面设置了 35 项规划指标，分为市域、中心城区两个层级，包括 13 项约束性指标、16 项预期性指标和 6 项建议性指标（见表 3–2）。

表 3-2　　规划指标体系表（市级）

编号	指标项	指标属性	指标层级
一	**空间底线**		
1	生态保护红线面积（平方千米）	约束性	市域
2	用水总量（亿立方米）	约束性	市域

续表

编号	指标项	指标属性	指标层级
3	永久基本农田保护面积（平方千米）	约束性	市域
4	耕地保有量（平方千米）	约束性	市域
5	建设用地总面积（平方千米）	约束性	市域
6	城乡建设用地面积（平方千米）	约束性	市域
7	林地保有量（平方千米）	约束性	市域
8	基本草原面积（平方千米）	约束性	市域
9	湿地面积（平方千米）	约束性	市域
10	大陆自然海岸线保有率（%）	约束性	市域
11	自然和文化遗产（处）	预期性	市域
12	地下水水位（米）	建议性	市域
13	新能源和可再生能源比例（%）	建议性	市域
14	本地指示性物种种类	建议性	市域
二	**空间结构与效率**		
15	常住人口规模（万人）	预期性	市域、中心城区
16	常住人口城镇化率（%）	预期性	市域
17	人均城镇建设用地面积（平方米）	约束性	市域、中心城区
18	人均应急避难场所面积（平方米）	预期性	中心城区
19	道路网密度（千米/平方千米）	约束性	中心城区
20	轨道交通站点 800 米半径服务覆盖率（%）	建议性	中心城区
21	都市圈 1 小时人口覆盖率（%）	建议性	市域
22	每万元 GDP 水耗（立方米）	预期性	市域
23	每万元 GDP 地耗（平方米）	预期性	市域
三	**空间品质**		
24	公园绿地、广场步行 5 分钟覆盖率（%）	约束性	中心城区
25	卫生、养老、教育、文化、体育等社区公共服务设施步行 15 分钟覆盖率（%）	预期性	中心城区
26	城镇人均住房面积（平方米）	预期性	市域
27	每千名老年人养老床位数（张）	预期性	市域
28	每千人医疗卫生机构床位数（张）	预期性	市域
29	人均体育用地面积（平方米）	预期性	中心城区

续表

编号	指标项	指标属性	指标层级
30	人均公园绿地面积（平方米）	预期性	中心城区
31	绿色交通出行比例（%）	预期性	中心城区
32	工作日平均通勤时间（分钟）	建议性	中心城区
33	降雨就地消纳率（%）	预期性	中心城区
34	城镇生活垃圾回收利用率（%）	预期性	中心城区
35	农村生活垃圾处理率（%）	预期性	市域

注：各地可因地制宜增加相应指标

2.空间发展战略

空间发展战略是围绕开启全面建设社会主义现代化新征程，按照空间发展的总体定位和开发保护目标，立足资源环境禀赋和经济社会发展需求，结合现状发展阶段和特点，针对国土空间开发保护的突出问题、风险挑战和未来趋势，协调国土空间保护与开发的关系，提出国土空间开发保护战略。

二、空间开发保护

1.主体功能区

主体功能区是立足区域资源本底条件，针对区域的保护开发问题制定的空间政策和制度，目标是实现区域差异化协同发展。全国国土空间规划纲要中确定国家级主体功能区；省级国土空间规划在落实国家主体功能区战略的前提下，结合实际完善和细化省级主体功能区，按照主体功能定位划分政策单元，确定协调引导要求，明确管控导向；市级、县级和乡镇级国土空间规划要落实国家和省的主体功能区战略。

2.区域发展协调

区域发展协调以逐步缩小地区差异、实现均衡高效发展为目标，强调充分发挥各地区比较优势，促进各类要素合理流动和高效集聚，增强创新发展动力，加快构建高质量发展的动力系统，推动地区间协调发展、城镇体系协调发展和城市群协同发展并举。

省级国土空间规划中既要重视省际协调，做好与相邻省份在生态保护、环境治理、产业发展、基础设施、公共服务等方面的协商对接，又要关注省域重点地区协调，促进流域和重要生态系统整体保护与修复，引导建设用地资源分布结构优化，发挥不同地区在生态安全、粮食安全、边疆安全、文化安全、能源资源安全等方面功能的比较优势，健全自然资源资产收益分配机制。

市级、县级、乡镇级国土空间规划则更侧重推动城市群、都市圈、城镇圈交通一体化，发挥综合交通对区域网络化布局的引领和支撑作用，重点解决资源和能源、生态环境、公共服务设施和基础设施、产业空间和邻避设施布局等区域协同问题。

3.总体格局优化

总体格局优化是结合国土空间开发保护战略与目标，立足地方自身实际，综合考虑人口分布、经济布局、国土利用、生态环境保护等因素，科学布局生产空间、生活空间、生态空间，对国土空间开发保护进行整体的统筹协调。优化国土空间总体格局既是尊重自然、实现人与自然和谐共生的需要，也是高效利用国土空间、实现空间高质量发展的需要，又是进行空间治理、实现国家治理现代化的需要。

生态空间要明确生态屏障、生态廊道和生态系统保护格局，确定自然保护地等生态重要和生态敏感区域，形成连续、完整、系统的开敞空间网络体系，维护生态安全和生物多样性，并合理预留基础设施廊道。

农业空间要严格落实耕地和永久基本农田保护，推进平原地区现代农业规模化发展和山地丘陵地区农业特色化发展，优化农业生产结构和空间布局，优化乡村居民点布局。

城镇空间要综合考虑经济社会、产业发展、人口分布等因素，确定城镇体系的规模等级和空间结构。省级层面应提出城市群、都市圈、城镇圈等区域协调重点地区多中心、网络化、集约型、开放式的空间格局，引导大、中、小城市和小城镇协调发展；按照城镇人口规模等级分别确定城镇空间发展策略，促进集中集聚集约发展；将建设用地规模分解至各市（地、州、盟）；针对不同规模等级城镇提出基本公共服务配置要求。市级、县级、乡镇级层面应完善城乡基础设施和公共服务设施网络体系，改善可达性，构建不同层次和类型、功能复合、安全韧性的城乡生活圈。

省级国土空间规划应加强生态空间、农业空间和城镇空间的有机互动，实现人口、资源、经济等要素优化配置，促进形成网络化省域国土空间。市级、县级、乡镇级的国土空间规划应彰显地方特色空间、协同地上地下空间、统筹陆海空间、明确战略性预留空间，促进形成开放式、网络化、集约型、生态化的国土空间总体格局。

4.底线约束

国土空间规划中，基于资源环境承载能力和国土安全要求，应明确重要资源利用上限，划定各类控制线，作为国土开发建设不可逾越的红线，促进自然资源科学保护与合理利用相协调。

省级国土空间规划应陆海统筹，确定省域生态保护红线、永久基本农田、城镇开发边界三条控制线的总体格局和重点区域，明确市县划定任务，提出管控要求，将三条控制线划定的成果在市级、县级、乡镇级国土空间规划中落地。在省级国土空间规划层面，要实事求是解决历史遗留问题，协调解决划定矛盾，做好边界不交叉、空间不重叠、功能不冲突。

市级、县级、乡镇级国土空间规划要落实上位国土空间规划确定的生态保护红线、永久基本农田、城镇开发边界等划定要求，统筹划定三条控制线。各地可结合地方实际，提出历史文化、矿产资源等其他需要保护和控制的底线要求。除了划定各类控制线之外，根据地方实际，制订水资源、能源供需平衡方案，明确水资源利用上限，控制能源消耗总量。同时基于自然环境条件，明确海洋、河湖水系、湿地、草原、林地等蓝绿空间保护范围。

5.规划分区

市级国土空间总体规划中，按照主体功能定位和空间治理要求，优化城市功能布局和空间结构，划分规划分区。市域划分一级分区，中心城区和沿海城市的海洋发展区应细化至二级分区。县级、乡镇级国土空间规划可参照市级国土空间规划的规划分区规定和类型进行规划分区划定。

《市级国土空间总体规划编制指南（试行）》中，规划分区分为一级规划分区和二级规划分区。一级规划分区包括生态保护区、生态控制区、农田保护区、城镇发展区、乡村发展区、海洋发展区、矿产能源发展区。在城镇发展区、乡村发展区、海洋发展区细分出二级规划分区（见表 3–3）。同时鼓励各地结合实际补充二级规划分区类型。

表 3-3　　　　规划分区建议

<table>
<tr><th>一级规划分区</th><th colspan="2">二级规划分区</th><th>含义</th></tr>
<tr><td>生态保护区</td><td colspan="2">—</td><td>具有特殊重要生态功能或生态敏感脆弱、必须强制性严格保护的陆地和海洋自然区域，包括陆域生态保护红线、海洋生态保护红线集中划定的区域</td></tr>
<tr><td>生态控制区</td><td colspan="2">—</td><td>生态保护红线外，需要予以保留原貌、强化生态保育和生态建设、限制开发建设的陆地和海洋自然区域</td></tr>
<tr><td>农田保护区</td><td colspan="2">—</td><td>永久基本农田相对集中需严格保护的区域</td></tr>
<tr><td rowspan="10">城镇发展区</td><td colspan="2">—</td><td>城镇开发边界围合的范围，是城镇集中开发建设并可满足城镇生产、生活需要的区域</td></tr>
<tr><td rowspan="8">城镇集中建设区</td><td>居住生活区</td><td>以住宅建筑和居住配套设施为主要功能导向的区域</td></tr>
<tr><td>综合服务区</td><td>以提供行政办公、文化、教育、医疗及综合商业等服务为主要功能导向的区域</td></tr>
<tr><td>商业商务区</td><td>以提供商业、商务办公等就业岗位为主要功能导向的区域</td></tr>
<tr><td>工业发展区</td><td>以工业及其配套产业为主要功能导向的区域</td></tr>
<tr><td>物流仓储区</td><td>以物流仓储及其配套产业为主要功能导向的区域</td></tr>
<tr><td>绿地休闲区</td><td>以公园绿地、广场用地、滨水开敞空间、防护绿地等为主要功能导向的区域</td></tr>
<tr><td>交通枢纽区</td><td>以机场、港口、铁路客货运站等大型交通设施为主要功能导向的区域</td></tr>
<tr><td>战略预留区</td><td>在城镇集中建设区中，为城镇重大战略性功能控制的留白区域</td></tr>
<tr><td colspan="2">城镇弹性发展区</td><td>为应对城镇发展的不确定性，在满足特定条件下方可进行城镇开发和集中建设的区域</td></tr>
</table>

续表

一级规划分区	二级规划分区	含义
城镇发展区	特别用途区	为完善城镇功能，提升人居环境品质，保持城镇开发边界的完整性，根据规划管理需划入开发边界内的重点地区，主要包括与城镇关联密切的生态涵养、休闲游憩、防护隔离、自然和历史文化保护等区域
乡村发展区	—	农田保护区外，为满足农林牧渔等农业发展及农民集中生活和生产配套为主的区域
	村庄建设区	城镇开发边界外，规划重点发展的村庄用地区域
	一般农业区	以农业生产发展为主要利用功能导向划定的区域
	林业发展区	以规模化林业生产为主要利用功能导向划定的区域
	牧业发展区	以草原畜牧业发展为主要利用功能导向划定的区域
海洋发展区	—	允许集中开展开发利用活动的海域，以及允许适度开展开发利用活动的无居民海岛
	渔业用海区	以渔业基础设施建设、养殖和捕捞生产等渔业利用为主要功能导向的海域和无居民海岛
	交通运输用海区	以港口建设、路桥建设、航运等为主要功能导向的海域和无居民海岛
	工矿通信用海区	以临海工业利用、矿产能源开发和海底工程建设为主要功能导向的海域和无居民海岛
	游憩用海区	以开发利用旅游资源为主要功能导向的海域和无居民海岛
	特殊用海区	以污水达标排放、倾倒、军事等特殊利用为主要功能导向的海域和无居民海岛
	海洋预留区	规划期内为重大项目用海用岛预留的控制性后备发展区域
矿产能源发展区	—	为适应国家能源安全与矿业发展的重要陆域采矿区、战略性矿产储量区等区域

规划分区应落实上位国土空间规划要求，为本行政区域国土空间保护开发作出综合部署和总体安排，应充分考虑生态环境保护、经济布局、人口分布、国土利用等因素。规划分区划定既应坚持陆海统筹、城乡统筹、地上地下空间统筹的原则，以国土空间的保护与保留、开发与利用两大功能属性作为基本取向，又应科学、简明、可操作。

6.用地布局

用地布局是在市级、县级、乡镇级国土空间规划中需要确定的内容。

在全域层次，应落实上位规划指标，以盘活存量为重点明确用途结构优化方向，确定全域主要用地用海的规模和比例，提出城乡建设用地集约利用的目标和措施。

在中心城区（县城/镇区/集镇）层次，应确定各类建设用地总量和结构，提出不同规划分区的用地结构优化导向，尤其关注建设用地结构和布局的优化，推动人、城、产、交通一体化发展。产业空间用地布局应与城镇服务功能相融合，在确保环境安全的基础上，促进产城融合、职住平衡；居住用地应以改善职住关系为目标进行结构和布局优化，引导政策性住房优先布局在交通和就业便利地区，避免形成单一功能的大型居住区；综合交通网络和物流运输系统布局应注重提高空间连通性和交通可达性，按照"小街区、密路网"的理念优化城市道路网结构和布局，并坚持公交引导城市发展，将公共交通体系与设施布局同城镇功能布局相融合；公共服务设施和公共开敞空间用地应基于常住人口总量和结构，分区分级布局，侧重系统性、整体性的社区生活圈建设，以社区为基本单位补齐公共服务短板，构建健康安全单元。

三、资源要素配置

1.自然资源

国土空间规划中要按照山水林田湖草系统保护要求，统筹耕地、森林、草原、湿地、河湖、海洋、冰川、荒漠、矿产等各类自然资源的保护利用，确定自然资源利用上线和环境质量安全底线，提出水、土地、能源等重要自然资源供给总量、结构以及布局调整的重点和方向。

耕地和永久基本农田必须严格保护，应将水土光热条件好的优质耕地优先划入永久基本农田，并建立永久基本农田储备区制度，各项建设应尽量不占或少占耕地特别是永久基本农田。

林地、草地、湿地、冰川等重要自然资源保护应结合自然保护地体系建设进行，同时还应落实天然林、防护林、储备林、基本草原等的保护要求。

矿产资源保护性开发应在落实国家确定的战略性矿产资源勘查、开发布局安排的基础上，首先要明确大中型能源矿产、金属矿产和非金属矿产的勘查开发区域，其次要加强与三条控制线衔接，明确禁止、限制矿产资源勘查开采的空间。

海域、海岛与岸线资源保护利用应明确海洋开发保护空间并提出保护利用目标。除国家重大项目外，全面禁止新增围填海，针对存量围填海应提出利用方向。针对无居民海岛应明确保护利用的底线要求，加强特殊用途海岛保护。

水、土地、能源等资源保护利用应以严控增量、盘活存量、提高流量为基本导向，确定资源节约集约利用的目标、指标和实施策略。地上地下空间以及其他对地方发展产生重要影响的资源保护利用应明确开发利用要求。

2.历史文化和自然景观资源

全国国土空间规划中要落实国家文化发展战略，深入挖掘历史文化资源，系统建立包括国家文化公园、世界遗产、各级文物保护单位、历史文化名城名镇名村、传统村落、历史建筑、非物质文化遗产、未核定公布为文物保护单位的不可移动文物、地下文物埋藏区、水下文物保护区等在内的历史文化保护体系，编撰名录；全面评价山脉、森林、河流、湖泊、草原、沙漠、海域等自然景观资源，保护自然特征和审美价值。

省级国土空间规划层面，侧重构建历史文化与自然景观网络，梳理各种涉及保护和利用的空间管控要求，制定区域整体保护措施，延续历史文脉，突出地方特色，做好保护、传承、利用。

市级、县级、乡镇级国土空间规划层面，侧重加强历史文化与自然景观资源的保护，运用城市设计方法，优化空间形态，彰显本地特色。具体而言，一是明确和整合历史文化遗存保护范围，统筹划定包括城市紫线在内的各类历史文化保护线；二是提出全域山水人文格局的空间形态引导和管控原则；三是明确空间形态重点管控地区，提出开发强度分区和容积率、密度等控制指标，以及高度、风貌、天际线等空间形态控制要求；四是针对乡村地区分类分区提出特色保护、风貌塑造和高度控制等空间形态管控要求。

四、综合支撑体系

1.基础设施

基础设施作为国土空间规划中非常重要的一个支撑体系，在国家空间治理体系现代化中具有举足轻重的地位，构建与国土空间开发保护格局相适应的基础设施支撑体系是国家、区域、城乡发展的重要前提。

省级国土空间规划层面，要落实国家重大交通、能源、水利、信息通信等基础设施项目，明确空间布局和规划要求。预测新增建设用地需求，明确省级重大基础设施项目、建设时序安排，确定重点项目表。按照高效集约的原则，统筹各类区域基础设施布局，线性基础设施尽量并线，明确重大基础设施廊道布局要求，减少对国土空间的分割和过度占用。

市级、县级、乡镇级国土空间规划层面，除了提出全域重要交通廊道和高压输电干线、天然气高压干线等能源通道空间布局，以及全域重大水利工程布局安排外，还应在中心城区（县城 / 镇区 / 集镇）层次提出交通、能源、水系统、信息、物流、固体废弃物处理等基础设施的规模和网络化布局要求，明确廊道控制要求，在新建城区鼓励提出综合管廊布局方案。

2.公共安全与综合防灾

随着自然灾害、气候变化、事故灾难及公共卫生事件等灾害问题的不断出现，以及国土空间高密度开发地区在面对这些灾害问题时脆弱性的频频显现，安全防灾和韧性发展成为国土空间规划体系重构的重要理念，公共安全与综合防灾成为国土空间规划重要的支撑体系。

省级国土空间规划层面，考虑气候变化可能造成的环境风险，提出防洪排涝、抗震、防潮、人防、地质灾害防治等防治标准和规划要求，明确应对措施。对国土空间开发不适宜区域，根据需求提出应对措施。合理布局各类防灾减灾救灾通道，明确省级综合防灾减灾重大项目布局及时序安排，并纳入重点项目表。

市级、县级、乡镇级国土空间规划层面，基于灾害风险评估，确定主要灾害类型和设防标准，划示灾害风险区，明确防洪（潮）、抗震、消防、人防、防疫等各类重大防灾设施标准、布局要求与防灾减灾措施，优化防洪排涝通道和蓄滞洪区，划定洪涝风险控制线，沿海城镇还应强化因气候变化造成海平面上升的灾害应对措施。

3.公共空间与公共服务设施

公共空间与公共服务设施在市级及以下层级国土空间规划中需综合全面考虑，实现营造健康、舒适、便利人居环境的目标。完善公共空间和公共服务功能，应结合不同尺度的城乡生活圈，优化居住和公共服务设施用地布局，优化开敞空间和慢行网络，提高人居环境品质。在全域层次，基于常住人口总量和结构，提出分区分级公共服务中心体系布局和标准；优化居住用地结构和布局，改善职住关系；完善社区生活圈，提出医疗、康养、教育、文体、社区商业等服务设施和公共开敞空间的配置标准和布局要求；构建系统安全的慢行网络系统；完善蓝绿开敞空间系统，确定结构型绿地、城乡绿道等重要绿地及重要水体的控制范围。中心城区（县城 / 镇区 / 集镇）层次，确定公共服务设施总量和结构比例；确定人均居住用地面积，严控高层高密度住宅；优化道路网结构和布局，提高道路网密度；提出覆盖地上地下、室内户外的慢行网络系统规划要求，提升步行友好性；划定绿线、蓝线，提出控制要求；确定绿地与开敞空间的总量、人均用地面积和覆盖率指标。

五、生态修复与国土整治

国土空间规划强调对所有国土空间和全要素自然资源的用途管制和生态保护修复。生态修复与国土整治作为加快推动国土空间规划落实的重要手段，目的在于改善生态环境质量、优化国土空间格局、提高资源利用效率、提升国土空间品质。

1.生态修复

生态修复是针对各类国土空间要素进行的，以恢复生态服务功能、提供更优质生态产品、构建更宜居生活环境为目的的活动。国土空间规划中的生态修复应结合山水林田湖草生命共同体的理念，落实国家确定的生态修复重点区域和重大工程，按照陆海统筹的原则，针对生态功能退化、生物多样性降低、水土污染、洪涝灾害、地质灾害等问题区域，结合山水林田湖草系统修复、矿山生态修复和海洋生态修复等类型，提出修复目标、重点区域和重大工程，维护生态系统，改善生态功能。在市级及以下层级国土空间规划的生态修复内容中，则要明确生态系统修复的目标、重点区域和重大工程。

2.国土整治

新时期国土整治是全域土地综合整治，是“山水林田湖草”的全要素、全空间、全部门、全周期的综合整治。省级国土空间规划中应落实国家确定的国土综合整治重点区域和重大工程，针对省域用地效率低下、国土空间品质不高等问题区域，将生态单元作为整治范围，按照保障安全、突出生态功能、兼顾景观功能的优先次序，提出整治目标、重点区域和重大工程。在市级及以下层级国土空间规划的国土整治内容中，一方面应以乡村振兴为目标，推进乡村地区田水路林村全要素综合整治，提出农用地综合整治、低效建设用地整治等综合整治目标、重点区域和重大工程；另一方面应根据城市发展阶段与目标、用地潜力和空间布局特点，明确实施城市有机更新的重点区域，根据需要确定城市更新空间单元，优化功能布局和开发强度，提升城市品质和活力，保障公共利益。

六、规划实施传导

“健全规划实施传导机制，确保规划能用、管用、好用”是国土空间规划编制的基本要求。国土空间规划体系重构须加强规划实施传导，明确各级各类国土空间规划编制和管理的要点，明确规划约束性指标和刚性管控要求，提出指导性要求，制定实施规划的政策措施，保障规划有效实施。

1.规划传导机制

国土空间规划的传导机制包括上级规划到下级规划的传导、总体规划到专项规划的传导。

上级规划主要通过分区传导、底线管控、指标控制、名录管理、政策要求等方式，对下级规划编制提出指导约束要求。例如，省级国土空间规划以省域国土空间格局为指引，统筹市县国土空间开发保护需求，将对市县级规划编制提出的指导约束要求分解到下级规划，下级规划不得突破，以此实现发展的持续性和空间的合理性。而市级国土空间规划又对市辖县（区、市）提出规划指引，制订约束性指标分解方案，下达调控指标，确保约束性指标的落实。

总体规划通过综合统筹相关专项规划的空间需求，协调各专项规划的空间安排来强化对专项规划的指导约束作用。各专项规划经依法批准后纳入同级国土空间基础信息平台，叠加到国土空间规划“一张图”上，实施严格管理。

2.规划实施机制

规划实施保障主要通过健全配套政策机制、完善国土空间基础信息平台建设、建立规划监测评估预警制度、统筹近期规划安排、建立公众参与和多方协同机制等方式来实现。

（1）健全配套政策机制

国土空间规划编制，要落实细化主体功能区配套政策和制度安排，建立健全自然资源调查监测、资源资产管理、有偿使用、用途管制、生态保护修复等方面的规划实施保障机制及政策措施，保障规划目标的实现，促进国土空间的优化和空间资源的资产价值实现。

（2）完善国土空间基础信息平台建设

将现状数据及规划数据纳入国土空间基础信息平台，逐级完善国土空间基础信息平台建设，形成空间规划数据库。依托国土空间基础信息平台，构建国土空间规划“一张图”，推动实现互联互通的数据共享，同时探索建立城市信息模型（CIM）和城市时空感知系统，促进智慧规划和智慧城市建设，提高国土空间精治、共治、法治水平。

（3）建立规划监测评估预警制度

依托国土空间基础信息平台，建立国土空间规划动态监测评估预警和实施监管机制。基于规划事权和核心职能，明确督查内容和监察重点。上级自然资源主管部门会同有关部门动态监测本级国土空间规划实施情况，定期评估本级国土空间规划主要目标、空间布局、重大工程等执行情况，围绕本级国土空间规划尤其是规划强制性内容的落实情况，对规划实施情况开展动态监测、评估和预警。

（4）统筹近期规划安排

衔接国民经济和社会发展五年规划的规划重点任务，对近期规划作出统筹安排。确定约束性和预期性指标，并分解下达至下级规划，编制重大项目清单，明确推进措施，提出实施支撑政策。

（5）建立公众参与和多方协同机制

规划编制采取政府组织、专家领衔、部门合作、公众参与的方式，建立全过程、多渠道的公众参与和多方协同机制。在规划编制阶段，深入了解各地区、各部门、各行业和社会公众的意见和需求，充分调动整合各方力量参与规划编制，健全专家咨询机制，完善部门协作机制，共同推进规划编制工作。在规划方案论证阶段，应就中间成果征求有关方面意见。规划成果报批前，应以通俗易懂的方式征求社会各方意见。规划获批后，应在符合国家保密管理和地图管理等有关规定的基础上及时公开，并接受社会公众监督。

第六节　评估与修改

国土空间规划是对一定区域国土空间开发保护在空间和时间上作出的安排，具有空间和时间维度上的双重动态属性。为使国土空间规划更好地发挥基础作用，健全规划实时监测、定期评估、动态维护制度，有序开展规划评估并及时规范作出调整就至关重要。

一、规划评估

国土空间规划实施评估是国土空间规划编制的重要基础性任务，主要目的是对各类空间规划的实施情况开展评估，摸清已有规划实施情况和现状问题，进而及时发现国土空间治理存在的问题和短板，有效传导国土空间规划重要战略目标，更好地开展国土空间规划编制、实施和动态维护。

国土空间规划实施评估工作主要在市级、县级层面开展，按照“一年一体检、五年一评估”的方式，对城市发展阶段特征及国土空间总体规划实施效果定期进行分析和评价，是促进城市高质量发展、提高国土空间规划实施有效性的重要工具，分为年度体检和五年评估。

1.体检评估流程

体检评估流程包括制订工作方案、构建指标体系、规范和夯实数据基础、分析评价、编制成果、汇交成果、成果应用等。

（1）制订工作方案

每年结合规划实施的重点难点、突出问题和新的发展要求，制定年度体检或五年评估工作方案，明确总体要求、主要任务、进度计划、责任分工、组织保障等内容，有序指导城市体检评估工作开展。

（2）构建指标体系

按安全、创新、协调、绿色、开放、共享原则构建了六个维度的一级指标，下设 23 项二级指标，以及包括 33 项基本指标、89 项推荐指标在内的 122 项三级指标。在基本指标的基础上，可结合本地发展阶段选择推荐指标，也可与地方实际紧密结合，增设城市发展中与时空紧密关联，体现质量、效率、结构和品质的自选指标，按安全、创新、协调、绿色、开放和共享六个维度，建立符合地方实际的指标体系。表 3–4 推荐指标中标注“▲”的 48 项指标为国务院审批城市的必选指标。

表 3-4　　体检评估指标体系表

一级	二级	编号	指标项	指标类别	范围
安全	水安全	A–01	人均年用水量（立方米）	基本	全域
		A–02	地下水水位（米）	基本	全域
		B–01	重要江河湖泊水功能区水质达标率（%）	推荐	全域
		B–02	用水总量（亿立方米）	推荐▲	全域
		B–03	水资源开发利用率（%）	推荐▲	全域
		B–04	湿地面积（平方千米）	推荐▲	全域
		B–05	河湖水面率（%）	推荐▲	全域
		B–06	地下水供水量占总供水量比例（%）	推荐	全域
		B–07	再生水利用率（%）	推荐▲	全域
	粮食安全	A–03	永久基本农田保护面积（万亩）	基本	全域
		A–04	耕地保有量（万亩）	基本	全域
		B–08	高标准农田面积占比（%）	推荐	全域
	生态安全	A–05	生态保护红线面积（平方千米）	基本	全域
		B–09	生态保护红线范围内城乡建设用地面积（平方千米）	推荐▲	全域
	文化安全	A–06	历史文化保护线面积（平方千米）	基本	全域
		B–10	自然和文化遗产（处）	推荐	全域
		B–11	破坏历史文化遗存本体及其环境事件数量（件）	推荐▲	全域
	城市韧性	A–07	人均应急避难场所面积（平方米）	基本	城区
		A–08	消防救援 5 分钟可达覆盖率（%）	基本	城区
		A–09	城区透水表面占比（%）	基本	城区
		A–10	城市内涝积水点数量（处）	基本	城区
		A–11	超高层建筑数量（幢）	基本	城区
		B–12	综合减灾示范社区比例（%）	推荐▲	全域
		B–13	年平均地面沉降量（毫米）	推荐	全域
		B–14	经过治理的地质灾害隐患点数量（处）	推荐	全域
		B–15	防洪堤防达标率（%）	推荐	全域
	规划管控	A–12	违法违规调整规划、用地用海等事件数量（件）	基本	全域

续表

一级	二级	编号	指标项	指标类别	范围
创新	投入产出	B-16	社会劳动生产率（万元/人）	推荐▲	全域
		B-17	研究与试验发展经费投入强度（%）	推荐	全域
		B-18	万人发明专利拥有量（件）	推荐	全域
		B-19	高等学校数量（所）	推荐▲	全域
		B-20	每 10 万人中具有大学文化程度人口数量（人）	推荐	全域
	发展模式	A-13	闲置土地处置率（%）	基本	全域
		A-14	存量土地供应比例（%）	基本	全域
		B-21	批而未供土地处置率（%）	推荐▲	全域
		B-22	新增城市更新改造用地面积（平方千米）	推荐▲	城区
		A-15	城乡工业用地占城乡建设用地的比例（%）	基本	全域
		B-23	城乡居住用地占城乡建设用地的比例（%）	推荐▲	全域
		B-24	城乡职住用地比例（1∶*X*）	推荐▲	全域
		A-16	土地出让收入占政府预算收入比例（%）	基本	全域
		B-25	城市建设用地综合地价（元/平方米）	推荐▲	全域
		A-17	城区道路网密度（千米/平方千米）	基本	城区
	智慧城市	A-18	“统一平台”建设及应用的县级单元比例（%）	基本	全域
协调	集聚集约	A-19	常住人口数量（万人）	基本	全域/城区
		B-26	实际服务管理人口数量（万人）	推荐▲	全域
		B-27	人口自然增长率（‰）	推荐▲	全域
		B-28	常住人口城镇化率（%）	推荐▲	全域
		A-20	城区常住人口密度（万人/平方千米）	基本	城区
		A-21	建设用地总面积（平方千米）	基本	全域
		A-22	城乡建设用地面积（平方千米）	基本	全域
		B-29	城镇开发边界范围内城乡建设用地面积（平方千米）	推荐▲	全域
		B-30	城区建筑总量（亿平方米）	推荐▲	城区
		A-23	城区建筑密度（%）	基本	城区
	城乡融合	B-31	人均城镇建设用地面积（平方米）	推荐▲	全域
		B-32	人均城镇住宅用地面积（平方米）	推荐▲	全域
		B-33	人均村庄建设用地面积（平方米）	推荐▲	全域
		B-34	等级医院交通 30 分钟行政村覆盖率（%）	推荐▲	全域
		B-35	行政村等级公路通达率（%）	推荐	全域
		B-36	农村自来水普及率（%）	推荐	全域
		B-37	城乡居民人均可支配收入比（%）	推荐	全域

续表

一级	二级	编号	指标项	指标类别	范围
协调	陆海统筹	B-38	大陆自然海岸线保有率（自然岸线保有率）（%）	推荐▲	全域
		B-39	近岸海域水质优良（一类、二类）比例（%）	推荐▲	全域
		B-40	海洋生产总值占 GDP 比重（%）	推荐	全域
	地上地下统筹	B-41	人均地下空间面积（平方米）	推荐▲	城区
绿色	生态保护	A-24	森林覆盖率（%）	基本	全域
		A-25	森林蓄积量（亿立方米）	基本	全域
		B-42	林地保有量（公顷）	推荐	全域
		B-43	草地面积（平方千米）	推荐	全域
		B-44	新增生态修复面积（平方千米）	推荐▲	全域
		B-45	本地指示性物种种类（种）	推荐	全域
	绿色低碳生产	A-26	每万元 GDP 地耗（平方米）	基本	全域
		B-46	每万元 GDP 水耗（立方米）	推荐	全域
		B-47	每万元 GDP 能耗（吨标煤）	推荐	全域
		B-48	单位 GDP 二氧化碳排放降低比例（%）	推荐	全域
		B-49	分布式清洁能源设施覆盖面积（平方千米）	推荐	全域
		B-50	工业用地地均增加值（亿元 / 平方千米）	推荐▲	全域
		B-51	综合管廊长度（千米）	推荐	城区
	绿色低碳生活	B-52	城镇生活垃圾回收利用率（%）	推荐▲	城区
		B-53	农村生活垃圾处理率（%）	推荐▲	全域
		B-54	绿色交通出行比例（%）	推荐▲	城区
		B-55	新建改建建筑中绿色建筑比例（%）	推荐	全域
开放	网络联通	B-56	定期国际通航城市数量（个）	推荐	全域
		B-57	定期国内通航城市数量（个）	推荐	全域
		B-58	1 小时到达中心城市国际机场或干线机场的县级单元比例（%）	推荐	全域
	对外交往	A-27	城市对外日均人流联系量（万人次）	基本	全域
		B-59	铁路年客运量（万人次）	推荐▲	全域
		B-60	机场年旅客吞吐量（万人次）	推荐	全域
		B-61	国内年旅游人数（万人次 / 年）	推荐	全域
		B-62	入境年旅游人数（万人次 / 年）	推荐	全域
		B-63	国际会议、展览、体育赛事数量（次）	推荐	全域
	对外贸易	B-64	机场年货邮吞吐量（万吨）	推荐	全域
		B-65	港口年集装箱吞吐量（万标箱）	推荐	全域
		B-66	对外贸易进出口总额（亿元）	推荐	全域

续表

一级	二级	编号	指标项	指标类别	范围
共享	宜业	B-67	城镇年新增就业人数（万人）	推荐	全域
		A-28	工作日平均通勤时间（分）	基本	城区
		B-68	45 分钟通勤时间内居民占比（%）	推荐▲	城区
		B-69	都市圈 1 小时人口覆盖率	推荐	全域
		B-70	轨道交通站点 800 米半径服务覆盖率（%）	推荐	城区
	宜居	A-29	15 分钟社区生活圈覆盖率（%）	基本	城区
		B-71	社区卫生服务设施步行 15 分钟覆盖率（%）	推荐▲	城区
		A-30	每千人医疗卫生机构床位数（张）	基本	全域
		B-72	市区级医院 2 千米覆盖率（%）	推荐▲	城区
		B-73	每万人拥有幼儿园班数（班）	推荐▲	城区
		B-74	社区小学步行 10 分钟覆盖率（%）	推荐▲	城区
		B-75	社区中学步行 15 分钟覆盖率（%）	推荐▲	城区
		A-31	每千名老年人养老床位数（张）	基本	全域
		B-76	社区养老设施步行 5 分钟覆盖率（%）	推荐▲	城区
		B-77	殡葬用地面积（平方千米）	推荐	全域
		B-78	社区文化活动设施步行 15 分钟覆盖率（%）	推荐▲	城区
		B-79	菜市场（生鲜超市）步行 10 分钟覆盖率（%）	推荐▲	城区
		A-32	城镇人均住房面积（平方米）	基本	全域
		B-80	年新增政策性住房占比（%）	推荐▲	城区
		B-81	公共租赁住房套数（套）	推荐▲	城区
	宜乐	B-82	社区体育设施步行 15 分钟覆盖率（%）	推荐▲	城区
		B-83	足球场地设施步行 15 分钟覆盖率（%）	推荐	城区
		B-84	每 10 万人拥有的博物馆、图书馆、科技馆、艺术馆等文化艺术场馆数量（处）	推荐▲	城区
		B-85	每万人拥有的咖啡馆、茶舍等数量（个）	推荐	城区
	宜游	B-86	公园绿地、广场步行 5 分钟覆盖率（%）	推荐▲	城区
		A-33	人均公园绿地面积（平方米）	基本	城区
		B-87	人均绿道长度（米）	推荐▲	城区
		B-88	森林步行 15 分钟覆盖率（%）	推荐	城区
		B-89	年空气质量优良天数（天）	推荐	城区

（3）规范和夯实数据基础

以国土空间法定数据为基础，以相关法定统计调查数据为补充，以时空大数据为参考，规范和夯实数据基础，提高体检评估的质量和效率（见表 3–5）。

表 3-5　　体检评估基础数据一览表

类型	名称	属性
国土空间法定数据	全国国土调查及年度变更数据	现状数据
	自然资源专项调查数据	
	地理国情普查和监测数据	
	航空航天遥感影像数据	
	各级各类国土空间规划数据	成果数据
	用地审批数据	管理数据
	土地供应数据	
	执法督察数据	
相关法定统计调查数据	经济社会发展统计数据	—
	各部门专项调查统计数据	
时空大数据	手机信令数据	—
	兴趣点（POI）数据	
	交通 IC 卡数据	
	企业信息数据	
	位置服务数据	
	夜间灯光数据	
	市民服务热线数据	

对于体检评估指标，可收集多年连续数据，反映指标的变化趋势；对于突出问题，可开展实地专题调研，掌握第一手资料；对于公众需求，可采取问卷调查等多种方式了解在住房保障、公共服务设施、市政公用设施、公共空间、城市安全韧性等方面的问题及意见建议。

（4）分析评价

基于国土空间规划“一张图”和数据资料，采用空间分析、差异对比、趋势研判、社会调查等方法，倡导大数据、人工智能等新技术和新方法的应用，对城市发展现状及规划实施效果进行分析和评价。将体检评估指标数据及功能应用纳入国土空间规划“一张图”实施监督信息系统，增强分析评价的智能化水平，同步提升体检评估工作效能和信息系统建设。

（5）编制成果

体检评估成果由体检评估报告及附件组成。报告的编写应简明扼要、重点突出。成果的表达应逐步提高可视化水平，注重运用城市体征测量仪、表情图等先进手段，优化提升城市画像能力。

（6）汇交成果

体检评估成果以省级为单位，经省级自然资源主管部门汇总，通过国土空间规划“一张图”实施监督信息系统，在线汇交至全国统一的国土空间基础信息平台。

（7）成果应用

上级自然资源主管部门应将体检评估成果与规划审批、用途管制等自然资源管理业务挂钩，并为执法督察、绩效考核等提供参考。

各城市应将体检评估成果应用于规划编制、实施、调整优化等规划管理工作中，支撑国民经济和社会发展规划、政府工作报告、投资项目计划等综合事务决策，促进城市空间治理水平提升。体检评估成果宜适时将非涉密内容向社会公开，保障市民对规划实施的知情权、参与权和监督权。体检评估工作流程如图 3–1 所示。

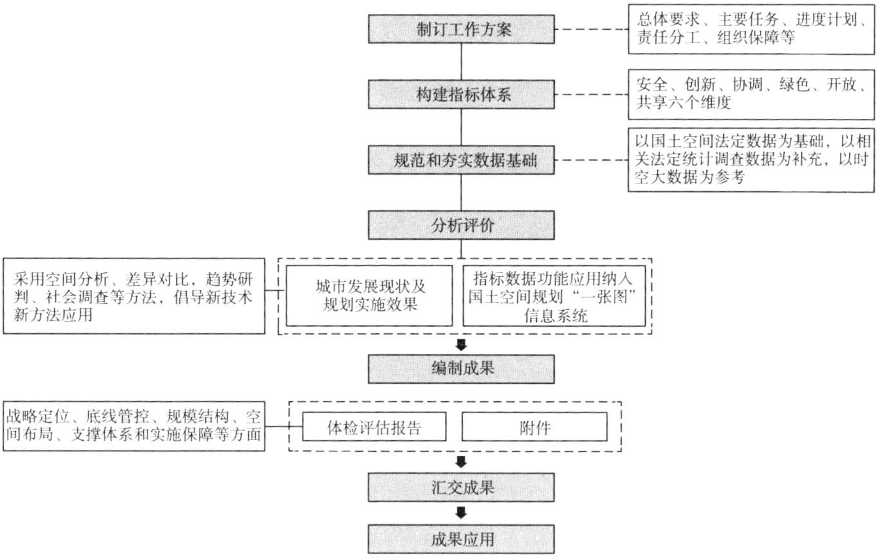

图 3-1　体检评估工作流程图

2.体检评估内容

体检评估内容只有回应各方治理的关切，方能为各方所用。在国家治理层面，聚焦国家战略，与国家和区域有关要求充分衔接；在城市治理层面，聚焦民生问题、支撑体系、城市品质、政策保障等内容；在基层治理层面，聚焦街区治理的短板和居民的真实需求。

体检评估围绕战略定位、底线管控、规模结构、空间布局、支撑体系和实施保障六个方面的评估内容（各城市可根据具体情况进行调整），采取全局数据与典型案例结合、纵向比较与横向比较结合、客观评估与主观评价结合等分析方法，对各项指标现状年与基期年、目标年或未来预期进行比照，分析规划实施率等进展情况（见表 3–6）。同时结合政府重点工作实施情况、自然资源保护和开发利用、相关政策执行和实施效果、外部发展环境及对规划实施影响等，开展成效分析、问题分析、原因分析及对策分析。

表 3-6　　体检评估内容一览表

序号	体检评估框架	具体内容
1	战略定位	分析实施国家和区域重大战略、落实城市发展目标、强化城市主要职能、优化调整城市功能等方面的成效及问题
2	底线管控	分析耕地和永久基本农田、生态保护红线、城镇开发边界、地质洪涝灾害、历史文化遗产保护等底线管控，以及全域约束性自然资源保护（包含山水林田湖草沙海全要素）目标落实等方面的成效及问题
3	规模结构	分析优化人口、就业、用地和建筑的规模、结构和布局，提升土地使用效益，推进城市更新等工作的成效及问题
4	空间布局	分析区域协同、城乡统筹、产城融合、分区发展、重点和薄弱地区建设等空间优化调整方面的成效及问题
5	支撑体系	分析生态环境、住房保障、公共服务、综合交通、市政公用设施、城市安全韧性、城市空间品质等方面的成效及问题
6	实施保障	分析实施总体规划所开展的行动计划、执法督察、政策机制保障、信息化平台建设，以及落实总体规划的详细规划、相关专项规划及下层次县级或乡镇级总体规划的编制、实施等方面的成效及问题

年度体检和五年评估的差别在于年度体检抓重点、五年评估全覆盖。年度

体检用于过程预警；五年评估用于动态维护。年度体检关注核心问题，关注牵一发而动全身的关键变量，关注基于政府运行视角的行动计划，强调从以往的“结果评估”到“过程体检”的转变，强调从“技术文件”到“治理手段”的转变，并以发挥规划对城市发展的战略引领和刚性管控作用为核心目的；五年评估则是开展阶段性的全面评估和总结，以六个方面的规划实施情况为重点，对国土空间规划各项目标和指标落实情况、强制性内容执行情况、各项政策机制的建立和对规划实施的影响等方面进行系统深入分析，结合规划面临的新形势和新要求，对未来发展趋势作出判断，并对规划的动态维护及下一个五年规划实施措施、政策机制等方面提出建议。

3.体检评估成果

体检评估成果由体检评估报告及附件组成。

体检评估报告主要包括总体结论、规划实施成效、存在问题及原因分析、对策建议等，年度体检报告还要对上一年体检发现问题的整改情况进行说明。体检评估报告的编写应简明扼要、重点突出。

体检评估附件包括指标体系全面量化监测、实施任务清单全面梳理、各空间圈层发展全面检视、居民满意度全面调查、多源数据全面运用的“一张表、一清单、一套图、一调查、一平台”五个附件。指标体系“一张表”，对指标开展持续监测，考察每项指标规划实施的进度完成情况，为预警反馈提供判定依据；重点任务“一清单”，按照国土空间总体规划、近期规划确定的重点实施任务，对照完成时限判断进展情况；空间发展“一套图”，在确定分圈层差异化的评价标准基础上，研判各圈层“人、地、房、业”核心要素可视化变化情况，优化提升城市画像能力；居民满意度“一调查”，设计“规划实施社会满意度评价”，获取居民对总体规划实施和城市工作的评价，并通过数据库长期建设，跟踪记录居民满意度变化脉络；多源大数据“一平台”，广泛收集自然资源部门空间数据、经济社会发展统计数据、各部门专项统计调查数据、城市运行大数据等，形成多源数据互为支撑、互为补充、互为校核的体检评估基础数据库。

二、规划修改

国土空间规划一经批复，任何部门和个人不得随意修改、违规变更。国土空间是一个动态、多维、复杂的人地关系时空系统，且国土空间规划是一项长期性（一般为 15 年）规划，规划编制者既无法全面考虑所有问题，也无法准确预计到规划实施过程中产生的所有影响。因此，在实施国土空间规划的过程中，发现原有规划已经不能适应地区经济建设和社会发展要求时，必须适时对规划进行修改，使其仍符合经济社会发展的实际情况，并作为空间发展的指南和可持续发展的空间蓝图，更有效地指导各类开发保护建设活动的展开，助力形成安全和谐、富有竞争力和可持续发展的国土空间格局。

综合国土空间规划的特点，可见其不可能一成不变。为了在规划实施与监管中，强化规划权威，防止出现换一届党委和政府改一次规划等问题，对规划的修改必须要有严格的限制。目前国土空间规划的法规政策体系正在完善当中，尚未出台关于国土空间规划修改的相关法律法规，参照《中华人民共和国土地管理法》《中华人民共和国城乡规划法》中的相关条文规定，以及《若干意见》中的相关要求，探讨国土空间规划的修改。

总体规划有下列情形之一的，组织编制机关方可按照规定的权限和程序修改规划：

（1）上级人民政府制定的国土空间规划发生变更，提出修改规划要求的；

（2）行政区划调整确需修改规划的；

（3）因国家重大战略调整、重大项目建设确需修改规划的；

（4）经评估确需修改规划的；

（5）国土空间规划的审批机关认为应当修改规划的其他情形。

修改总体规划前，组织编制机关应对原规划的实施情况进行总结，并向原审批机关报告；修改后的总体规划，应当依照规定的审批程序报批。

详细规划和相关专项规划确需修改的，组织编制机关应对修改的必要性进行论证，并向原审批机关提出专题报告，经原审批机关同意后，方可编制修改方案。修改后的详细规划和相关专项规划，应当依照规定的审批程序报批。

第七节 关键把握

国土空间规划是各个层级空间布局的指南、可持续发展的蓝图，是各类开发保护建设活动的基本依据。国土空间规划一旦批准，就必须认真执行，确保规划的权威性与严肃性，因此，规划编制要特别注重以下六个关键环节。

一、做好前期工作

国土空间规划是涉及各部门、各行业的全要素、全空间类型的规划，因此，国土空间规划的准备工作是规划编制的第一步，也是相对重要的一步。首先要确定组织准备工作，成立空间规划领导小组，小组组长由地方人民政府一把手牵头，成员由各部门主管领导，从领导层面高度重视，确保规划顺利开展；其次要建立健全多方协商机制，扩大公众和社会各界参与程度，确保规划方案形成过程中以多种方式广纳民意、集中民智、凝聚共识；最后要进行技术准备工作，编制规划技术方案，明确规划的指导思想、技术路线、主要任务等内容，要有基本的思路，同时要制订调研计划，从资料收集、部门访谈、实地踏勘等方面制订详细的计划，要分小组、分部门、分类型、分专业，多方考量，形成系统性的准备工作框架。

二、强化基础研究

国土空间规划是全要素、全空间、多维度的。国土空间规划涉及多专业、多领域内容，又是一个“多规合一”的规划，专业涉及城乡规划、地理信息、人文地理、自然地理等多个专业，其涵盖内容涉及山、水、林、田、湖、草等各个要素，国土空间规划也不同于以往的规划，同时整合了原有土地利用规划、城乡规划、环境保护规划等多个规划内容，原有各类规划又是由不同的部分所分管，因此一定要开展前期的重大问题研究，要从人口、建设用地、空间开发保护战略、产业布局、自然资源保护利用、土地集约节约利用、生态修复、国土综合整治等多个方面进行基础研究和专项研究，搞清楚最基本的数据，全面剖析原有规划内容。实践证明，基本工作越扎实，成果越准确。通过这样的研究为后续工作的开展提供坚实的基础。

三、落实国家和省级政策

国土空间规划体现了国家意志和国家发展规划的战略性，规划编制要全面落实党中央、国务院和省（自治区、直辖市）重大决策部署和相关政策，不偏不倚，要找准自己在国家及省级发展策略、发展环境中的定位，明确自己的任务，并在自身规划定位、发展战略、发展目标及空间结构中体现出来，进行系统性的布局，否则规划难以实施。国土空间规划还是一项新型的、综合性强、前瞻性要求较高的规划，规划编制要落实新发展理念和要求，因此规划要发挥不同专业专家的作用，从规划理念、技术方法、成果内容等方面进行全面创新，打破固有的思维模式，形成独特且具有创造性的成果。

四、注重方案编制

国土空间规划是以空间为载体、以数据为支撑的，看似简单的成果内容，其背后是一套海量的数据库，简单的色块和数字背后的一套管控措施，涉及各部门、各行业甚至每个人的切身利益，规划的成败将影响区域未来几十年甚至更长时间的发展，因此在具体编制时候，要编制多个方案，要从可行性、经济性、前瞻性、可操作性、科学性等方面对规划方案进行比较，然后进行综合评价，建立一套完整的评价体系，选择最适宜的方案。同时在选择最优方案的基础上吸纳各个备选方案的精华，再确定最终的方案。方案比选要求客观、公正、科学、合理，方案比选因子选择也需全面、准确，最终结果要求公开公正，并公示。

五、确保规划衔接

《若干意见》要求构建统一的国土空间规划体系，包括总体规划、详细规划和相关专项规划；分级分类编制国家级、省级、市县级国土空间总体规划，并结合各地实际编制乡镇国土空间规划。《若干意见》已经明确要求，国土空间向上衔接国家级、省级国土空间规划，向下指导市县级、乡镇级国土空间规划及详细规划、专项规划，各规划之间联系紧密。因此，从规划编制角度来说，要注重各类规划之间的横向和纵向传导关系，明确各自任务及侧重点，确保各层次规划之间相互衔接、相互协作。

六、明确实施监管

国土空间规划编制完成后，要加强规划的实施与监管。要从规划的审批、管制、监督等方面着手，规划一经批复，任何部门和个人不得随意修改、违规变更，防止出现换一届党委和政府改一次规划，确保规划的权威性。坚持先规划、后实施，不得违反国土空间规划进行各类开发建设活动；按照“谁审批、谁监管”的原则，分级建立国土空间规划审查备案制度；要以国土空间规划为依据，对所有国土空间分区分类实施用途管制。强有力的监管手段是保障规划最终能够实施的条件。

国土空间规划不同于发展规划、产业规划等其他规划，国土空间规划背后的数据库需要依托国土空间基础信息平台进行管理。基于平台，建设国土空间规划“一张图”实施监督信息系统，从而开展国土空间规划动态监测评估预警和实施监管机制。平台及信息系统建设是实现统一国土空间用途管制、实施建设项目许可、强化规划实施监督的重要手段，也是向上反映规划情况和建立全国国土空间规划“一张图”的重要手段。

第四章

区域规划

实施区域协调发展战略是新时代党和国家的重大战略之一，是贯彻新发展理念、融入新发展格局、建设现代经济体系的重要组成部分。区域规划作为贯彻区域发展战略的重要载体和手段，在促进要素自由流动、优化地区生产力布局、缩小地区差距等方面发挥着积极的作用。站在理论和实践的层面上，厘清概念定义，理顺编制程序，掌握编制内容、编制重点、主体架构，做到真正把握关键显得尤为重要和必要。

第一节　概念内涵

了解区域规划的发展脉络和演变节点，理顺和总结区域规划的基本内涵，明晰其与其他规划在属性上的差异，是把握区域规划在促进国家经济和社会发展过程中扮演的角色的基础，是确保规划编制因地制宜、最大程度发挥区域规划作用的前提。

一、发展历程

在经济发展进程中，因资源禀赋、发展条件、发展次序等不同，区域间发展不平衡的问题不可避免。国家在不同时期，对区域发展战略重要举措等的调整，均针对区域发展不平衡而展开，力求通过提高资源利用效率、均衡配置生产要素，促进各项建设在地域分布上相协调，以服务国家发展总体目标。

新中国成立初期，生产力水平低下、工业基础薄弱且分布不均[①]、地区差距很大，城镇化水平很低，城镇人口占总人口的比重仅为10.6%[②]，政治、经济、军事等面临一系列严峻挑战。针对发展基础和国防需求，国家实施以“平衡生产力布局、加强内地建设、巩固国防”为目标的区域经济平衡发展战略，重点开展了服务于生产力布局和基础设施建设的区域规划实践。例如，1956年5月8日，国务院常务会议通过《关于加强新工业区和新工业城市建设工作几个问题的决定》，确定启动包头—呼和浩特地区、西安—宝鸡地区、兰州地区、西宁地区、张掖—玉门地区、三门峡地区、襄樊地区、湘中地区、成都地区和昆明地区的区域规划编制工作，加强基础设施以适应工业企业发展。1955年和1959年，先后印发了《关于根治黄河水害和开发黄河水利的综合利用规划》和《长江流域综合利用规划要点报告》，旨在解决水患、灌溉、发电和航运问题，为促进工业化和农业合作化发展提供基础。这一阶段，大规模投资向中西部地区倾斜，内陆地区经济发展加速，全国生产力均衡配置成效显著，用较短的时间在内陆地区打下了促进经济社会发展的工业基础。

改革开放后，经济建设成为党和国家的工作重点，区域经济发展战略调整为区域非均衡发展战略，区域增长极、增长带的发展模式取代了齐头并进的区域均衡发展模式。这一阶段，充分彰显了区域规划在贯穿国家区域发展战略上的积极作用。“六五”计划中，首次列出“地区经济发展计划”编，将国家划分为东部沿海、内陆、边远少数民族三种不同类型地区，分类施策，以达到一面发展沿海地区经济技术、一面有计划地开发内陆和边远少数民族地区资源的目的[③]；“七五”计划中，按照地理位置和经济技术水平差异，将全国分为东部沿海、中部和西部三个经济带，鼓励东部沿海地区优先发展；“八五”期间，先后编制完成了长江三角洲及沿岸地区、西南和华南部分省区市、西北地区、环渤海地区4个大区的发展规划；进入“九五”时期，“突破行政区划界限，

---

① 陈伟雄，杨婷．中国区域经济发展70年演进的历程及其走向[J]．区域经济评论，2019（5）。原文为：“工业占国民经济的比重不到10%，其中70%以上来自沿海地区。”

② 沧桑巨变七十载 民族复兴铸辉煌——新中国成立70周年经济社会发展成就系列报告之一．http://www.gov.cn/xinwen/2019-07/01/content_5404949.htm。

③ 中华人民共和国国民经济和社会发展第六个五年计划（1981—1985）．http://www.npc.gov.cn/wxzl/gongbao/1982-11/30/content_1478459.htm。

在已有经济布局的基础上，以中心城市和交通要道为依托，逐步形成 7 个跨省区市的经济区域[①]”成为区域经济协调发展的重点,1996 年和 1997 年，国家以制定对大区经济发展意见的方式，着手东北地区和中部地区发展思路的编写。20 世纪末，东部地区（尤其是长三角和珠三角地区）实现经济腾飞，以较快的速度进入了工业化和城市化阶段，东北地区因巨大的矿产资源禀赋成为重工业的集中区，而广大中、西部地区发展缓慢，全国区域发展差异迅速扩大。

世纪之交，我国综合国力显著增强，但东、中、西部发展不平衡明显，尤其是西部地区，自然资源和市场潜力的优势均未显现出来。1999 年 9 月，党的十五届四中全会作出实施西部大开发战略的决定；2000 年 1 月，国务院成立了西部地区开发领导小组；“实施西部大开发战略，促进地区协调发展”纳入《中华人民共和国国民经济和社会发展第十个五年计划纲要》，西部地区得到空前的发展机会。同时，东北地区由于体制性和结构性矛盾日趋显现，竞争力下降，就业矛盾突出，经济发展步伐相对放缓。2003 年 10 月，中共中央、国务院印发《关于实施东北地区等老工业基地振兴战略的若干意见》，正式拉开了东北振兴的序幕。《中华人民共和国国民经济和社会发展第十一个五年规划纲要》中，“十五”计划中促进地区协调发展的“东、中、西、特[②]”共四个方向调整为“西、东北、中、东，以及革命老区、民族地区和边疆地区”共五个方向，增加“振兴东北地区等老工业基地”，全国总体形成四大“板块”的空间架构，并将“7 个跨省区市的经济区域”中的“西南和华南部分省区”划分为“西南”和“南部”两个部分，形成“八大综合经济区”的构想。这一阶段，在《国务院关于进一步推进西部大开发的若干意见》（国发〔2004〕6 号）和《关于进一步实施东北地区等老工业基地振兴战略的若干意见》（国发〔2009〕33 号）的指导下，《西部大开发“十一五”规划》《西部大开发“十二五”规划》《东北振兴“十二五”规划》和其他区域发展规划相继出台，为区域经济发展和促进全国区域协调发展提供了动力；《中共中央 国务院关于

---

① 这 7 个经济区域分别是：长江三角洲及沿江地区、环渤海地区、东南沿海地区、西南和华南部分省区、东北地区、中部五省地区、西北地区。

② 《中华人民共和国国民经济和社会发展第十个五年计划纲要》中，第八章第四节“形成各具特色的区域经济”中阐述，“通过区域规划和政策，引导和调动地方的积极性，形成各具特色的区域经济，并先行在生态功能保护区、专业化农产品生产基地、旅游经济区等方面取得突破”。

促进中部地区崛起的若干意见》(中发〔2006〕10号)则重点推进太原城市群、皖江城市带、鄱阳湖生态经济区、中原经济区、武汉城市圈、环长株潭城市群等重点区域发展；同时，鼓励和支持城市圈和城市群之间开展战略合作，促进长江中游城市群一体化发展。同时，在国家战略的驱动下，国家级新区、扶贫开发区、综合治理区等与特定战略意图相匹配的区域规划在这一阶段也蓬勃开展[①]。

党的十八大以来，创新、协调、绿色、开放、共享的新发展理念不断深入人心，其中的“协调”注重的就是解决发展不平衡问题。总体战略上，随着“一带一路”倡议、京津冀协同发展和长江经济带发展的相继提出，形成了“四大板块 + 三大战略”的区域发展战略体系。党的十九大以来，区域发展战略体系更为完善，形成了“四大板块 + 四大战略 + 两大引领区”(四大板块：西部开发、东北振兴、中部崛起、东部率先。四大战略：“一带一路”倡议、京津冀协同发展、长江经济带发展、黄河流域生态保护和高质量发展。两大引领区：粤港澳大湾区建设和长三角一体化发展)的区域发展战略体系。与此相对应，党和国家2015年3月印发了《推动共建丝绸之路经济带和21世纪海上丝绸之路的愿景与行动》，2015年4月印发了《京津冀协同发展规划纲要》，2016年3月印发了《长江经济带发展规划纲要》，2019年12月印发了《长江三角洲区域一体化发展规划纲要》，2019年2月印发了《粤港澳大湾区发展规划纲要》，不仅极大地丰富了区域规划的理论和实践，也成为贯彻落实区域发展战略的“指挥棒”。2019年2月19日，国家发展改革委发布《国家发展改革委关于培育发展现代化都市圈的指导意见》，自此城市群都市圈成为支撑全国经济增长、促进区域协调发展、参与国际竞争合作的重要平台。

二、基本含义

区域规划是国家和地区进行空间管治和实现发展调控的重要手段，是为解决特定区域的特定问题或达到区域内特定目标而制定和实施的某些战略、思

---

① 罗震东，崔功豪，乔艺波．阶段，思潮与行动：国际视野下现代中国区域规划理论与实践的演进[J]. 国际城市规划，2019，34(4)：7。

路、布局方案和政策措施[①]。2018 年，中共中央、国务院发布了《关于统一规划体系更好发挥国家发展规划战略导向作用的意见》，对区域规划从含义到主要任务和在规划体系中的地位，均给予了明确界定。

基本含义：区域规划是以发展规划确定的重点地区、跨行政区且经济社会活动联系紧密的连片区域以及承担重大战略任务的特定区域和综合功能平台为对象编制的规划，是指导特定区域发展和制定相关政策的重要依据；是三级四类规划体系的重要组成部分；是国家空间治理的重要手段和环节。

主要任务：根据规划区域的自然资源、社会资源和现有的技术经济构成，从其历史、现状和发展趋势出发，明确规划区域社会经济发展的方向和目标，对区域社会经济发展和总体建设，对土地利用、城镇建设、基础设施和公共服务设施布局、环境保护等方面做出总体部署，对生产性和非生产性的建设项目进行统筹安排，并提出实施政策，以达到发挥区域整体优势，促进人与自然的和谐共生，确保区域社会经济快速、稳定、协调和可持续发展的目标。

规划地位：（1）对于国家级层面的区域规划来说，其上位规划是国家发展规划，研究对象是国家发展规划确定的重点地区、跨行政区且经济社会活动联系紧密的连片区域以及承担重大战略任务的特定区域；着重贯彻实施重大区域战略、协调解决跨行政区重大问题；遵从国家空间规划在基础设施、城镇建设、资源能源、生态环保等开发保护活动项目的指导和约束；同时紧密衔接国家专项规划。（2）对于省级、市县级区域规划来说，以国家区域规划和省级区域规划为上级规划，以各级发展规划为上位规划，在规划编制和实施时需同时做好向上向下双重衔接的工作。规划编制需落实同级发展规划的重大战略部署，遵守空间规划划定的各类建设和生态保护红线，衔接国家级专项规划、区域规划、空间规划，突出地方实际和地方特色；并积极协调与同级专项规划之间的关系，以实现规划区域内部协调共进，规划区域与周边区域协同发展。

---

① 刘云中，侯永志，兰宗敏．中国“国家战略性”区域规划的主要特点 [J]. 中国发展评论：中文版，2013，000（001）：23-28，117-126。该含义以参考文献给出的含义作为基础，增加了“区域”的规划范围和“调控”的规划功能。

三、规划特性

规划种类千差万别，但是所有的规划都是对某种目标的追求或某种状态的设想，以及实现某种目标或达到某种状态的途径的构想，这使得规划具有目标性、前瞻性、动态性这三个共性。除此之外，区域规划还有以下五大特性。

1.协调性

区域规划的跨区域性决定了“协调”既是规划编制的难点，也是规划实施过程中的痛点；新时期，区域规划的核心任务就是做好区域的综合协调。协调性的第一点表现在“利益”协调上。区域规划质量的好不好？关键项目是否能落地？规划内容是否可以真的在推动区域经济和社会发展中起到作用？这些问题的关键都在于是否能够协调好区域包含范围内各方的利益关系。中国疆域辽阔、资源丰富、地形地貌差异极大。协调性的第二点表现在由于资源空间分布不均而导致的经济社会发展差异，如我国的“东西差异化”和“南北非均衡化”。协调性的第三点表现在，区域规划要处理好条条（国民经济各部门）间、块块（各地区）间的关系，以及国家与地方、集体与个人之间的利益关系。现在，随着生态文明建设重要性的提升，区域规划也涉及经济效益、社会效益和生态效益三者关系的协调。

2.空间性

区域规划是空间性的规划。不同地区的资源、经济社会条件和原有基础相差很大，特别是我国幅员辽阔，不同尺度的区域差异非常明显，未来的发展诉求也不一致，规划目标、内容、重点需要因地制宜，突出本地区的竞争优势。规划要素、规划措施也要切合不同尺度、不同地方的特点；落实到具体的空间位置上，规划成果的表达也可不同。同时，不同地区的发展阶段不一，国家给予的政策和发展期待不同，地区的阶段性发展诉求差异也很大，特别是东、中、西部地区发展基础的差异。因此，区域规划要在国家要求的宏观框架和目标下，依据阶段发展特征和规律明确区域当前的主要矛盾，因地制宜，明确发展目标，促进区域经济错位发展。

3.约束性

区域规划是编制下一级空间规划如总体规划、详细规划和专项规划的依据，其约束对象主要是地方政府。约束性包括两个层次的含义：就规划内容而言，在“不允许做什么”上加大规划力度；就规划机制而言，通过政策体系的建立、各种层次的协商、仲裁机构的设立，使地区纠纷能得到及时处理。

4.开放性

区域发展已经与全球发展紧密联系在一起，传统区域规划中“就区域论区域”的方法已经不能正确指导区域经济建设。新时期区域规划应将区域置于全国乃至全球系统中，从更宏观的角度分析区域的发展条件、存在的优势及劣势等，制定区域的发展战略和目标，打破地区间行政界线的束缚，激发各行政单元的发展潜力，以市场配置资源为基础进行统筹规划、合理分工，发挥不同地区的比较优势，形成合力做大区域经济发展蛋糕。

5.导向性

传统的区域规划往往通过政府的指令性计划配置资源，对生产力的空间布局、人口居住的空间转移、城乡建设的空间发展和功能定位等做刚性规定，显然难以适应市场经济发展的可变性和灵活性。新时期的区域规划应适应转变政府职能的要求，注重引导和协调。区域规划时间跨度长、规划尺度大、指标弹性较大，在规划中必须考虑到区域未来发展的不确定因素，对规划范围社会经济的发展方向、目标、结构、布局与土地利用安排主要勾画大致的轮廓，发展指标有弹性、可调节；并通过合理的区域经济社会政策，建立区域资源与基础设施共享机制，引导和推进区域经济活动。

四、规划分类

1.根据区域结构特征划分

根据区域结构特征，区域规划可分为均质区的区域规划和枢纽区的区域规划。均质区内部主要特征指标基本一致，可根据其内部结构的特征细分为工业地区区域规划、农业地区区域规划、风景旅游区区域规划等，并根据其特征确定规划重点。枢纽区的区域规划主要以大城市或特大城市的发展战略性问题为核心，全面协调区域发展和合理配置区域空间，同时解决好区域内各城市（镇）的合理分工与协作，以提升大城市的发展质量为目标。

2.根据区域的行政管理属性划分

根据区域的行政管理属性划分，可分为按行政管理区域划分的区域规划和按区域发展轴线编制的跨行政区域的区域规划。前者主要是指跨行政区的区域规划，主要解决由于区域不在同一行政区，空间资源开发不合理、重复建设、生态环境破坏严重、重大项目布局不合理等的问题，如包括长沙、株洲和湘潭三市的市域范围的湖南长株潭城市群区域规划，不包括单纯的省域规划、地级市或地区规划、县域或县级市域规划等。后者主要是以流域为规划范围、以河流为发展轴的规划，例如，以长江为轴线的江苏沿江区域规划，以交通轴线为发展轴的陇海兰新地带城镇体系规划。

第二节　调查研究

区域发展现状的调查和影响区域社会经济发展各种要素的基础资料收集，是编制区域规划工作的开始。收集资料、分析论证的目的是认识区域的本质特征、人口、经济的结构和演进过程，明确区域发展的优势和限制因素，找出发展中的关键问题及潜力，为研究区域发展战略、制订区域发展目标及设计规划方案打下基础。

一、调查研究原则

从调查研究过程来看，需考量主体需求，尽可能做到任务分工到人。由于数据分析在规划领域内运用得越来越广泛，因此还需在数据信息获取上遵循以下三个原则。

第一，时效性原则。信息的利用价值取决于该信息是否能及时地提供，即它的时效性。信息只有及时、迅速地提供给它的使用者才能有效地发挥作用，特别是当决策对信息的要求是“事前”的消息和情报时。所以在资料搜集时，应紧密把握区域经济社会发展现状特点，将近期正在实施的和将要实施的重大项目、重大任务发展情况优先列入现状分析。

第二，全面性原则。区域规划常常涉及规划范围内生态保护、经济发展、民生福祉、社会治理等方面，这要求所搜集到的资料要足够广泛和完整，如此才能完整地反映管理活动和决策对象发展的全貌，为决策的科学性提供保障。

第三，开放性原则。即指标选择应具有动态性和开放性，根据国家和区域发展的阶段性及评价对象的差异，可以对度量指标进行增减或完善。

二、资料获取方法

若从资料类型出发，获取的资料可分为文本资料、图表资料、实地现状、专业意见等；通过调查问卷、当面访谈、实地调研、数据库收集等方式，可获取大部分资料信息。

此外，需特别注意的是，第一，在搜集文本资料和图表信息时，应尽量保证资料具有完整的时间线，以便规划编制者了解规划区域的发展历程；但如果因地震、洪涝等自然灾害导致文本信息受损，则需通过图书馆、文献、网络等信息获取途径尽可能获得完整的资料信息。第二，需汇总多层信息明确地方发展方向指引，主要包括经济社会发展方面的政策文件、相关上位规划等，该类信息均可从数据库、政府官方网站、规划范围内的相关部门单位获取。第三，访谈资料需通过访谈行业专家、部门领导、上级主管部门意见及现场调研踏勘等渠道获取。针对特殊的区域规划，如侧重于生态保护、矿山修复等的区域规划，还需增加数据监测等方式完善数据信息。

三、资料获取来源

传统资料获取来源：按照层级可获取的资料可以分为全国、省、市、县和乡镇五个层级，每个层级再根据数据来源分为多个部门，如发展改革部门、自然资源部门、城乡建设部门、农业农村部门等。在利用数据时，如果按照数据来源对数据进行管理，则不同的数据分类会导致数据重复，如人口数据可来源于统计局、公安局等部门。因此，建议资料收集负责人按资料性质对数据信息进行分类和管理。

现代资料获取来源：新时代资料获取可依托大数据、云计算等现代信息技术，从区域、行业、产业、企业、技术等多个维度的数据库和信息中心直接获取数据信息，也可以利用网络爬虫等技术获取需要的数据信息。随着全国统一的国土空间规划基础信息平台的建设，获取自然资源调查数据的便捷性和及时性都会得到显著提高。

四、资料获取步骤

收集基础资料是整个规划的工作基础。资料获取可贯穿整个规划工程，但整体可分为以下两个阶段：第一阶段的资料收集，主要目的是了解区际状况和掌握区内实际，通过认识区域的本质特征、区域的发展演变过程，明确区域发展的优势和限制因素，找出发展中的关键问题和潜力，初步形成区域发展战略和区域发展目标，并将其划分为多个专题和对策，进行深入研究。第二阶段的数据收集，则以服务深入研究为主，通过经济数据佐证、政策信息明确、空间数据复查等过程，明确区域发展战略部署，确定区域发展目标，对重点项目进行必要的可行性分析，为设计规划方案提供充分的理论依据和数据支持。

五、资料获取类别

区域规划与发展规划在内容上略有相似，均涉及经济和社会发展的方方面面，两者的区别在于，区域规划更具复杂性，其不仅要对整个规划地区国民经济与社会发展中的建设布局问题进行战略决策，还要仔细考量，把同区域开发与整治有关的各项重大建设落实到具体地域，进行各部门综合协调的总体布局，为编制中长期部门规划和城市规划提供重要依据。所以在资料收集上，区域规划不仅需要规划区域的宏观经济基础数据、法人单位基础数据、人口基础数据、自然资源和空间地理数据[①]，还需根据区域规划需求，增补产业特点、历史沿革等个性化的基础数据。

总体而言，区域规划基础资料主要包括以下内容：

（1）地形地貌、水文、气象、地质等自然地理的情况和特征；

（2）地形测量资料；

（3）工业现状资料；

（4）矿产资源资料；

（5）农业（农林牧副渔）现状和发展规划资料；

（6）商业、金融、外贸、仓储的现状和相关发展规划资料；

（7）交通运输（包括航空、铁路、公路、水运、管道、运输）现状和相关发展规划资料；

（8）水资源现状及水资源综合利用和给水排水发展规划资料；

（9）能源供应现状及其发展规划资料；

（10）城镇居民点现状及其发展规划资料；

（11）人口和劳动力资料；

（12）城镇建设和建筑材料供应现状及其发展规划资料；

（13）科技文化和卫生医疗资料；

（14）区域环境条件、环境污染、生态环保措施和实施成效等资料；

（15）公众参与规划编制情况等资料。

---

① 《国家信息化领导小组关于我国电子政务建设的指导意见》指出：“为了满足社会对政务信息资源的迫切需求，国家要组织编制政务信息资源建设专项规划，设计电子政务信息资源目录体系与交换体系；启动人口基础信息库、法人单位基础信息库、自然资源和空间地理基础信息库、宏观经济数据库的建设。”这里沿用该类数据分类方法，并增加“个性化数据”一栏，以便根据实际需求做出调整。

第三节 主体架构

对于规划文本来说，主体构架是骨骼，内容是血肉。与发展规划相比，区域规划的关注领域同样广泛，但其具有跨行政区、承担重要战略任务等特点。由此决定了区域规划的主体架构与发展规划相似，但应着重突出规划对象的区域特性和规划目标。只有这样，区域规划才能更好地指导特定区域发展。

例如，中共中央、国务院2019年12月印发的《长江三角洲区域一体化发展规划纲要》，无疑是实施长三角一体化发展、引领全国高质量发展、完善我国改革开放空间布局、打造我国发展强劲活跃增长极的重大战略举措。该规划共十二章四十四节、约3万字。围绕打造“全国高质量发展样板区、率先基本实现现代化引领区、区域一体化发展示范区和新时代改革开放新高地”的战略定位展开论述，思路清晰、条块分明，从主体构架中便能凸显区域一体化、产业协同及推进基础设施和公共服务的共建共享等重点，并在体制机制改革创新方面着墨较多，堪称区域规划的范本。

专栏1 主体架构举例之《长江三角洲区域一体化发展规划纲要》

背景分析	第一章 发展背景 第二章 总体要求
目标定位	第三章 推动形成区域协调发展新格局
产业发展	第四章 加强协同创新产业体系建设
基础设施	第五章 提升基础设施互联互通水平 第六章 强化生态环境共保联治 第七章 加快公共服务便利共享
区域开放	第八章 推进更高水平协同开放
体制机制改革	第九章 创新一体化发展体制机制 第十章 高水平建设长三角生态绿色一体化发展示范区 第十一章 高标准建设上海自由贸易试验区新片区 第十二章 推进规划实施

又如，中共中央、国务院2019年2月印发的《粤港澳大湾区发展规划纲要》，共十一章四十一节、2.7万字。该规划旨在进一步提升粤港澳大湾区在国家经济发展和对外开放中的支撑引领作用，更好支持香港、澳门融入国家发展大局，增进香港同胞、澳门同胞福祉，保持香港、澳门长期繁荣稳定。通过对比主体架构可以发现，规划在完成背景和总体要求论述后，将区域性空间布局置于规划第三章，随后围绕战略定位分章节予以阐述。应该说特点明显、设计科学、思路清晰、站位高远，堪称一个删繁就简的区域规划极佳案例。

专栏2　　主体架构举例之《粤港澳大湾区发展规划纲要》

背景分析	第一章　规划背景 第二章　总体要求
空间布局	第三章　空间布局
产业发展	第四章　建设国际科技创新中心 第五章　构建具有国际竞争力的现代产业体系 第六章　共建粤港澳合作发展平台
基础设施	第七章　加快基础设施互联互通 第八章　推进生态文明建设 第九章　建设宜居宜业宜游的优质生活圈
区域开放	第十章　紧密合作共同参与“一带一路”建设
体制机制改革	第十一章　规划实施

从以上举例看出，区域规划在章节体系的设置上虽有不同，但涵盖方面和内容几乎一致，模块清晰、内容完整。对比发展规划，区域规划的细致性和实践性体现得淋漓尽致。其以章节定架构，在标题表述上已经将上位规划的战略和重点任务融入其中，更讲求针对性和实践性，并不特别讲求文字的工整和对仗。这充分反映了发展规划与区域规划的上下关系、功能定位，以及在国家规划体系中扮演的角色。

好的主体架构，应做到充分反映规划区域的特点特性，体现规划落实的核心路径，从全局的角度来把控规划内容的逻辑性和完整性。构建主体架构时，应时刻谨记“遵循上位、特色谋划”，方能让主体架构建之有效。

第四节 重点内容

有了主体架构的引导，便要着手编制规划的具体内容。经过多年的实践和发展，目前我国区域规划文本的框架已经基本成形，主要内容包括规划背景、总体要求、空间布局、重点任务（战略）和规划保障。

一、规划背景——铺陈发展基础

规划背景是各类规划研究和编制的起点，是规划文稿的重要组成部分，区域规划也不例外。通过摸清规划区域现状，为后文内容提供依据、做足支撑。规划背景的核心是编制依据的系统研究和重点归纳，涉及的内容可分为两类：基础性内容和特色性内容。

基础性内容：基础性内容是刚性的、宏观的；包括规划区域的历史沿革、经济社会发展水平、人文特色和环境生态等方面，明晰规划区域总体背景，以便在政策背景和竞争背景中分析出区域发展的优势、劣势、机遇和挑战。

特色性内容：特色性内容是灵活的、微观的，可根据实际需求做出调整。常见的内容包括政策背景、行业分析和竞争背景分析等。其中，政策背景和行业分析是竞争背景分析的基础，对规划的总体目标、重点项目，甚至规划保障的具体设计都有极大的影响。有了竞争背景分析的引导，我们应该清楚规划区域做了什么，哪些是做得好的，哪些仍是“短板”，未来应该做什么、不应该做什么，以此指导战略要点、重要举措和保障措施等内容。

例如，《粤港澳大湾区发展规划纲要》是《中华人民共和国国民经济和社会发展第十三个五年规划纲要》第十二篇“深化内地和港澳、大陆和台湾地区合作发展”的细化和落实。其在规划背景中将基础性内容归在“发展基础”中，并结合国内外发展现状得到粤港澳大湾区进一步发展的优势和挑战。粤港澳大湾区是继纽约湾区、旧金山湾区及东京湾区之后的世界第四大湾区，有潜力成为最有竞争力的世界级城市群[①]，大湾区城市群建设已纳入国家发展战略，这些在“重大意义”中均有所体现。

又如，以海洋资源优势为基础编制的《山东半岛蓝色经济区发展规划》，旨在通过科学开发海洋资源，形成具有区域优势和特色的海洋产业，打造具有较强综合竞争力的经济功能区。那么在规划编制时，除了阐明地区发展基础、发展成就、机遇挑战外，还应着重说明海洋开发战略的意义，并对海洋资源环境进行综合评估，加强规划的说服性、专业性和可行性。故而，将“海洋资源环境综合评价”作为第一章第一节是合理的、科学的。此外，该规划还将第一章命名为“发展基础与战略意义”，既突出规划的战略性，又让人眼前一亮。

专栏3　　规划背景举例

《粤港澳大湾区发展规划纲要》

第一章　规划背景

第一节　发展基础

第二节　机遇挑战

第三节　重大意义

《山东半岛蓝色经济区发展规划》

第一章　发展基础与战略意义

第一节　海洋资源环境综合评价

第二节　发展成就

第三节　机遇与挑战

第四节　重大意义

规划编制不是静态的工作，而是一个动态的流程，需边编制、边沟通、边修正，三者交叉进行。规划背景作为规划编制的根本依据，在编制过程中需注意资料收集的完整性、基础研究的充足性。资料收集和基础研究方面所涉及的内容见表4–1（具体内容可按照规划编制需求增减）。

① 肖耿：香港在粤港澳大湾区发展中面临的挑战与机遇. 2018–11–12. http: //dy. 163. com/v2/article/detail/E14G0T6L053409UI. html。

表 4-1　　　　规划背景包含重点内容

内容分类	具体内容
规划区域本地分析	包括经济、文化、自然、历史、资源禀赋、社会特征等
上位规划	城镇体系规划、土地利用规划及所辖市、县的总体规划等
区域城乡体系规划	区域社会生产力和人口的空间分布及组织关系等
产业发展及空间布局研究	区域内第一、第二、第三产业的发展战略及空间分布
专项规划	包括基础设施、交通体系、生态系统、绿化体系等专项研究
政策专题	区域尺度下规划的实施与管理体系的建立，以及重点地段（保税区、经开区等）的政策倾向等
形势需求	发展环境

二、总体要求——明确规划指引

总体要求涉及的内容相对固定，一般包括指导思想、基本原则、战略定位和发展目标，每一部分都是不可或缺的。

1.指导思想

指导思想是规划的核心，是开展规划工作时思想上所必须遵守的总原则、总要求、总体方略，是形成规划原则、战略定位和发展目标的依据和总纲。一般地，指导思想需遵循上位规划指导思想，并密切结合规划目标。

例如，《粤港澳大湾区城市群发展规划》是新时代推动形成全面开放新格局的新举措，也是推动“一国两制”事业发展的新实践，是战略性极强的规划。所以规划的指导思想不仅包括“深入贯彻习近平新时代中国特色社会主义思想和党的十九大精神，统筹推进‘五位一体’总体布局和协调推进‘四个全面’战略布局”的总体指导思想，也包括“‘一国两制’‘港人治港’‘澳人治澳’、高度自治”这样反映区域区位特点和区位属性的指导思想。

2.基本原则

基本原则即规划原则，是设计规划内容时所应秉持的理念，也是规划实施、规划保障所应遵守和贯彻的准则。原则确定需以指导思想为基础，充分体现地区发展准则；需站高位，充分理解上级发展规划和战略举措的意图；立足实际，因地制宜，以服务于战略部署和任务落实为义，切忌照搬照抄他处原则内容，对后期的指导工作带来不必要的困难处。原则确定质重于量，需字字珠玑，具有针对性，一般 3 ～ 6 条即可。

如《粤港澳大湾区城市群发展规划》中，根据指导思想中的“坚持新发展理念”，即创新、协调、绿色、开放、共享，参照实际和规划意图，形成了具有指导性、约束性和区域性的规划原则。

专栏 4　　规划原则举例之《粤港澳大湾区城市群发展规划》

创新驱动，改革引领。

协调发展，统筹兼顾。

绿色发展，保护生态。

开放合作，互利共赢。

共享发展，改善民生。

“一国两制”，依法办事。

3.战略定位

明确区域规划的战略定位，提出区域经济社会发展的方向，是区域规划的首要任务。战略定位，需阐明区域在大区域、全国乃至全球中的经济地位和专业分工，以及未来所要达到的发展阶段与水平，如经济社会发展方向、社会文明程度、创新能力和生态目标等，一般包括区域发展的功能定位、产业定位、形象定位等。明确战略定位的主要依据主要有：国家经济社会发展的宏观背景、规划区域资源和经济社会发展现状、周围区域的发展现状和经济活动特点、生态文明建设理念及未来科学发展趋势等。

在表述上，通常包含定性、定向、定形和定量四个要素。定性是指确定区域的功能和性质；定向是指确定区域的发展方向，包括产业方向、目标走向、战略模式等，要在区域分析、区域对比分析、发展战略研究的基础上才能明确；定形是指明确区域形象，可以是生态景观特色，也可以是区域内在的社会文化特征；定量是指从数量方面给区域发展加以标定，如确定区域人口规模、用地规模，或者确定经济地位、竞争力、发展水平。

战略定位应覆盖区域功能的各个方面，互不重叠、互相协调、互相促进，数量不宜多，3～6个均可。《粤港澳大湾区城市群发展规划》的战略定位从抽象到具体，首先说明粤港澳大湾区自身以世界级城市群为目标，再将“世界级城市群”的目标细分，既突出自身发展路径——国际科技创新中心，又说明粤港澳大湾区的国家区域地位——“一带一路”建设的重要支撑和内地与港澳深度合作示范区，战略定位在指导思想中均有据可循。

专栏5　重点战略举例之《粤港澳大湾区城市群发展规划》

充满活力的世界级城市群

具有全球影响力的国际科技创新中心

“一带一路”建设的重要支撑

内地与港澳深度合作示范区

宜居宜业宜游的优质生活圈

4.发展目标

区域的发展方向和发展目标是统一的。发展方向通常是定性描述，方便人们掌握和领会规划意图；而发展目标则是对发展方向的定量反映，便于后期考核检验。发展目标通常可以分为总体目标和具体目标。总体目标是对规划思想的高度概括，具体目标是发展方向的深化和具体体现，由一系列的指标来体现。综合评价区域发展条件，正确认识区域的战略地位，明确区域在社会劳动地域分工中的地位和作用，是制定区域发展目标的重要环节。对于影响区域未来发展的各种条件，应尽可能在定性描述的基础上进行量化分析，做到定性分析与定量分析相结合，以便比较准确地预测未来的经济社会发展，为制定区域发展目标提供依据。区域规划目标制定得是否准确，可以从以下五个方面来检验：

（1）规划目标应当是经过努力可以实现的；

（2）规划目标要有包容性和概括性；

（3）规划目标要能够反映区域发展各个方面的情况；

（4）规划目标必须具体、明确，只具有单一的解释，并且规划目标要有时效性，要规定目标实现的时间，任何目标都只适用于一定的时间；

（5）规划目标要具有空间的唯一性，即一组目标只能在一个特定的区域内适用。

对比《粤港澳大湾区城市群发展规划》（2019 年印发）和《京津冀协同规划纲要》（2016 年印发），前者的发展目标分为近期目标（到 2022 年）和远期目标（到 2035 年），后者则将目标划分为近期目标（到 2017 年）、中期目标（到 2020 年）和远期目标（到 2030 年）；前者发展目标以定性为主，后者紧扣“疏解北京非首都功能”，提出“2020 年北京市常住人口控制在 2300 万人以内”的定量要求。

专栏 6 发展目标举例

例1：《京津冀协同规划纲要》

到2017年，有序疏解北京非首都功能取得明显进展，在符合协同发展目标且现实急需、具备条件、取得共识的交通一体化、生态环境保护、产业升级转移等重点领域率先取得突破，深化改革、创新驱动、试点示范有序推进，协同发展取得显著成效。

到2020年，北京市常住人口控制在2300万人以内，北京“大城市病”等突出问题得到缓解；区域一体化交通网络基本形成，生态环境质量得到有效改善，产业联动发展取得重大进展。公共服务共建共享取得积极成效，协同发展机制有效运转，区域内发展差距趋于缩小，初步形成京津冀协同发展、互利共赢新局面。

到2030年，首都核心功能更加优化，京津冀区域一体化格局基本形成，区域经济结构更加合理，生态环境质量总体良好，公共服务水平趋于均衡，成为具有较强国际竞争力和影响力的重要区域，在引领和支撑全国经济社会发展中发挥更大作用。

例2：《粤港澳大湾区城市群发展规划》

到2022年，粤港澳大湾区综合实力显著增强，粤、港、澳合作更加深入广泛，区域内生发展动力进一步提升，发展活力充沛、创新能力突出、产业结构优化、要素流动顺畅、生态环境优美的国际一流湾区和世界级城市群框架基本形成。区域发展更加协调，分工合理、功能互补、错位发展的城市群发展格局基本确立；协同创新环境更加优化，创新要素加快集聚，新兴技术原创能力和科技成果转化能力显著提升；供给侧结构性改革进一步深化，传统产业加快转型升级，新兴产业和制造业核心竞争力不断提升，数字经济迅速增长，金融等现代服务业加快发展；交通、能源、信息、水利等基础设施支撑保障能力进一步增强，城市发展及运营能力进一步提升；绿色智慧节能低碳的生产生活方式和城市建设运营模式初步确立，居民生活更加便利、更加幸福；开放型经济新体制加快构建，粤、港、澳市场互联互通水平进一步提升，各类资源要素流动更加便捷高效，文化交流活动更加活跃。

到2035年，粤港澳大湾区形成以创新为主要支撑的经济体系和发展模式，经济实力、科技实力大幅跃升，国际竞争力、影响力进一步增强；粤港澳大湾区内市场高水平互联互通基本实现，各类资源要素高效便捷流动；区域发展协调性显著增强，对周边地区的引领带动能力进一步提升；人民生活更加富裕；社会文明程度达到新高度，文化软实力显著增强，中华文化影响更加广泛深入，多元文化进一步交流融合；资源节约集约利用水平显著提高，生态环境得到有效保护，宜居宜业宜游的国际一流湾区全面建成。

三、空间布局——划分层级功能

空间布局，是从战略定位出发，通过严谨设计形成的区域空间功能结构；

良好的空间布局是促进区域良性互动、推进城乡融合发展的基础。一般包括城镇等级规模调整、城镇职能分配和城镇空间布局等内容。但空间格局的形成不是一蹴而就的，需要不断完善。初期的城市建设和城乡发展以粗放式开发和外延式扩张为主，土地利用效率低，生态环境破坏严重，空间发展缺乏统筹和协调；进入21世纪以来，城市加速扩张，进一步挤压乡村发展空间，使得人地关系的矛盾日益尖锐。矛盾形成的重要原因在于，区域发展缺少顶层设计来平衡“发展”与“保护”的关系，没有统筹兼顾的空间布局来均衡“城镇发展”与“乡村振兴”。所以在规划空间布局时应从以下四个方面着手：

（1）把握原则方面，遵循“因地制宜、依势而建、就势而为”，即空间布局需立足实际，依托资源条件，满足生产、生活、生态“三生空间”发展需求，能有效迎接未来挑战，有利于规划区域经济社会发展。

（2）编制内容方面，应包括区域发展功能定位、区域布局、功能分区等内容[①]。例如《京津冀协同规划纲要》，根据“功能互补、区域联动、轴向集聚、节点支撑”的思路，确定以“一核、双城、三轴、四区、多节点”为骨架，以重要城市为支点，以战略性功能区平台为载体，以交通干线、生态廊道为纽带的网络型空间格局。

（3）编制过程方面，需以前期区域研究成果为依据，确保空间布局服务于规划的发展目标；遵循各类上位规划布局，并与主体功能区规划、土地利用总体规划、国土规划纲要等相衔接；依托现代规划编制工具、大数据、云应用等新技术，高效率、低成本地完成可视化效果更好的空间分析和布局。

（4）成果表达方面，图文并茂。以“点—线—面”为序，描述节点的词有核心、次中心（副中心）、节点（极点）等；形成功能集聚的可用组团、分区、片区等来划分；点与点、区与区或点区之间的连线多用轴或带来描述。这些词不是散落的珠子，而是由理念和方法串联起来的有机整体。其中，“核心”是区域发展的引擎，要“做优做强”；“次中心（副中心）”是核心区域的功能补充、疏解，要“加快建设”；“节点（极点）”是核心区域的主要辐射区，需着力于强基建；沿着铁路、干线公路、航道、输电线路、通信线路、输水线路等

---

① 国家发展改革委印发的《国家级区域规划管理暂行办法》（发改地区〔2015〕1521号）。

线状基础设施束，形成交通轴、产业轴，甚至依照文化资源禀赋形成文化轴、景观轴等；产业集聚、人口集中，两者互促互进，逐渐形成“组团”或功能“分区（片区）”，共同勾勒出规划区域未来发展蓝图。

四、重点任务——谋划系统工程

重点任务，有时也被称为重大任务，是实现产业发展目标的具体方案，在具体谋划时，要坚持有所为，有所不为，分清先后，区分主次。传统区域规划中，主要包含的内容上需突出产业分工、城镇分布、基建互联、体制机制改革等。但在新的国土空间规划体系下，推进生态文明建设和建设美丽中国成为规划体系的主要目标①，在重点任务谋划时，根据规划区域特点，统筹谋划生态环保等相关项目，并促成区域长期合作，推进区域长期可持续绿色发展成为必不可少的规划内容。

一是落实生态文明建设。党的十九大报告指出，“建设生态文明是中华民族永续发展的千年大计”“加快生态文明体制改革，建设美丽中国”。2018 年 5 月 18 至 19 日，全国生态环境保护大会在北京召开。这次大会上，不仅确立了习近平生态文明思想，同时国家领导人还对生态文明建设提出了五点要求，分别是：加快构建生态文明体系，全面推动绿色发展，把解决突出生态环境问题作为民生优先领域，要有效防范生态环境风险和提高环境治理水平。这对区域规划编制提出的要求就是，在区域产业谋篇布局、城镇空间格局规划、基础设施建设等重要方面凸显“在发展中保护、在保护中发展”。

例如，2021 年 10 月中共中央、国务院印发的《黄河流域生态保护和高质量发展规划纲要》全文中，“生态”二字出现了 200 余次，涉及内容不仅包括水源涵养能力建设、湿地保护和生态治理等，也包括如何更好更快地发展战略性新兴产业和先进制造业，如何构建区域城乡发展新格局，如何改善人民群众

---

① 《中共中央 国务院关于建立国土空间规划体系并监督实施的若干意见》中阐述道，“建立全国统一、责权清晰、科学高效的国土空间规划体系，整体谋划新时代国土空间开发保护格局，综合考虑人口分布、经济布局、国土利用、生态环境保护等因素，科学布局生产空间、生活空间、生态空间，是加快形成绿色生产方式和生活方式、推进生态文明建设、建设美丽中国的关键举措”。

生活和保护传承弘扬黄河文化。突出的一点是，黄河流域的生态保护和高质量发展与“水”密切相关，所以在“主要原则”中也特别提出“量水而行、节水优先”。

二是协调产业分工。结合客观发展趋势，围绕区域内三次产业布局，调整各地区产业发展重点，逐步改善产业空间布局。特别地，围绕产业发展，需明确主导产业和主导产业涉及部门，以主导产业部门为重点，促进产业间的平衡和协调发展，带动辅助产业和基础产业迈上新的台阶，为区域培育新的增长点，确保区域的长期可持续发展。同时，使得各地区的比较优势和特殊功能可以得到有效发挥，形成体现因地制宜、分工合理、优势互补、共同发展的特色区域经济，在更多领域、更高层次上，形成区域与区域之间互助合作、共赢共享的新型区域经济关系。

国家《“十四五”循环经济发展规划》指出，“发展循环经济是我国经济社会发展的一项重大战略”“大力发展循环经济，推进资源节约集约利用，构建资源循环型产业体系和废旧物资循环利用体系，对保障国家资源安全，推动实现碳达峰、碳中和，促进生态文明建设具有重大意义”。基于此，从产业链谋划上，应将“物料节省、变废为宝”作为考量因素之一，将“提高资源利用效率”作为产业谋划的主要目标之一，产业协作中着重考虑区域内的废物交换和资源共享，尽可能在区域范围内实现物质可以循环、资源可以共享、服务可以循环。

三是推动新型城镇化布局。“土地城镇化”快于人口城镇化，建设用地粗放低效，是我国城镇化发展过程中存在的问题，这使得“新型城镇化”成为我国实现社会主义现代化的必由之路。在区域城镇布局规划建设中要紧扣人、产、城、公共服务等要素，坚持“产业跟着功能走、人口跟着产业走、建设用地等要素跟着人口和产业走，公共服务跟着功能和人口走”，不断优化城与乡之间、城与城之间的资源要素配置，在最大程度上推动城乡融合和区域一体化发展。

在重大项目谋划中，注重城市更新、城市双修（生态修复、城市修补）、海绵城市、城市设计等新型城镇化最新举措。在城镇建设中，通过修复城市中被破坏的自然环境和地形地貌，改善生态环境质量；通过修复城市设施、空间环境、景观风貌，提升城市特色和活力。在推进区域城镇建设过程中，注重城镇的内涵式发展和精细化建设。助力我国实现“双碳”目标的过程，还应将绿色建筑更多地运用到城镇建设当中。

四是促进资源流动。重点说明政府部门应出台哪些产业政策、财政政策、金融政策、就业政策等，逐步深化各项体制机制改革，打通各地区之间人流、物流、资金流、信息流等资源互通壁垒，发挥政府部门在促进经济宏观调控中的作用，实现资源便利流动，形成建立在公正、公开、公平竞争秩序基础上的统一市场。

例如，《长江三角洲区域一体化发展规划纲要》针对“跨区域共建共享共保共治机制尚不健全”的挑战，从服务一体化发展的目标入手，强调要建立规则统一的制度体系、促进要素市场一体化、完善多层次多领域合作机制；同时，将“高水平建设长三角生态绿色一体化发展示范区”作为着力点，率先探索从项目协同走向区域一体化制度创新的路子，目标是在不改变现行的行政隶属关系的前提下打破行政边界，实现共商共建共管共享共赢，为长三角生态绿色一体化发展探索路径和提供示范。

五是统一规划建设区域性公用基础设施。无论是产业生产，还是改善城乡居民生活，都需要建设交通运输、动能供应、水源开发利用等基础工程设施。在同一地区范围内进行上述工程建设时，不能各部门、各企业各搞一套，应相互协调配合，统一规划建设，共同联合使用，这样可以避免巨大浪费，节约大量基建投资，以最低的成本实现基建互联互通和共建共享。其中，重大建设项目的确定应根据总体规划方案和阶段目标的要求，综合政府主管部门的安排和地区企业的发展规划，依据地区发展的重点，确定建设的时间。基础设施项目一般根据政府部门的相关安排；产业化项目则必须由企业提出，进行初步的可行性研究，为带动和促进地区的发展奠定基础。

例如，“加快基础设施互联互通”是区域规划的必要章节，但区域不同，其破题的方式也不同。粤港澳大湾区为推进跨区域基础设施建设，在《粤港澳大湾区发展规划纲要》中提出，广东省人民政府和香港特别行政区政府、澳门特别行政区政府要在相互尊重的基础上，积极协调配合，共同编制科技创新、基础设施、产业发展、生态环境保护等领域的专项规划或实施方案并推动落实；由国家发展改革委会同国务院港澳办等有关部门对规划实施情况进行跟踪分析评估，根据新情况新问题研究提出规划调整建议，重大问题及时向党中央、国务院报告。《长江三角洲区域一体化发展规划纲要》则通过成立推动长三角一体化发展领导小组，统筹指导和综合协调长三角一体化发展战略实施，来破解跨区域的合作难题。

五、规划保障——创新协调机制

一般来说，规划保障包括相关政策、推进机制、落实责任、监督实施等，以确保规划内容能落地、发展目标能实现。区域规划的特点之一在于其“跨区域”的特性，做到“规划协调”和“协调规划”是规划落实程度的重要保障，因此需更加注重规划保障编写，有效协调各方主体利益和生产要素对接。传统的规划保障内容应包含以下三个方面：

一是利益相关参与主体。规划的实施必然涉及不同群体的利益，为了减少规划实施的阻力，应该将规划实施涉及的道德利益关系人纳入规划制定、实施的相关环节。例如，在城镇化和乡村振兴战略推进过程中，应该征询本地居民和当地农民的利益诉求，扩大社会参与。

二是资金保障。任何一个规划的实施都离不开资金的支持，在一个规划实施之前就应该明确完成该规划需要的资金，并做出相应的融资计划，防止“烂尾”规划的出现。

三是技术保障。规划实施的另一个重要保障就是拥有实施规划的相应技术，能够全程驾驭规划的实施。例如，在修建桥梁时应该根据初步估计的桥梁通行量来制定桥梁的承载能力，同时应该高于估计值，还要考虑桥梁的长度、地基的承载能力，这样就对桥梁设计的技术提出了更高的要求。

随着发展环境的变化和规划实施特点的差异，规划保障也需在内容上做出一定调整。例如，以海洋经济为特征、以海陆统筹一体化发展为基础的《山东半岛蓝色经济区发展规划》，实质上是利用沿海优势，整合海洋资源，发展海洋产业，联动全省及全国经济的科学和谐发展。所以，在保障措施中明确将“创新蓝色经济区一体化发展机制”作为第一节来阐述，随后才是“加大政策支持力度”和“加强规划组织实施”。又如,《粤港澳大湾区发展规划纲要》中则以加强组织领导、推动重点工作、防范化解风险和扩大社会参与为叙述顺序。而在2020年3月印发的《北京市通州区与河北省三河、大厂、香河三县市协同发展规划》的规划保障中，不仅涵盖了常见的管理机制、城市建设标准、生态环保支持政策，还特别创新增加了规划区域统一互认的人才评价和行业管理政策、通州区与“北三县”开展投融资改革试点等内容。

第五节　关键把握

改革开放40多年来，我国的区域发展朝着协调方向前进，区域之间的相对差距逐步缩小，东、中、西部的相对差距也在缩小，但区域发展中的不平衡和不协调仍是需要聚焦的问题。国务院发展研究中心调查研究报告中提出:“区域经济协调发展将继续成为我国经济中高速增长的支撑性因素；同时，我国区域经济协调发展依然面临大幅提升区域一体化水平、进一步深化地区分工协作、有效控制发展差距以及努力增强生态环境可持续发展能力等四大难题和重大任务”[①]。区域规划作为推动区域协调发展的重要实践组成部分，需在规划中切实体现协商、协作、协调，这也正是区域规划区别于其他规划必须把握的关键。

一、区域利益共享

区域规划以跨行政区的经济区域为主体，行政区之间的利益协调在很大程度上会影响区域规划的实施效果。随着区域主体意识、竞争意识不断强化，地方政府的利益意识显著加强，区域规划中地区间的竞争愈演愈烈，这成为制约区域经济持续快速发展的主要因素之一。破解这一难题的重点不在于令行禁止，而

① 刘勇. 2018年我国区域经济形势和未来面临的挑战——各地区继续呈相对差距缩小态势，区域协调发展仍面临四大难题. 调查研究报告，2019年第71号（总5571号）。

在于以利益关系为纽带，建立共同利益机制，依靠市场化，让土地、资本等生产要素在更广阔的地理范围和市场空间配置，提升要素生产收益，增强区域经济发展活力，使各地区在合作中实现共赢、共同发展。在方式上，既可以采用区域协定或区域公约等形式，也可以采取局部协商或双方协定的方式。前者较常见，例如，区域统一开发利用自然资源，开放共同市场，在外贸出口、技术开发、招商引资、土地批租等方面形成统一规定，形成综合协定制度或方案；后者是利益补充协调的补充形式，常用来补偿因参与区域分工合作而蒙受损失的一方。

二、空间统筹协调

区域规划是以经济社会发展为目的的规划，更是一种以空间资源分配为主要调控手段的规划。在制定区域规划时，要坚持全国一盘棋，切实增强大局意识和系统观念，找准切入点和着力点，制定“空间准入”的规则，将国家和地区经济发展政策及社会改造意图反映在空间环境上，主动对经济社会发展进行必要的调控。同时，针对区域规划中常存在的“邻近而不协同”的问题，尤其需要强化空间统筹，在区域发展目标和要求的基础上，明确区域全要素空间资源，加强区域空间功能引导，构建一体化的空间格局，推动区域基础设施和生态环境共建、共享、共治。

三、多重规划衔接

推动以京津冀协同发展、粤港澳大湾区、长三角区域一体化、长江经济带为代表的国家区域发展战略的实施，推进以长江、黄河等大流域综合治理项目落地，或是实施旨在缓解甚至解决我国水资源短缺且时空分布不均问题的南水北调工程，无一不需跨区域配合、协调、合作。在国家发展规划和区域发展战略的指导下编制的区域规划，既保证了国家战略意图得以落实，又能在市场难以发挥作用的方面，指导地区间的协调合作、打破行政区的条块分割，推进资源有序流动和配置优化，从而实现总体发展效益最大化，促使“行政区经济”走向区域经济，提高区域综合竞争力。

四、数据共通共享

区域规划需要收集、存储和分析大量的经济社会方面的资料。而新兴的大数据、云平台等计算科学为促进区域规划协同提供了技术层面的可能。应在区域规划中全面利用遥感（RS）、地理信息系统（GI）、全球定位系统（GPS）等高新技术，用 RS 获取影像信息，用 GPS 进行精确测量，定位获取坐标和高度数据，进行几何纠正，用 GIS 存储、管理大量图像或非图像的空间信息或属性信息，为区域规划提供准确的现状信息。充分利用 GIS 和网络提供电子地图与各种信息，便于公众参与规划，了解规划结果；充分利用以计算机为主要工具的数学建模技术，改变以往以定性研究为主的区域规划研究方法，对区域进行定量研究，建立科学的区域发展模型，使区域预测的发展目标尽可能接近区域发展实际，以便更好地指导区域发展。

五、强化组织协调

不同层级的区域规划应由不同的行政机构组织协调。国家层次的区域规划需通过与省、市、县等不同层次行政区编制的规划相互上下协调，逐步落实；跨省市的区域规划应由国家负责组织协调；跨县市的区域规划应由省（区）负责组织协调。再者，我国有些县的面积比欧洲的一些小国还大，所以即使是跨县市的区域规划也要悉心对待，在遵从开发原则的同时，要灵活把握规划内容。例如，全国主体功能区规划以县为单位进行，在县级层面，即使在整体上被划入禁止开发区域的县内，也存在一些尚可适度开发的较小地域空间①。区域规划空间协调上同理，需在最小、最细致层面把握区域开发“底图”，做出既能上下衔接、又能保证空间协调的区域规划。

---

① 胡序威．着力健全规划协调机制．城市规划，2011（01）：15-16+54。

第五章

专项规划

专项规划也可以称为部门规划或者行业规划，是专门针对国民经济和社会发展中特定领域而编制的规划，是我国规划体系的重要组成部分。鉴于专项规划涉及国民经济和社会发展的门类较多，为便于分类和服务于专项规划编制，根据其性质不同，我们将专项规划按照经济产业类、资源开发保护类、基础设施类和公共服务类四类进行论述。

第一节 概念内涵

专项规划是发展规划的若干主要方面、重点领域的展开、深化和具体化，必须符合发展规划的总体要求，并与发展规划相衔接。本节内容通过系统介绍专项规划的基本概念、历史演变、特征、分类及作用，对专项规划的概念内涵进行全面阐释。

一、基本概念

我国自“十五”时期正式提出专项规划表述以来，专项规划的概念内涵也随着各个特定时期国情和发展实际及规划体系的改变而一直发生着调整和变化。国务院《关于加强国民经济和社会发展规划编制工作的若干意见》指出，专项规划是以国民经济和社会发展特定领域为对象编制的规划，是总体规划在特定领域的细化，也是政府指导该领域发展以及审批、核准重大项目，安排政府投资和财政支出预算，制定特定领域相关政策的依据。《国家级专项规划管理暂行办法》（发改规划〔2007〕794 号）提出，国家级专项规划是指国务院有关部门以经济社会发展的特定领域为对象编制的、由国务院审批或授权有关部门批准的规划。《中共中央 国务院关于统一规划体系更好发挥国家发展规划战略导向作用的意见》（中发〔2018〕44号）提出，国家级专项规划是指导特定领域发展、布局重大工程项目、合理配置公共资源、引导社会资本投向、制定相关政策的重要依据。原则上限定于关系国民经济和社会发展全局且需要中央政府发挥作用的市场失灵领域。

此外，地方层面也先后出台了一系列专项规划管理规定等文件，实现专项规划统一编制报批管理。例如，《浙江省省级专项规划管理规定》提出，省级专项规划是指除空间规划、区域规划以外的，以专门领域为对象编制的规划，包括产业发展、基础设施建设、生态环境保护、社会民生、公共服务、安全保障、资源保护与开发利用等各种行业规划、建设规划、专题规划，是全省规划体系的重要组成部分。《济南市专项规划编制和审批管理规定》提出，本规定所称专项规划，是指市域范围内由行业主管部门组织编制，涉及国土空间利用的各类规划，包括教育、文化、体育、旅游、交通、市政设施、医疗卫生、社区服务、社会福利、消防、人防、防震减灾、城市更新、给水、排水、供电、电信、供热、燃气、绿化、林业、文物古迹、风景名胜、城市市容和环境卫生、环境保护、防洪等专项规划。

简言之，专项规划是以国民经济和社会发展特定领域为对象编制的规划，是发展规划在特定领域的细化，也是政府指导特定领域发展、布局重大工程项目、合理配置公共资源、引导社会资本投向、制定相关政策的重要依据①。

二、历史演变

专项规划涉及经济社会发展的许多领域，在新中国建设历史上发挥过巨大的作用。在计划经济向市场经济转变过程中，专项规划的内容及功能、作用发生了显著的变化，大体上以“十五”时期提出专项规划这一规划类型为标志，其概念界定也在变化和完善之中②。

① 《中共中央 国务院关于统一规划体系更好发挥国家发展规划战略导向作用的意见》（中发〔2018〕44号）。

② 杨伟民等.新中国发展规划70年.北京：人民出版社，2019：146-151。

1.“十五”之前

在计划经济体制下，专项规划是政府配置资源的主要手段之一，具有很强的严肃性与权威性，是安排生产、审批项目等环节的依据。这一时期，国家和地方也编制了很多以特定领域为对象的专项规划，但大多不是以专项规划命名的，多是行业部门计划和行业规划，表现形式不是完整的规划，主要形式包括生产计划、基本建设计划、物资分配计划、运输计划等。如《东北解放区1949年农业生产建设计划》《工业生产计划》《商业流转和对外贸易计划》《基本建设计划》《财政金融计划》《劳动工资计划》等。

2.“十五”时期

“十五”时期，国家首次提出编制重点专项规划，但针对特定领域发展的规划还包括行业规划。这一时期，是重点专项规划和行业规划并存的阶段。从编制的规范性看，1999年，国务院办公厅转发国家发展计划委员会《关于“十五”规划编制方法和程序的若干意见》，改变了过去编制规划无章可循的局面，提出分别制定和实施“城镇化发展、人口就业和社会保障、科技教育发展、生态建设和环境保护、水利发展、综合交通体系发展、能源发展、西部开发、信息化发展、加入世界贸易组织提高国际竞争力”10个重点专项规划。从规划编制的审批管理看，“十五”时期的10个重点专项规划，由国家发展计划委员会或国家发展计划委员会会同有关部门、地方政府负责编制，报请国务院原则同意后，由国家发展计划委员会印发。

3.“十一五”时期

“十一五”时期，国家对规划体系做了进一步规范，专项规划编制、审批、管理逐步规范化、制度化。《国务院关于加强国民经济和社会发展规划编制工作的若干意见》（国发〔2005〕33号）正式提出了三级三类的发展规划体系：按行政层级，分为国家级规划、省（自治区、直辖市）级规划和市县级规划三级；按对象和功能，分为总体规划、专项规划和区域规划三类。明确专项规划是以国民经济和社会发展特定领域为对象编制的规划，是总体规划在特定领域的细化，也是政府指导该领域发展及审批、核准重大项目，安排政府投资和财政支出预算，制定特定领域相关政策的依据。《国家级专项规划管理暂行办法》对编制专项规划的总体要求、立项、起草、衔接和论证、报批、备案和公布、实施等方面提出了具体规范。

4. “十二五”时期

“十二五”时期，专项规划的编制领域、概念范畴等方面基本沿用了“十一五”时期形成的既定规范。“十二五”专项规划编制程序进一步规范，《国家级专项规划管理暂行办法》中关于规划编制的立项、起草、衔接和论证、报批等的具体程序要求在“十二五”时期得以全面执行。重点加强了专项规划审批管理的制度建设，建立了专项规划整体预案制度，实行“整体预案＋审批计划”的管理模式。针对前几个五年规划审批计划执行效果不佳的问题，国家发展改革委组织拟订了专项规划整体预案，并将其作为国家级专项规划立项确认以及年度审批计划拟订的重要依据和基础。“十二五”时期，经国务院同意后印发的专项规划整体预案包括了 17 个重点专项规划和 78 个其他专项规划。

5. “十三五”时期

“十三五”时期，对专项规划在项目审批领域作用的认识发生了转变，《国家发展改革委关于印发“十三五”重点专项规划预案的通知》提出，专项规划要在加强重大项目论证基础上，着力做深做实规划内容，突出针对性和可操作性。《中共中央 国务院关于统一规划体系更好发挥国家发展规划战略导向作用的意见》（中发〔2018〕44 号）提出，构建新时代以国家发展规划为统领，以空间规划为基础，以专项规划、区域规划为支撑，由国家、省（自治区、直辖市）、市县各级规划共同组成的“三级四类”的国家规划体系，对专项规划的编制领域、概念范畴、功能定位、审批管理做出了进一步规范性说明，将专项规划界定为指导今后一段时期专项规划事业的重要纲领性文件。特别强调，国家级重点专项规划要严格限定在编制目录清单内，与国家发展规划同步部署、同步研究、同步编制。

三、专项规划的特征

专项规划涉及范围广，不同的领域、不同的层级对专项规划的深度与广度存在多样的要求。对主要由市场发挥作用的领域，如产业发展等，专项规划主要体现出指导性；对主要由政府发挥作用的领域，如节能、环保等，专项规划则体现出较强的指令性与约束性。与此同时，国家级专项规划更突出“指导性、预测性、宏观性”，而市县级专项规划则更加注重“指导性、针对性、约束性和可操作性”。总体来看，其基本特征仍可以归纳为指导性、针对性与操作性①。

1.指导性

专项规划的第一个特征是指导性。计划经济时代，专项规划是以指令性计划为主的，生产计划、基本建设计划、运输计划、物资分配计划等均由中央统筹调配资源，地方政府、企业单位的自主空间非常小。改革开放以后，我国逐渐迈向社会主义市场经济，市场开始发挥配置资源的基础作用，地方政府与企业单位的自主性大大增强，指令性计划在“七五”计划以后就停止了。“八五”计划以后，专项规划的指导性特征逐步凸显，主要体现在两大方面：一是编制专项规划的领域日趋严格，编制国家级专项规划原则上限于关系国民经济和社会发展大局、需要国务院审批和核准的重大项目及安排国家投资数额较大的领域。二是专项规划对分支领域规划有统领作用，如综合交通专项规划，包括铁路、公路、水运等分支领域的子规划，子规划接受上层专项规划的指导。因此，专项规划以指导性作为基本特征。

2.针对性

专项规划涉及国民经济和社会发展的许多重要领域，《“十二五”国家级专项规划汇编》共收录国务院批准实施的“十二五”国家级专项规划 87 个，涉及农业农村、产业发展、基础设施、资源环境、科技教育、社会发展等诸多领域，每个领域内部又有许多细分领域，如基础设施领域包括综合交通、港口

---

① 中国工程咨询协会 . 发展规划咨询理论方法和实践 . 北京：中国计划出版社，2014：135-137。

布局、铁路、民用机场、水利发展、流域治理等方面。随着行业领域的日趋融合及政府政策的综合协调性要求，开始出现综合性与专业性相互衔接的专项规划。《浙江省省级“十四五”专项规划编制目录》包括134项专项规划，其中重点专项规划38项，主要是以国民经济和社会发展的重点领域和关键环节为对象且内容较为综合的专项规划；一般专项规划53项，主要是以经济发展、基础设施、生态环保、社会民生及公共服务等国民经济和社会发展专门领域为对象编制的且内容相对专一的专项规划；备案专项规划43项，是除重点和一般专项规划以外的规划。无论是综合性还是专业性，均是发展规划在重点领域的细化深化，针对性是其重要特征之一。

3.操作性

专项规划是对发展规划的细化和延伸，必须具有可操作性。“七五”时期以前专项规划本身就是指令性计划，要求极强的可操作性。规划体制改革以后，专项规划逐步向指导性方向转变，但是在一些特定领域以及行业、地方规划中，可操作性仍然非常重要。以《国家环境保护“十二五”规划》为例，该专项规划对全国“十二五”期间环境保护主要指标规定了严格的定量约束，使得规划执行要求极高。还有一些专项规划是政府指导该领域发展，审批、核准重大项目，安排政府投资和财政支出预算的依据，如《中国农村扶贫开发纲要（2011-2020年）》涉及扶贫对象、扶贫项目与扶贫资金，可操作性也比较强。

四、专项规划的分类

专项规划是发展规划的延伸和具体化，关系到国民经济和社会发展的特定领域，涉及门类较多。主要包括：水利、能源、交通、通信等基础设施建设领域；土地、海洋、煤炭、石油、天然气等重要资源的开发保护领域；农业、科技、教育、文化、卫生、社会保障、防灾减灾、国防建设等公共事业和公共服务领域；绿地系统、地下空间、生态建设、大气污染防治等环境保护领域；需要政府扶持或者调控的产业，国家发展规划确定的重大战略任务和重大工程。

1.按内容分类

由上可以看出，需要编制专项规划的主要有四大类：经济产业类专项规划、资源开发保护类专项规划、基础设施类专项规划和公共服务类专项规划。

（1）经济产业类专项规划

对于涉及市场竞争性的行业产业领域，原则上不编制专项规划，政府应尽量减少干预，重点是发挥市场配置资源的决定性作用，但对于一个区域整体产业发展，单纯依靠市场会产生“市场失灵”或市场机制难以做好，确需政府引导或扶持的领域，需要编制产业规划，以引导为主，采用非行政手段推动其实现市场竞争。在此情况下，专项规划对产业领域的引导应侧重两类：一类是鼓励性领域，如战略性新兴产业规划提出的新能源、新材料、生物技术、高端装备制造等七大领域；另一类是禁止性领域，对产能过剩、高污染、高耗能领域明确禁止。除此之外，非禁即入，鼓励企业按照市场需求组织生产，形成增长点。

（2）资源开发保护类专项规划

重要资源的开发保护是经济可持续发展的重要内容，必须通过专项规划予以指导和规范。资源开发保护类专项规划主要对包括土地、水、海洋、煤炭、石油、天然气、稀土等重要资源的开发保护进行科学研究、统筹布局安排。对资源开发保护类专项规划，其编制要求是：明确规划期内资源供需情况，并根据经济社会发展需要，提出供需平衡或解决问题的方案，同时要提出资源保护和集约利用的具体措施。

（3）基础设施类专项规划

基础设施类专项规划是指服务于基础设施建设的专项规划。基础设施规划具有先导性、基础性、公用性等特点，应与经济社会发展规划同步编制或超前编制。基础设施建设是国家经济健康发展、民生极大提升、消费需求增长、就业水平扩大、投资结构优化的物质基础，对推进社会主义现代化建设有重要的意义和作用。传统基础设施一般包括道路交通、给水、排水、供电、燃气、供热、通信、环境等。此外，还有国防动员、战略物资储备等领域。而随着科技发展，通过加强新型基础设施建设（简称“新基建”），发展新一代信息网络，拓展5G应用，建设充电桩，推广新能源汽车，激发新消费需求、助力产业升级。为此，各地纷纷出台关于新基建发展规划，如《北京市加快新型基础设施建设行动方案（2020—2022年）》《福州市推进新型基础设施建设行动方案（2020—2022年）》等。因此，基础设施类专项规划就应包括新、旧基础设施建设两部分。

（4）公共服务类专项规划

公共服务类专项规划实际上就是政府服务民生改善的各类规划。一般包括保障基本民生需求的教育、就业、社会保障、医疗卫生、计划生育、住房保障、文化体育等领域的公共服务，广义上还包括与人民生活环境紧密关联的交通、通信、公用设施、环境保护等领域的公共服务，以及保障安全需要的公共安全、消费安全和国防安全等领域的公共服务。不同领域的专项规划内容会有差异，但归根结底都是政府履行职责的依据，如《人力资源和社会保障事业发展"十三五"规划纲要》《长江三峡工程水库淹没处理及移民安置规划大纲》《国家汶川地震灾后重建规划——基础设施建设规划（邮政）》等，都属于公共服务类专项规划的范畴。

各类专项规划举例见表5-1。

表5-1　　常见专项规划分类举例

经济产业类专项规划	物流业空间布局规划	资源开发保护类专项规划	全国矿产资源规划
	信息通信行业发展规划		能源发展"十三五"规划
	生物产业发展规划		水资源开发利用规划
	新能源产业发展规划		土地整理"十三五"规划
	大数据产业发展规划		稀土行业发展规划
	旅游业发展规划		天然气发展"十三五"规划
	电子商务发展规划		石油发展"十三五"规划
基础设施类专项规划	供水工程规划	公共服务类专项规划	公共服务体系规划
	排水工程规划		教育事业发展规划
	供热工程规划		医疗卫生事业发展规划
	燃气工程规划		劳动就业创业规划
	电力工程规划		应急避难场所规划
	电信工程规划		文化体育发展规划
	轨道交通线网规划		环卫设施布局规划

2.其他分类

由于专项规划涉及领域广泛、类型多样，根据不同的划分标准，还可以有以下五种不同的分类。

一是按规划性质分为两类：一类是作为政府履行职责依据的专项规划；另一类是引导市场行为方向的专项规划。第一类主要集中在政府职责范围的领域，如土地利用、资源开发、生态保护、环境治理等，其规划成果作为政府履行职责的依据，表现为对资源的直接配置和对行为主体的直接规范，具有强制性和约束性。第二类主要集中在单纯依靠市场会产生“市场失灵”或市场机制难以做好的领域及关系全局的关键环节和薄弱领域，政府通过编制专项规划，预测和展望发展环境和市场需求，阐明政府意图，引导资源配置方向，以规范和引导市场主体行为，谋求社会利益最大化。例如，《新能源汽车产业发展规划（2021—2035 年）》是为推动新能源汽车产业高质量发展、加快建设汽车强国制定的。

二是按重要性、综合性程度分为三类：重点专项规划、一般专项规划和备案专项规划。重点专项规划是指以国民经济和社会发展的重点领域和关键环节为对象编制且内容较为综合的专项规划；一般专项规划是指以产业发展、基础设施建设、生态环境保护、社会民生、公共服务等国民经济和社会发展专门领域为对象编制且内容相对专一的专项规划；除重点专项规划、一般专项规划外的专项规划为备案专项规划。

三是按规划期分为两类：一类是与五年规划纲要相配套的专项规划；另一类是规划期相对灵活的专项规划。其中，第一类专项规划，起止年限与发展规划相一致，主要是将五年规划纲要提出的特定领域发展目标任务进行细化和延伸，发挥补充完善发展规划的作用。第二类专项规划，起止年限不要求与发展规划相一致，规划期可以短于 5 年也可以超过 5 年：短于 5 年规划期的专项规划，往往是为完成特定时期的重大任务，根据完成时限需要编制的专项规划；超过 5 年规划期的专项规划，主要集中在需要长远谋划或涉及空间布局的特定领域，如《国家中长期教育改革和发展规划纲要（2010—2020 年）》《特色农产品区域布局规划（2006—2015 年）》《中长期青年发展规划（2016—2025 年）》等。

四是按涉及范围分为两类：一类是涵盖全国范围特定领域发展的专项规划；另一类是针对部分区域范围特定领域发展的专项规划。第一类专项规划占绝大多数，如《中国农村扶贫开发纲要（2011—2020 年）》《全国农业现代化规划（2016—2020 年）》《国家综合立体交通网规划纲要》等。第二类专项规划致力于解决特定领域的特定问题，如《黄河流域生态保护和高质量发展规划纲要》《三江源国家公园生态保护专项规划》《大运河文化保护传承利用规划纲要》等。

五是按审批层级分为两类：一类是各级政府审批的专项规划；另一类是各级政府的组成部门审批的专项规划。第一类专项规划，主要是指由政府审批并以政府文件或政府办公厅文件印发的专项规划，如国家层面就是国务院审批并以国务院或国务院办公厅文件印发的专项规划。第二类专项规划，主要是指经政府同意由主管部门印发的专项规划，如国家层面就是经国务院同意由发展改革部门单独或会同有关部门印发实施的专项规划。一般而言，以关系全局的关键领域、薄弱环节等重大问题为对象编制的重点专项规划由各级政府审批并印发实施。

五、专项规划的作用

专项规划在规划体系中具有特定的功能，它与经济社会发展具有更直接的联系，是发展规划在特定领域的细化深化，总体上看，编制和实施特定领域的专项规划，主要有以下三个方面的作用。

一是细化落实发展规划在特定领域的战略任务。发展规划主要是阐明国家长远发展的战略意图，体现的是战略性、宏观性、政策性，针对具体领域、具体目标、具体工程，需要专项规划的细化落实，使发展规划具有较强可操作性。

二是布局重大工程项目，引导社会资本投向。专项规划对政府直接进行的资源配置和再配置进行统筹安排，引导资金进入顺应国际化发展形势、关系国民经济与社会发展的重要领域，如新基建建设工程、医疗卫生应急物资储备与供应工程、重大水利工程等，促进基础设施完善和经济转型升级。

三是为合理配置公共资源、制定相关政策提供依据。随着社会经济的发展，公共领域在不断扩大，对公共产品、公共服务和公共政策的需求不断提高，与此同时，在土地、水资源、能源等日益紧缺和就业及社会保障等问题日益突出的情况下，制定相关领域专项规划，可以有效弥补市场失灵，为制定相关政策提供依据。

第二节 编制程序

经过长期的实践积累，我国专项规划编制的程序和技术路径基本定型，以国家级专项规划编制为例，大体上分为前期工作及立项、调查、起草、衔接、论证、报批、备案和公布及实施八个步骤[①]。

一、前期工作及立项

国家级专项规划由国务院有关部门依据相关法律、行政法规和国务院规定的职责负责编制。规划编制部门应当在专项规划编制前拟订规划编制工作方案，明确规划编制的必要性、规划期限、衔接单位、论证方式、进度安排和报同级政府审批的依据或理由等。工作方案是专项规划立项的依据，由发展改革部门统筹协调后予以立项确认。

二、调查

编制国家级专项规划，必须认真做好基础调查、信息搜集、课题研究以及纳入规划重大项目的论证，采取多种形式广泛听取各方面意见。规划编制部门起草专项规划时，应当根据需要征求下列组织和个人的意见：同级人民政府有关部门和下一级人民政府；本领域和相关领域的专家；经济界、科技界和企业界的代表。涉及公民、法人和其他组织切身利益的，应当征求利益相关人或组织的意见。涉及国防设施保护的，应当征求有关军事机关的意见。

---

① 全国注册咨询工程师（投资）资格考试参考教材编写委员会．宏观经济政策与发展规划（2012 年版）．北京：中国计划出版社，2011：171-173。

三、起草

国家级专项规划文本一般包括现状、趋势、方针、目标、任务、布局、项目、实施保障措施以及法律、行政法规规定的其他内容。内容要达到以下要求：符合国家发展规划，发展目标尽可能量化，发展任务具体明确、重点突出，政策措施具有可操作性。对需要国家安排投资的规划，要充分论证并事先征求发展改革和相关部门意见。

四、衔接

专项规划的规划期限原则上与发展规划保持一致，特殊领域也可根据实际情况确定。规划编制部门起草专项规划时，应当依照下列规定进行衔接：（1）专项规划草案送同级人民政府发展改革部门，由发展改革部门负责与发展规划进行衔接。国家级专项规划的发展方针、目标、重点任务要与国家发展规划保持一致，相关规划之间对发展趋势的判断、创新、需求预测、主要指标和政策措施要相互衔接。涉及其他领域的，还应送相关部门进行衔接。（2）下一级人民政府有关部门编制的专项规划草案提交上级人民政府有关部门，由有关部门负责与其编制的专项规划进行衔接。（3）涉及其他领域的专项规划，应当送同级人民政府有关部门，由有关部门负责与其编制的专项规划进行衔接。（4）相关专项规划之间衔接不成的事项，由同级发展改革部门进行协调；专项规划之间协调不成的重大事项，由发展改革部门报请同级人民政府决定。有关部门自收到规划草案之日起 30 个工作日内反馈衔接意见。

五、论证

国家级专项规划和省级专项规划草案，由同级发展改革部门与有关部门共同组织论证。国家级专项规划应委托规划专家委员会、有资质的中介机构或组织专家组进行论证。参加论证的其他相关领域专家不少于专家总数的 1/3。论证后应出具论证报告。论证报告应全面、客观、公正，由专家组组长签字，并附每位专家的论证意见。

六、报批

需由国务院批准的专项规划，要拟订年度计划。编制部门应在已确认的立项基础上，每年 10 月向发展改革部门提出下一年度国家级专项规划报批建议。发展改革部门商有关部门在此基础上拟订国家级专项规划年度审批计划，于每年 12 月前报国务院，经国务院批准后执行。基础工作不深入、不能保证在一年内完成上报程序的规划，不应列入年度审批计划。各部门按照审批计划有序报批。未列入审批计划的，原则上不予受理。国家级专项规划报批时，除了规划文本外，还应附下列材料：（1）编制说明，包括编制依据、编制程序、未予采纳的相关部门和专家意见及其理由等。（2）论证报告。（3）法律、行政法规规定需要报送的其他有关材料。报国务院审批的国家级专项规划，编制部门须会签发展改革部门后上报，也可与发展改革部门联合上报。国务院授权由有关部门批准的国家级专项规划，编制部门应会签发展改革部门。

七、备案和公布

国务院授权有关部门印发或批准的专项规划应在印发的同时报国务院备案，并抄送发展改革部门。除法律、行政法规另有规定及涉及国家秘密的内容外，国家级专项规划应在批准后一个月内向社会公布。国家级专项规划报批时，应明确公布事项，即全文公布、删去涉密内容后公布或不公布，以及公布机关。发展改革部门建立规划信息库，有关部门在规划印发的同时，应将电子文档和纸质文件送发展改革部门入库。

八、实施

国家级专项规划经批准后，编制部门要及时对规划的主要目标和任务进行分解，明确责任，保障规划的实施落实。国家级专项规划实施过程中，编制部门要加强跟踪监测，应适时对实施情况进行评估，并向审批机关提交评估报告。国家级专项规划经评估或者因其他原因需要进行修订的，编制部门应将修订后的规划报原审批机关批准。规划期 10 年及以上的，应进行定期滚动修订。国务院有关部门组织编制的非国家级专项规划，应加强内部管理，确保规划编制质量。国家级专项规划编制工作所需经费，由规划编制部门商财政部门列入部门预算。

第三节　调查研究

毛泽东在《反对本本主义》[①]中提出了“没有调查，就没有发言权”的著名论断。习近平总书记非常重视调查研究，他曾形象地比喻道：“调查研究就像‘十月怀胎’，决策就像‘一朝分娩’。调查研究的过程就是科学决策的过程，千万省略不得、马虎不得。”[②]开展实地调查研究、搜集基础资料，不是规划的目的，而是让规划有依有据，科学可靠，避免脱离实际、主观臆想，降低规划成果的质量。因此，编制专项规划前要把调查研究、资料搜集整理工作做精做细做实，“欲要看究竟，处处细留心”，就是要做到深入基层一线，细心观察，广泛收集各类有效资料，这是编制专项规划必要的过程，同时也是考察规划编制人员的专业、专注、专心程度的重要参考。

一、资料获取方法

在搜集资料时要厘清资料的必需性和充分性、重要性和非重要性、高质量和低质量、及时性和非及时性，这是编写团队特别需要注意和提高的，既要做到对资料专精覃思、精雕细磨，又要着眼大处，把握主要矛盾。通常专项规划多针对市县级，资料的搜集方法有两种：一种是踏勘，通过实地观察、发放

① 毛泽东．毛泽东文集（第 1 卷）．北京：人民出版社，1993：109。

② 习近平．之江新语．杭州：浙江人民出版社，2007：154。

调查表格、访问相关人员、召开座谈会等方式获取资料，复核检查并对相关问题提出疑问、做出补充和完善；另一种是积极对接相关的部门，对口分工如下：关于产业规划，可由发展改革局、农业农村局、文化和旅游局、商务局、教育局、工业和信息化局、财政局、统计局等部门提供；关于交通、水利、动力等各项工程建设的规划设计资料，可由交通运输局、水利局、住房和城乡建设局、自然资源局等主管机构提供；关于地形、测量资料，可由地方测绘局或有关专业设计机构提供；关于城建和环保方面的资料，可由地方住建和环保部门提供。

二、资料获取类别

承担规划编制的科研院所及规划设计单位除要深入委托编制规划市县开展实地调研，还至少应从委托编制规划市县收集下列资料。

专项规划涉及的范围较广、领域较多，各类专项规划均涉及的资料有：发展规划（市县5年发展规划、城市总体规划、重点专项规划等）；现状资料（市县志及专业志、城市用地范围及面积、资源状况、地质地形、人口分布、居住密度、水资源现状、交通网络格局、公共服务配套等）、区域规划、相关空间规划、政策文件（市县层面政府的经济社会发展的特定政策文件、近5年主要领导讲话、重要会议报告、政府工作报告）及近5年统计年鉴等。

但是，每一种类专项规划在编制过程中都有其自身特点，决定了基础资料搜集的内容和侧重点不同。

1.经济产业类规划基础资料

（1）农业、牧业、林业产业发展现状、集体经济发展情况；

（2）农业、工业、服务业等产业专项规划、重大项目及项目推进情况；

（3）商业、金融、物流、外贸、旅游发展现状、发展思路、相关规划或实施方案；

（4）规模以上或重点企业介绍。

2.资源开发保护类规划基础资料

（1）相关资源的分布、储量、管线及规划布局情况；

（2）主要资源开发利用现状数据库；

（3）自然资源、矿产资源等开发利用规划完成情况；

（4）各类资源的调查统计基础数据；

（5）自然资源资产年度报告等；

（6）国家、省（自治区、直辖市）、市县各级关于相关资源开发利用保护的政策文件。

3.基础设施类规划基础资料

（1）市县（区）路网格局、供排水系统、供热系统等基本情况，市政管网及管廊分布，配套基础设施布局；

（2）交通运输、电力发展、水利发展规划等及拟开展重点项目；

（3）现状城市用地范围、面积，各类建设用地分布状况，开发强度、地价分布等及历年城市建设用地增长情况；

（4）环境卫生现状、环境监测报告、生态保护规划；

（5）1：10000 市县行政区划图、数字化地形图（文字及 dwg 格式图片）；

（6）1：5000 以上城镇行政区划图、区域地形图（文字及 dwg 格式图片）；

（7）市县（区）域土地利用总体规划和基本农田保护区规划资料（文字、图纸）；

（8）市县（区）域土地利用规划数据库；

（9）市县（区）城镇体系规划（文字、图纸）。

4.公共服务类规划基础资料

（1）教育、医疗、卫生、体育等各项事业的现状、配套设施布局；

（2）教育、医疗、卫生、体育等“十三五”规划及实施情况；

（3）社会保障事业发展现状、相关规划、建设项目及政策。

第四节　主体框架

规划的主体框架反映规划的逻辑思路，通俗地讲就是规划目录。重点要逻辑严密、结构紧凑、措辞凝练。好的提纲应环环相扣、浑然一体，让读者觉得酣畅淋漓、一气呵成。因此制定规划主体架构时，要反复研讨、狠下功夫、精细雕琢，绝不可草率行之、盲目下笔、随写随改。只有这样，才能为编制出经得住推敲的高质量规划文本打下坚实基础。

一般专项规划的主体框架，主要分成三个部分：分析部分、规划部分和结论与措施部分，但不限于以下内容[①]。

分析部分：主要包括现状分析、发展预测分析两方面。①现状分析。这是做好规划的前提，要从国内、国际两个方面入手。一是分析整体的生产与需求结构平衡状况，包括市场容量与供给规模、市场结构；二是研究确定影响领域发展的关键因素或起作用的因素；三是对近年来采取的措施及取得的成绩做一个回顾和评价，找出存在的主要问题并分析产生问题的根源。②发展预测分析。根据未来发展状况，对需求与供给进行预测。

规划部分：主要包括发展目标、规划重点和方案设计三个方面。①发展目标。专项规划必须通过一定的数量指标来表达到规划期末所研究对象应该达到的高度。这样的目标既有定量描述，也有定性描述；既不能制定不切实际的高指标，又不能制定没有冲劲的低指标。制定发展目标既要有压力，又要有激励。②规划重点。规划重点是实现规划目标的关键部分和主要支撑。规划重点主要根据专项规划的目标及目前存在的薄弱环节而定。③方案设计。首先明确规划的指导思想，就是规划的主线，这条主线是进行规划的依据而且贯穿规划设计的始终。在制定规划时还需明确规划的时限，对规划目标进行分解，制定符合经济社会发展变化的阶段性目标。

结论与措施部分：从制定政策措施的内容来讲，一是措施内容要具体，要

---

① 吴维海．政府规划编制指南．北京：中国金融出版社，2015。

明确执行主体，明确执行方法和手段，明确执行时间和具体的范围，明确所针对的群体等；二是政策措施要量力而行，符合实际；三是具体政策措施的实施目标要明确，不能含糊。

一、经济产业类专项规划架构

对于市场竞争性的行业产业领域，原则上不编制专项规划，由市场发挥配置资源的决定性作用，政府应尽量减少干预。但对一个区域整体产业发展，以及确需政府引导或扶持的领域，需要编制产业规划，以引导为主，采用非行政手段推动其参与市场竞争[①]。

例如，《西咸新区产业发展规划（2019—2025年）》主体架构共有六章三十节，章节体系充实完整，规划的内容包括六个方面，分别是：规划背景、总体要求、推动“6+1”主导产业跨越发展、加快四大特色经济融合发展、实施六大重点工程和保障措施。大纲结构整体有发展基础可依、有发展思路可循、有重点任务可抓、有多层面保障。提纲如下：

一、规划背景

（一）发展基础

（二）发展环境

二、总体要求

（一）指导思想

（二）基本原则

（三）发展定位

（四）发展目标

（五）空间布局

三、推动“6+1”主导产业跨越发展

（一）先进制造

（二）电子信息

（三）临空经济

① 张文忠等．产业发展和规划的理论与实践．北京：科学出版社，2009：7-9。

（四）科技研发

（五）文化旅游

（六）总部经济

（七）都市农业

四、加快四大特色经济融合发展

（一）数字经济

（二）平台经济

（三）自贸经济

（四）头部经济

五、实施六大重点工程

（一）制度创新工程

（二）主体培育工程

（三）平台搭建工程

（四）产业升级工程

（五）载体建设工程

（六）环境营造工程

六、保障措施

（一）组织保障

（二）规划保障

（三）政策保障

（四）机制保障

（五）项目保障

（六）人才保障

又如，《安庆经开区产业发展规划（2018—2025 年）》主体架构共有七个部分，分别是：宏观发展环境分析、产业发展条件分析、安庆经开区产业发展原则与目标、安庆经开区产业定位与产业体系构建、安庆经开区产业发展规划、产业发展空间布局、保障措施。同时，附上 2 个附件作为规划支撑要件，附件 1 是“重点产业招商企业推荐”，附件 2 是“轨道交通与风电装备领域研究”。全篇逻辑顺畅、标题醒目、内容充实，提纲如下：

前言

一、宏观发展环境分析

（一）全球产业发展趋势

（二）中国产业发展战略导向

二、产业发展条件分析

（一）安庆市产业基础雄厚，发展优势明显

（二）经开区发展势头良好，发展活力十足

（三）跨越式发展遇瓶颈，三大挑战亟待解决

三、安庆经开区产业发展原则与目标

（一）指导思想

（二）发展原则

（三）发展目标

四、安庆经开区产业定位与产业体系构建

（一）安庆市产业筛选

（二）安庆市产业体系

（三）经开区产业定位与产业体系

五、安庆经开区产业发展规划

（一）新能源汽车产业：打造全国知名新能源汽车基地

（二）高端装备制造业：做大做强数控机床与海工装备，相机布局轨道交通与风电装备

（三）新材料产业：以错位协同和产业链协同思路布局发展

（四）工业设计产业：以特色小镇模式打造全国知名的工业设计之都

（五）工业软件和大数据产业：产业发展与示范应用相结合，高起点、多层次推广

（六）物流：围绕制造业发展需求，打造先进物流服务与体系

（七）商贸服务业：顺应制造业服务化趋势，提升贸易、电子商务、展销服务能力

六、产业发展空间布局

（一）布局原则

（二）空间布局

七、保障措施

（一）集中全市资源支持经开区实现突破发展

（二）建立产业发展规划落实与动态评估机制

（三）加快产业配套设施及公共服务建设

（四）引入社会资本创新经开区建设和运营模式

附件 1：重点产业招商企业推荐

附件 2：轨道交通与风电装备领域研究

二、资源开发保护类专项规划架构

资源开发保护类专项规划一般包含现状与形势、指导思想与目标、主要任务、保障措施等，章节名称与其他专项规划基本相同，但主要内容一般都具有专业特色。

例如，煤炭是我国的基础能源和重要原料，煤炭工业是关系国家经济命脉和能源安全的重要基础产业。在我国一次能源结构中，煤炭将长期是主体能源。《煤炭工业发展“十三五”规划》共以十四个章节来阐明“十三五”时期我国煤炭工业发展的指导思想、基本原则、发展目标、主要任务和保障措施，是指导煤炭工业科学发展的总体蓝图和行动纲领。提纲如下：

前言

第一章　发展基础和形势

一、发展基础

二、主要问题

三、发展形势

第二章　指导方针和目标

一、指导思想

二、基本原则

三、主要目标

第三章　优化生产开发布局

一、加强煤层气（煤矿瓦斯）勘查开发
二、加大煤层气（煤矿瓦斯）利用力度
第十章　深化煤炭行业改革
一、完善煤炭税费体系
二、健全煤矿关闭退出机制
三、深化国有煤炭企业改革
四、加快解决历史遗留问题
第十一章　发展煤炭服务产业
一、发展煤炭现代物流
二、健全煤炭市场交易体系
三、加强行业服务能力建设
四、繁荣发展煤炭行业文化
第十二章　推进全方位国际合作
一、稳步开展国际煤炭贸易
二、推进境外煤炭资源开发利用
三、扩大对外工程承包和技术服务
第十三章　环境影响评价
一、煤炭开发对环境的影响
二、预防和减轻环境影响的对策
三、环境治理的预期效果
第十四章　保障措施
一、健全煤炭法律法规
二、加强煤炭行业监管
三、加大金融支持力度
四、强化政策资金保障
五、加强行业诚信建设
六、做好规划实施管理

又如，加强自然资源保护和利用、提升自然资源对国民经济和社会发展保障能力具有重大意义。《山东省“十四五”自然资源保护和利用规划》共三个部分、十二章。第一部分，提出“十四五”时期的指导思想和主要目标；第二部分，提出“十四五”时期自然资源保护利用的重点任务；第三部分，从加强党对自然资源工作的集中统一领导、提高履职能力、健全规划实施和落实机制、强化宣传教育等方面提出了实施的保障措施，对规划进行了环境影响评价及实施效果分析。提纲如下：

一、总体要求

（一）指导思想

（二）基本原则

（三）主要目标

二、全面构建国土空间开发保护新格局

（一）强化国土空间规划战略引领和刚性管控

（二）全力落实黄河流域生态保护和高质量发展战略

（三）促进落实全省重大发展战略

（四）支撑以人为核心的新型城镇化

三、全面提升生态系统质量和稳定性

（一）扎实开展科学绿化试点示范省建设

（二）建立以国家公园为主体的自然保护地体系

（三）加强森林资源管护和湿地保护修复

（四）加强野生动植物保护

（五）实施山水林田湖草沙系统治理重点工程

（六）探索自然资源领域生态产品价值实现机制

四、全面提高自然资源利用效率

（一）深入推进土地资源节约集约利用

（二）持续推进林业产业高质量发展

（三）全面推进矿产资源绿色发展

五、以更加严格的制度深化耕地保护

（一）严守耕地和永久基本农田保护红线

（二）严格耕地占补平衡管理

（三）健全耕地保护长效机制

六、以更加有力的措施实施海洋强省突破

（一）科学高效利用海洋资源

（二）加强海洋生态保护修复

（三）推动海洋经济高质量发展

七、加快建设基础支撑体系

（一）完善自然资源调查监测评价体系

（二）加强建设基础测绘支撑体系

（三）提升地质勘查服务保障水平

八、加快构建基础制度体系

（一）建立健全国土空间规划和用途管制制度

（二）深入推进自然资源资产产权制度改革

（三）加快推进自然资源法治建设

九、加快构建科技引领体系

（一）强化科技创新引领

（二）推进自然资源数字赋能

十、加快建设安全保障体系

（一）提高森林草原火灾防控能力

（二）提高林业有害生物防控能力

（三）提升地质灾害防治能力

（四）提升海洋灾害防治能力

（五）提升综合防灾减灾抗灾能力

十一、保障措施

（一）加强党对自然资源工作集中统一领导

（二）提高履职能力

（三）健全规划实施和落实机制

（四）强化宣传教育

十二、环境影响评价及实施效果分析

（一）环境影响评价

（二）实施效果分析

三、基础设施类专项规划架构

基础设施是提升一个地区、一个城市发展能级的重要载体，基础设施类专项规划对城市的发展和空间的布局有重要影响，对统筹城乡一体化发展与推进中国特色社会主义现代化进程具有深远的社会意义，其编制要符合《城市规划编制办法》，按照住房及城乡建设、交通、水利、能源电力、电信等各行业部门对相应专项规划的深度要求进行编制。

比如：交通运输是战略性、基础性、先导性、服务性行业，是构建新发展格局的战略支撑，是提升区域竞争力的重要途径。《浙江省综合交通运输发展“十四五”规划》提纲由九章四十节构成，整体分三个部分。第一部分，提出“十四五”综合交通运输“123510”发展目标，简明扼要；第二部分，从构建内畅外联的现代综合交通网络、强化交通对重大战略支撑引领作用、打造促进双循环的现代运输服务体系、推动泛在先进的交通领域新基建、建立完善可靠的安全应急保障体系、绘制低碳美丽的绿色交通发展画卷、提升交通行业治理能力现代化水平 7 个方面详细阐述“十四五”综合交通运输发展任务；第三部分，从加强党的领导、加强统筹协调、加强规划执行、加强要素保障、加强环境保护 5 个方面提出规划实施保障措施。整个框架体系完善，结构清晰、任务明确，为浙江省争创交通运输现代化先行省提供了有力支撑。提纲如下：

一、发展环境和总体要求

（一）发展环境

（二）发展思路

（三）发展目标

二、构建内畅外联的现代综合交通网络

（一）加快构建“六纵六横”主骨架

（二）统筹综合交通九要素建设

（三）注重基础设施提质增效

三、强化交通对重大战略支撑引领作用

（一）推进“一带一路”建设

（二）更好服务长三角一体化

（三）推进长江经济带建设

（四）高水平支撑“四大建设”

（五）夯实基础助推共同富裕

（六）高质量完成交通强国建设试点任务

四、打造促进双循环的现代运输服务体系

（一）优化现代物流空间布局

（二）深化“四港”高效联动发展

（三）持续优化交通出行服务

（四）拓展交通融合发展空间

五、推动泛在先进的交通领域新基建

（一）打造综合交通智慧平台

（二）建设智慧交通基础设施

（三）完善交通能源和通信设施

（四）打造多元化融合场景应用

六、建立完善可靠的安全应急保障体系

（一）健全安全责任监管体系

（二）提升设施本质安全水平

（三）深化安全风险防控治理

（四）坚决遏制重大安全事故

（五）强化应急运输保障能力

七、勾勒低碳美丽的绿色交通发展画卷

（一）持续深化运输结构调整

（二）强化交通资源节约集约

（三）深化交通环境污染治理

（四）推进出行方式绿色转型

八、提升交通行业治理能力现代化水平

（一）深化交通运输领域改革

（二）打造综合交通产业高地

（三）激发交通科技创新动能

（四）加强交通运输法治建设

（五）加强交通人才队伍建设

（六）打造清廉浙江建设标杆

九、保障措施

（一）加强党的领导

（二）加强统筹协调

（三）加强规划执行

（四）加强要素保障

（五）加强环境保护

又如，新型基础设施是以新发展理念为引领，以技术创新为驱动，以信息网络为基础，面向高质量发展需要，提供数字转型、智能升级、融合创新等服务的基础设施体系。《杭州市新型基础设施建设“十四五”规划》主体框架有七章二十五节，整体也是由三个部分构成。第一部分为规划背景和总体要求，提出高水平打造“数智杭州·宜居天堂”的奋斗目标；第二部分紧扣“数智杭州·宜居天堂”发展导向，聚焦新型基础设施建设“数字”“数智”“数创”三大方向，谋划四大类示范应用落地场景；第三部分从强化统筹协调、强化要素保障、完善制度标准、培育市场需求 4 个方面提出有力的规划保障措施。整体框架可谓一气呵成、体系创新、内容新颖。提纲如下：

一、规划背景

（一）现实基础

（二）“十四五”发展面临新形势

二、总体要求

（一）指导思想

（二）基本原则

（三）发展目标

三、加快建设数字基础设施

（一）推动通信网络基础设施加快扩面

（二）推动新技术基础设施多点突破

（三）推动算力基础设施合理布点

（四）推动网信安全设施可靠可控

四、全面发展数智基础设施

（一）加快公共服务数智基础设施建设

（二）加快生态环境数智基础设施建设

（三）加快交通物流数智基础设施建设

（四）加快清洁能源数智基础设施建设

（五）加快幸福民生数智基础设施建设

五、前瞻布局数创基础设施

（一）构建高能级科创平台体系

（二）做强高标准产业创新平台

（三）推动高水平产业融合发展

六、谋划示范应用落地场景

（一）谋划“智能亚运”场景，高水平打造“云上亚运”

（二）谋划“未来社区”场景，高质量推动城市有序更新

（三）谋划“数字乡村”场景，高起点助推乡村振兴

（四）谋划“创新策源”场景，高标准打造科创大走廊

七、保障措施

（一）强化统筹协调

（二）强化要素保障

（三）完善制度标准

（四）培育市场需求

附件：名词解释

四、公共服务类专项规划架构

生态建设、环境保护、防灾减灾、科技、教育、文化、卫生、社会保障、

国防建设等公共事业和公共服务等领域专项规划，必须要结合各部门工作职能，提出目标任务、明确重大项目工程，更好满足人民群众的公共服务需求。

比如，《成都市教育事业发展“十三五”规划》，整体框架有十章三十九节，分为发展基础、总体战略、任务与举措、保障措施四大板块十个方面内容。该规划明确提出到2020年，率先在中西部实现教育现代化，率先基本建成学习型社会，教育发展追赶世界先进水平，建成与国家中心城市相匹配的一流教育。可以说，整个规划框架结构完善，规划目标清晰，主要任务和改革重点突出，充分体现了新发展理念引领教育现代化，着实是一份激动人心的规划，将大大推动成都率先在中西部实现教育现代化。提纲如下：

一、以新理念引领教育现代化

（一）发展基础

（二）指导思想

（三）基本原则

（四）主要目标

二、立德树人全面提高教育质量

（一）提升学生思想道德水平

（二）培养学生创新创业精神和能力

（三）强化学生实践动手能力

（四）提高学生身心发展水平

（五）提高学生艺术素养

三、改革创新驱动教育发展

（一）扎实推进教育教学改革

（二）深化考试招生制度改革

（三）支持高等教育创新发展

（四）促进和规范民办教育发展

（五）积极发展智慧教育

四、协调发展增强教育服务能力

（一）统筹城乡教育协调发展

（二）加快构建现代职业教育体系

（三）大力发展终身教育

（四）加快培养现代产业技能人才

五、绿色发展营造良好育人生态

（一）建立科学评价标准

（二）优化校园育人环境

（三）构建协同育人格局

六、全面开放深化教育合作

（一）提升教育国际交流与合作水平

（二）深化教育开放提升国际影响力

（三）加强与发达城市教育交流

七、共享发展促进教育公平

（一）加快发展普惠性学前教育

（二）促进义务教育优质均衡发展

（三）推动高中教育优质多样发展

（四）保障特殊群体教育权利

（五）发挥首位城市引领示范作用

八、建设高素质教师队伍

（一）切实加强师德师风建设

（二）提升教师专业素养

（三）深化教师人事制度改革

九、提高教育治理现代化水平

（一）推进政府职能转变

（二）建设现代学校制度

（三）完善教育监管机制

（四）全面加强依法治教

十、组织实施

（一）加强党的领导

（二）依法保障教育投入

（三）建立规划实施和监督评估机制

又如,《上海市卫生健康发展“十四五”规划》主体框架有五章二十六节。规划包括改革发展基础、面临形势、总体要求、主要任务和保障措施 5 个部分。发展基础从服务体系、服务能级、发展活力 3 个方面阐述;面临形势主要有 5 个方面特点;总体要求提出了指导思想、基本原则和发展目标(包括 1 个总目标、7 个分目标、19 项发展指标);主要任务坚持问题导向、需求导向,围绕发展目标提出了 12 个方面 61 项任务;最后提出了加强组织领导、完善投入机制、加强监测评估 3 个方面的规划保障措施。整个框架体系完整、思路清晰、逻辑性强。提纲如下:

一、发展基础

(一)落实卫生健康工作方针,服务体系进一步完善

(二)贯彻国家和城市发展战略,服务能级进一步提升

(三)创新卫生健康和保障制度,发展活力进一步激发

二、面临形势

(一)卫生健康日益成为服务国家战略、提升城市竞争力的重要支撑

(二)公共卫生安全风险对城市治理形成重大挑战

(三)经济社会发展和人口结构变化将深刻影响卫生健康服务供需格局

(四)科技革命和产业变革推动卫生健康服务和保障体系深刻转型

(五)卫生健康领域主要矛盾的新变化对改革发展提出新诉求

三、总体要求

(一)指导思想

(二)基本原则

(三)发展目标

四、主要任务

(一)推进公共卫生体系现代化,提高公共卫生服务水平

(二)健全公共卫生应急管理体系,提高突发公共卫生事件应急处置能力

(三)发展整合型、智慧化、国际化医疗服务,建设高品质医疗服务体系

(四)坚持需求导向、综合施策,优化妇幼、儿童青少年、残疾人、低收入人群、老年人等重点人群健康服务

(五)推进海派中医传承创新,打造中医药发展高地

（六）坚持“数智”驱动、融合发展，打造上海医学科技创新路线图

（七）服务国家和区域发展战略，全力推进长三角卫生健康协同发展

（八）推动健康服务业高质量发展，为经济转型升级注入新动能

（九）深化医药卫生体制机制改革，推动发展方式转变

（十）以人民健康为中心，健全多层次医疗保障制度体系

（十一）全面加强人才队伍建设，为卫生健康高质量发展提供智力支撑

（十二）推进法治化、标准化、智能化，逐步实现行业治理现代化

五、保障措施

（一）加强组织领导

（二）完善投入机制

（三）加强监测评估

以上尽管只是举例说明了几类典型专项规划的提纲，但它们都具有共同的特点，那就是简明扼要、提纲挈领、重点突出，为后续规划文本起草奠定了良好的基础。

第五节　主要内容

《国家级专项规划管理暂行办法》（发改规划〔2007〕794 号）对专项规划内容做出了基本界定。国家级专项规划文本一般包括现状、趋势、方针、目标、任务、布局、项目、实施保障措施及法律、行政法规规定的其他内容。内容要达到以下要求：符合国家发展规划，发展目标尽可能量化，发展任务具体明确、重点突出，政策措施具有可操作性。对需要国家安排投资的规划，要充分论证并事先征求发展改革和相关部门意见。从具体编制成果看，专项规划的内容构成总体上包括八个部分[①]。

① 杨伟民等 . 新中国发展规划 70 年 . 北京：人民出版社，2019：151-153。

一、发展基础

主要总结评估本领域已具有的基础和发展程度、与发达国家相比存在的差距、在国际上的地位水平及比较优势等，并对近年来采取的措施及取得的成绩进行回顾和评价，找出存在的主要问题并分析问题产生的根源。例如，《北京市“十四五”时期高精尖产业发展规划》系统总结了党的十八大尤其是2014年习近平总书记视察北京并发表重要讲话以来，北京市高精尖产业取得的丰硕成果，高精尖产业进入创新发展、提质增效新阶段。同时，指出先进制造业核心竞争力不强、高精尖产业持续发展动能不足、新产业新业态倍增、发展势能释放不够、产业链供应链“卡脖子”问题依然存在、产业链活力和韧性有待提升等突出问题，可谓有理有据、对症下药。

二、形势分析

主要包括对国内外发展环境变化情况和本领域发展趋势、本领域在国内经济社会发展中的战略地位的分析和判断，以及编制该专项规划的必要性和重要意义等。同样，《北京市“十四五”时期高精尖产业发展规划》对形势要求进行了分析研判，指出“十四五”乃至更长时期，北京高精尖产业仍将处于大有可为的战略机遇期。从全球看，世界正经历百年未有之大变局，国际环境日趋复杂，经济和科技竞争更趋白热化，信息、生物、新材料、新能源等领域的技术突破与交叉融合，将对产业转型升级和变换发展赛道产生深刻影响；从国内看，我国经济已进入高质量发展新阶段，着力构建新发展格局，加快发展现代产业体系，将为北京高精尖产业创新发展注入新活力。形势分析坚持世界眼光、高点定位，更好塑造参与全球产业合作和竞争新优势。

三、总体要求

一般地，总体要求包括指导思想、基本原则、主要目标指标等内容，其中指导思想和主要目标是专项规划的灵魂。主要在发展基础和形势分析的基础上，根据现实的需要确定本领域发展的主要目标和阶段性目标，建立由速度指标、规模指标、结构指标构成的指标体系，并区分约束性指标和预期性指标，明确政府履职边界和国家战略意图。《广东省制造业高质量发展“十四五”规划》的指导思想要求“坚持制造业立省不动摇，深入实施制造业高质量发展六大工程，巩固提升战略性支柱产业，前瞻布局战略性新兴产业，谋划发展未来产业，推动制造业由集聚化发展向集群化发展跃升，推进产业基础高级化和产业链现代化，形成广东制造国际合作和竞争新优势，促进广东制造向广东智造转型，加快实现从制造大省到制造强省的历史性转变，推动广东打造新发展格局的战略支点”；发展目标要科学合理、切实可行，该规划提出“到 2025 年，培育形成若干世界级先进制造业集群，成为全球制造业高质量发展典范。制造业增加值占 GDP 比重保持在 30% 以上，高技术制造业增加值占规模以上工业增加值的比重达到 33% ，规模以上制造业企业研发经费支出占营业收入比重达到 2.3%，规模以上制造业有效发明专利数 23 万件，应用工业互联网实施数字化转型的规模以上工业企业数量达到 5 万家”。该规划目标定性与定量相结合，鼓舞人心，同时契合实际，有望实现。

四、重点任务

主要针对本领域发展目标以及目前存在的薄弱环节，确定在规划期内可能取得创新和突破的方面，提出各自领域发展的分项目标、重点任务及时间安排。例如，《数字日照暨新型智慧城市发展规划（2020—2023 年）》中，详细阐述了数字日照建设的“一个基础”，由数字基础设施、城市大脑和网络安全构成；数字日照建设的“三大领域”，包括数字经济、数字政府和数字社会；数字日照建设的“十大突破行动”。瞄准建设现代化海滨智慧城市总目标，聚焦一个基础和三大领域中的特色重点和急用先行任务，优先实施 5G 网络、城市大脑、工业互联网、智慧海洋、创新日照、智慧文旅、智慧省运、数字园区、“互联网 + 政务服务”和智慧社区十大突破行动。整个规划基础支撑、重点任务明确，为数字日照建设提供政策依据和实施路线图。

五、空间布局

主要提出空间布局方面的规划任务。其中，重大基础设施建设类、重要资源开发利用类专项规划的空间布局主要明确设施建设、资源开发的战略节点、骨干线网的布局，例如，《“十三五”现代综合交通运输体系发展规划》对综合运输大通道、综合交通枢纽、铁路、国家高速公路、民用运输机场、内河高等级航道，以及原油、成品油、天然气管道等布局做出了规划安排。《全国矿产资源规划（2016—2020 年）》明确了 103 个国家能源资源基地和 267 个国家规划矿区的布局。生态环境保护类、需要国家调控或扶持的关键领域专项规划的空间布局主要明确分区域发展重点，例如，《“十三五”重点流域水环境综合治理建设规划》划分了长江流域、黄河流域、珠江流域、松花江流域、淮河流域、海河流域、辽河流域、近岸海域中的环渤海地区、其他流域等 9 个重点治理区域，并提出了每个区域的治理重点。《全国海洋经济发展“十三五”规划》提出进一步优化我国北部、东部和南部 3 个海洋经济圈布局，推进海岛开发与保护，拓展深远海空间等优化海洋经济布局任务。

六、重大项目

主要明确保障目标任务实现的重大工程、重大项目及其具体内容。主要集中在重大基础设施建设类、重要资源开发利用类、生态环境保护类，以及国防、公共安全、科技创新、社会事业和公共服务体系建设类规划。例如，《国家重大科技基础设施建设“十三五”规划》提出了空间环境地基监测网、大型光学红外望远镜等 10 个建设项目；《“十三五”生态环境保护规划》提出组织实施 25 项重点工程，包括工业污染源全面达标排放等 11 项环境治理保护重点工程和国家生态安全屏障保护修复等 14 项山水林田湖生态工程；《防震减灾规划（2016—2020 年）》提出了国家地震烈度速报与预警工程、农村民居地震安全工程、防震减灾基础设施建设与公共服务工程、防震减灾基础探查与科技创新工程 4 项重点工程和重点项目。

七、体制改革

主要提出保障目标任务实现的重大体制机制改革方向。例如,《水利改革发展“十三五”规划》提出了改革完善水治理体制、全面推进水价改革、积极探索建立水权制度、创新水利投融资机制、深化水利工程建设与管理改革 5 个方面的体制机制改革要求。又如,《“十四五”文化和旅游发展规划》的“深化体制机制改革”章节中提出“建立健全文化和旅游发展的部门协同机制,推进改革举措系统集成、协同高效,打通淤点堵点,激发整体效应。支持盘活利用存量工业用地,鼓励农村集体经济组织利用闲置宅基地和闲置住宅依法依规发展旅游业。推动文化和旅游领域对外开放政策在国家服务业扩大开放综合试点示范区域、自由贸易试验区、自由贸易港等先行先试,在具备条件的地区推动旅游消费免税等政策实施”等多项改革举措。

八、配套措施

主要提出保障目标任务实现的配套政策措施。一方面,通过经济手段、法律手段、行政手段和组织分工等建立规划实施的保障措施体系,并通过程序化、标准化和激励约束机制实现对规划实施过程进行控制;另一方面,对需要政府投资的领域,厘清资金来源,为各方面投入做好安排。例如,《江苏省“十四五”现代物流业发展规划》从加强领导和组织实施、夯实物流工作基础、加大物流政策支持、优化物流营商环境等方面提出了规划实施保障措施。

第六节　关键把握

专项规划的编制要从管理权限和总体要求出发,规划内容要体现本领域的特点,发展目标尽可能量化,做到任务明确、重点突出、布局合理、保障措施可行。鉴于专项规划涉及领域广泛、类型多样,在编制专项规划过程中,应重点把握好以下四个方面。

一、以新发展理念为基本遵循

规划理念就是规划背后的思想。思路决定出路，理念不同，规划不同。在专项规划编制过程中，要以习近平新时代中国特色社会主义思想为指导，紧紧围绕建设社会主义现代化强国宏伟目标，坚持以人民为中心的发展思想，把新发展理念贯穿经济社会发展各领域全过程，按照高质量发展要求，紧紧围绕统筹推进“五位一体”总体布局和协调推进“四个全面”战略布局，使规划更好体现时代特色、更好贯彻国家发展战略要求。坚持目标导向和问题导向相统一，坚持立足国内和全球视野相统筹，坚持全面规划和突出重点相协调，坚持战略性和操作性相结合。注重虚实结合、实用管用，在强调战略导向作用的同时，突出约束力、可操作，使专项规划可检查、易评估。

二、把握好专项规划内在规律

各类专项规划都有其内在规律、逻辑关系和编制特征，在编制专项规划过程中，要研究分析有关领域、行业内的发展规律、国家政策、行业规范，遵循和运用内在规律，不断提高专项规划前期调研、编制、评审、执行、评估、优化等过程的科学性、规范性和前瞻性。基础类专项规划要着重测算规划期内需求情况，提出规划期内建设重点、建设时序和布局要求等。公益类专项规划应根据规划期内本级财政可能提供资金的数量，确定完成的目标和任务，明确资金使用方向、重点和要达到的目的。竞争类专项规划如重要产业类专项规划，重点要强化产业空间布局和项目落地。

三、严格专项规划的编制领域

首先要明确哪些领域应该编制专项规划，哪些领域没有必要编制专项规划。国家级专项规划原则上限定于关系国民经济和社会发展全局且需要中央政府发挥作用的市场失灵领域。其中，国家级重点专项规划要严格限定在编制目录清单内，与国家发展规划同步部署、同步研究、同步编制。国家级专项规划要围绕国家发展规划在特定领域提出的重点任务，制定细化落实的时间表和路线图，提高针对性和可操作性。建立健全规划编制目录清单管理制度，除党中央、国务院有明确要求外，未列入目录清单、审批计划的规划，原则上不得编制或批准实施。属各部门日常工作或任务实施期限少于 3 年的，原则上不编制规划。

四、加强专项规划衔接与协调

建立健全专项规划衔接协调机制，明确衔接原则和重点，规范衔接程序，确保专项规划与各级各类其他规划协调一致。衔接重点是规划目标，特别是约束性指标、发展方向、总体布局、重大政策、重大工程、风险防控等，必要时由国务院发展改革部门会同规划编制部门组织开展审查论证。省级发展规划须按程序报送国务院发展改革部门进行衔接。要按照下级规划服从上级规划，专项规划服从发展规划、国土空间规划的原则，同时加强纵向和横向的各级各类专项规划之间的衔接。特别是专项规划在指导思想、发展目标、具体任务、政策措施等方面要与发展规划的核心要求一致或相符，规划内容要体现发展规划的精神和具体方向。

第六章

编制方法应用

高质量的上乘规划是深入调研、认真分析、科学测算、反复推敲、汇集大家智慧的结晶。因此，选择先进适用的规划编制方法在整个规划编制过程中具有举足轻重的作用。在规划形成的全过程都必须坚持运用科学的方法强化规划论据支撑，在深化应用统计分析、定性分析等传统分析方法的同时，进一步综合运用模拟、决策、行为分析、大数据等现代技术手段，统筹回答规划“编什么”“为何编”“怎样编”等必须回答的问题，以此形成观点清晰、逻辑严密、有理有据、服务发展的好规划。

第一节　调查方法

规划编制涉及经济社会方方面面，所有规划都是在对规划区域现状进行通盘细致而深入的了解研究后所做的关于未来发展的谋划，因此基础资料及数据收集获取极为重要。规划前期的资料数据要尽可能多、尽可能详细，大致归类包括：经济社会基础类数据，包括经济、产业、资源、人口、基础设施、地形地貌、环境、民生等方面的基础数据、规划、基础测绘数据等；规划政策类数据，包括省市县、相关产业、行业的各类政策、规划；公众意向类数据，以企业及民意调查数据为主。此外，随着大数据技术应用的普及，POI 数据、网络开放数据等大数据在规划中的应用越来越深入，在资料数据获取时，应同时注意相关数据搜集整理。基础资料及数据的搜集主要有以下四种方法。

一、文献调查法

文献调查法是指采用科学的方法收集和分析研究各种有关文献资料，从中选取信息、进行间接考察的，以达到某种调查研究目的的方法。通过文献调查，可以了解规划对象的历史和现状，了解相关的已有成果，学习有关的理论和方法，了解相关的各项政策、法律法规等其他信息。文献调查法应用贯穿规划编制的整个过程，是规划领域进行相关研究最重要的方法之一。

规划中主要需要收集的文献资料包括地区统计年鉴、政府工作报告、地方志、工作总结、各类相关规划等统计资料，以及地区资源环境、地形地质、气候气象、水文、电力、电信、历史文化、人口、土地利用、交通道路、公共服务设施、重点企业等相关基础资料，同时还包括地域产业相关研究报告、学术论文、新闻报道等资料。除了传统的文献资料收集外，还需注重手机信令数据、POI 数据、企业信息、交通流量、灯光遥感、市民服务热线数据、舆情数据等各类高精度、高时效性的结构化与非结构化基础大数据的收集。文献收集要遵循有效性、可靠性、典型性、全面性、连续性、及时性原则，为后续研究分析做好充足的准备。

文献调查法能够超越时间、空间的限制，较为可靠、准确，且相对客观，分析成本较低，工作效率较高。但同时由于文献的滞后性，以及因某些文献资料获取难度较大而产生的资料获取的受限性，文献调查法一般不能单独使用，要与其他工作分析法结合起来。

二、实地调查法

实地调查法指研究者带着明确目的，用自己的感觉器官及辅助工具直接地、有针对性地去实地进行考察和调研，从而获得感官资料的一种方法，具有目的性和计划性、系统性和可重复性。通过直接踏勘和观察，规划师可以掌握物质空间现状的第一手资料，建立对地区的感性认识，为发现现状特征、挖掘核心问题提出切合实际的解决方法提供基础。由于规划师的感觉器官具有一定的局限性，规划师往往要借助 3S 技术[①]等现代化技术以及照相机、录音笔、显微录像机等设备来辅助观察。实地调查法在规划中的应用一般分为三个阶段：准备阶段、实施阶段和整理分析阶段。各阶段工作重点内容如图 6–1 所示。

实地调查法应用可以贯穿于整个规划编制过程，在规划初期，用于了解规划对象的现状，建立对地区的感性认识和直观印象；在规划中后期，则主要针对规划编制中遇到的具体问题对特定区域进行进一步踏勘。实地调查法可以提供有关社会现象和社会行为的详细的第一手资料，因此获取的资料时效性、可靠性较高。该方法最主要的缺点在于易受观察者主观因素的影响，受时间和空间条件的限制较多，后续资料整理和分析难度较大。

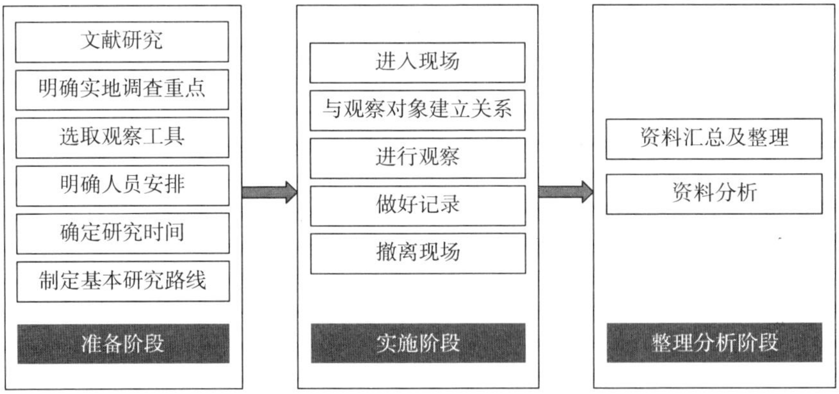

图 6-1　实地调查法实施流程

三、访谈调查法

访谈调查法即研究性交谈，通常是以面对面口头访谈或会议形式，通过调查者和被调查者有目的的谈话收集研究资料的过程，是规划调查中经常使用的一种方法。按双方接触的方式可分为直接访谈和间接访谈两种，直接访谈即面谈是访谈法的主要方式，间接访谈则需借助电话、网络等工具。按照访谈时调

① 指遥感技术（Remote Sensing，RS）、地理信息系统（Geography Information Systems，GIS）和全球定位系统（Global Positioning Systems，GPS）。

查者是否遵循一个既定的、较详细的提纲或调查表，访谈可分为结构型访谈和非结构型访谈。按照一次访谈人数，可分为个别访谈和集体访谈。

访谈调查法一般分访谈准备、访谈开展、访谈记录整理与分析三步进行。访谈准备阶段主要工作为结合文献研究进行访谈提纲的设计，包括围绕研究目的全面、分层次罗列清晰而具体的问题；确定访谈对象，并充分了解访谈对象的情况和特点，对被访问者的身份、他与该问题的利害关系有尽量深入的了解；确定访谈时间和地点；确定基本访谈流程，使访谈双方都有一定心理预期，便于访谈顺利开展。访谈开展过程即访谈双方关于访谈问题的交流沟通的过程，为整个访谈成功与否的关键，因此在整个访谈过程中，调查者应抱着虚心求教的态度，秉持中立原则，营造活跃的谈话氛围，围绕中心问题，尽量简明扼要而准确地进行提问，并适时进行引导和追问，将谈话引向更深层次，保证回答的准确性和完整性，同时利用多种工具做好访谈记录。

访谈调查法的优点在于其具有较强的适用性，方法应用不受调查对象、调查问题本身的制约，总体回答比率高，且可以对复杂问题进行深入讨论，对于回答的可靠程度也可以有较为准确的判断。但同时，访谈调查成本高，花费的人力、物力、时间较多，访问结果和质量受访问者影响较大，主观性较强，对于一些敏感性问题所得的信息需要进一步甄别判断。总体而言，方法的应用关键在于调查人员，对规划人员综合素质要求较高。

四、问卷调查法

问卷调查法是调查者运用统一设计的问卷向被选取的调查对象了解情况或征询意见的调查方法，适用于调查人们的行为、态度和社会特征，如对于规划方案的倾向和态度等，所收集的是有关社会现象和人们社会行为的各种资料。使用这种方法不仅可以使调查得来的资料标准化，易于进行定量分析，而且可以节省大量人力、物力和时间。

问卷调查的一般程序是：设计调查问卷，选择调查对象，分发问卷，回收和审查问卷，对问卷调查结果进行统计分析和理论研究。问卷调查法的关键在于问卷的编制。问卷的类型分为三种：封闭式——在给定的答案中进行选择；开放式——由被调查者自由填答问题答案；混合式——半封闭、半开放的回答类型。在实际规划应用中，混合式问卷应用最多。问卷设计以封闭式问题为主、开放式问题为辅，提问先易后难，先客观后主观，先一般后私密，设计的问题必须符合客观实际情况，必须围绕调查课题和研究假设设计最必要的问题，必须符合被调查者回答问题的能力，必须考虑被调查者是否自愿真实回答问题，题量不宜过多。问题表述需遵循具体性、单一性、通俗性、准确性、客观性、简明性、非否定性原则；答案的设计应与问题相协调，且需遵循穷尽、互斥的原则。

在多种问卷传递方式中，访问调查和送发调查的回复率较高，在传统问卷调查中使用较多，而当今网络调查凭借其显著的便捷性及高回复率的优点，逐渐成为问卷调查的主要传递方式。实际应用过程中，通常也会把问卷调查法与访谈研究法相结合，以达到更好的调查效果。

第二节　分析方法

规划的编制是一个复杂的系统性过程，因此编制过程中所用到的方法也是多样的，有时对于同一个问题也需要用到多种方法进行分析佐证。随着规划相关理论及实践的不断深入，规划编制也由简单的定性分析方法逐渐发展为如今的定性分析 + 定量分析 + 空间分析 + 模拟仿真。

一、描述性统计

描述性统计是一种汇总统计，是一种概括和表征数据的有效且相对简便的方法，适用于能够收集到定量数据的所有领域。描述性统计分析包括数据的集中趋势分析、数据离散程度分析、数据的频数分布分析等，是对数据进一步分析的基础，或是对推断性统计方法的有效补充。规划编制过程中除了应用地区生产总值年均增速、第三产业贡献率等统计量来描述分析，更经常用到图示法来表述数据特征，如绘制某地区“十二五”和“十三五”时期关键经济指标对比表、规模以上工业增加值及增速混合图、三次产业占比饼图、分行业营业收入条形图等，可更方便直观地发现总体的分布状况、趋势走向的一些规律。

二、历史分析法

历史分析法是具体分析方法的一种，即运用发展、变化的观点分析客观事物和社会现象的方法。通过对有关研究对象的历史资料进行科学的分析，说明它在历史上是怎样发生的，又是怎样发展到现在状况的。换言之，就是分析事物的历史和现状的关系，包括历史和现状的一致方面以及由于环境、社会条件的变化而造成的不一致方面。历史分析的目的是弄清楚事物在发生和发展过程中的“来龙去脉”，从中发现问题、启发思考，以便认识现状和推断未来。

三、对比分析法

对比分析法是一种自然科学或社会科学的研究方法。在规划中常常会碰到一些难以定量分析但又必须量化的问题，对此可以采用对比的方法找出其规律性。例如，确定新区或新城的各类用地指标可参照相近的同类已建城市的指标；欠发达地区的国土空间规划或社会经济发展规划就可以与发达地区的国土空间规划和社会经济发展规划进行比较，找出规划和实际发展的差异，对下一步规划作出正确和可参考的研判。

四、案例分析法

案例分析法是指对某一特定个体、单位、现象或主题的研究。研究者选择一个或几个场景为对象，系统地收集数据和资料，进行深入研究，用以探讨某一现象在实际生活环境下的状况。适合当现象与实际环境边界不清而且不容易区分，或者研究者无法设计准确、直接又具系统性控制的变量的时候，回答“如何改变”“为什么变成这样”“结果如何”等研究问题。相对于其他研究方法，案例分析法能够对案例进行详细的描述和系统的理解，对动态的相互作用过程与所处的情境脉络加以掌握，可以获得一个较全面与整体的观点。规划领域中案例分析法的应用主要是依据规划类型，选择与规划对象在城市类型、功能定位、产业发展、自然条件、资源条件等方面具有相似性的典型案例，城市发展、行业或产业标杆，规划领域先行先试案例等进行系统分析和研究，提炼其发展中的经验和做法，研究其规划中的缺陷或不足，为规划编制和规划执行提供基本的借鉴。

案例分析法的基本步骤分为四步：确定案例研究主题；搜集相关、相似及典型案例；案例研究与分析；总结案例经验及缺陷。案例分析能够给研究者提供系统的观点，通过对研究对象尽可能完全直接地考察与思考，能够建立起比较深入和周全的理解。但由于案例研究的归纳不是统计性的而是分析性的，这必定使归纳带有一定的随意性和主观性，同时案例分析法对于时间和人力的耗费较大。

五、SWOT分析法

SWOT 分析法也称为道斯矩阵、态势分析法，是英文单词 Strengths（优势）、Weaknesses（劣势）、Opportunities（机会）、Threats（威胁）的首字母缩写。以项目规划目标为导向，通过实地调查、文献查阅、问卷访谈等方式综合评估分析项目的优势、劣势、机会和威胁，构建 SWOT 分析表格，运用系统分析的思想，将各种因素相互匹配起来加以分析，形成 SO、ST、WO、WT 策略，并对策略进行甄别和选择，最终确定项目应该采取的具体策略。SWOT 分析法广泛应用于各种类型和各个层级规划编制之中，主要运用在项目规划定位研究和设计前期进行战略分析领域。但需注意的是，SWOT 分析法仅为一种定性分析方法，同时还具有主观性强、应变能力弱等缺点，在应用时需附加其他分析方法进行弥补。

六、PEST分析法

PEST 分析是指通过对政治（Politics）、经济（Economic）、社会（Social）和技术（Technology）的“外部环境”分析，从整体上把握各种宏观环境，评估其对于目标规划项目的重大影响。政治环境主要指对组织经营有较大影响的政治力量和有关的法律法规等。经济环境包括宏观和微观两个方面的内容，宏观经济环境主要指国家的经济制度、经济结构、产业布局、资源状况、经济发展水平和发展速度等。社会环境中影响最大的是人口环境和文化背景，主要包括社会成员的民族特征、文化传统、价值观念、宗教信仰、教育水平、风俗习惯等。技术环境包括引起革命性变化的发明，以及与企业市场有关的新技术、新工艺、新材料的出现和发展趋势及应用前景。PEST 主要分析因素如图 6-2 所示。有时，也会用到 PEST 分析的扩展变形形式，如 SLEPT 分析和 STEEPLE 分析，STEEPLE 是以下因素英文单词的首字母缩写：社会 / 人口（Social/Demographic）、技术（Technological）、经济（Economic）、环境 / 自然（Environmental/Natural）、政治（Political）、法律（Legal）、道德（Ethical）。此外，地理因素（Geographical Factor）有时也可能会有显著影响。

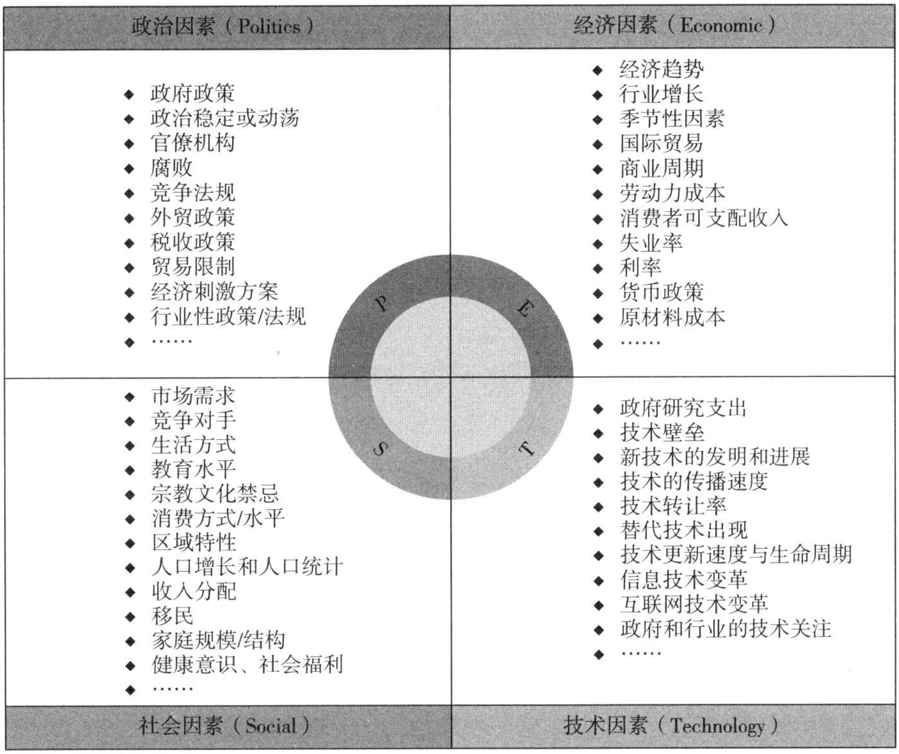

图 6-2 PEST 主要分析因素

七、社会网络分析法

“社会网络”指的是社会行动者（Actor）及其间的关系的集合，可简称为社会关系所构成的结构。社会网络分析（Social Network Analysis，SNA）通过综合运用图论、数学模型来研究社会行动者之间的关系或通过这些关系流动的信息、资源等各种有形或无形的东西，其核心在于从“关系”的角度出发研究结构问题。社会网络分析不仅是一种工具，更是一种关系论的思维方式，可以用来解释一些社会学、经济学、管理学等领域的问题，应用于如城市群空间结构、人口迁移、区域产业发展、网络舆情等方面的分析。

社会网络分析从研究视角上可分为关系取向和位置取向两种。关系取向主要研究的是社会行动者的社会联结——密度、中介性、强度、对称性、规模等；位置取向主要关注的是社会行动者之间社会关系的模式化，以及不同行为个体在结构地位上是否一致，强调用“结构等效”来理解人类行为。

社会网络分析研究最常用的方法有网络密度分析、中心性分析、凝聚子群分析、核心—边缘结构分析。网络密度反映网络中个人或组织之间关联关系的疏密情况，网络中关联关系的数量越多，则网络密度越大；中心性分析主要测度个人或组织在其社会网络中具有怎样的权力，或者说居于怎样的中心地位；凝聚子群分析聚焦于网络中次级团体（凝聚子群）内部及相互之间的关系特点；核心—边缘结构分析的目的是研究社会网络中哪些节点处于核心地位，哪些节点处于边缘地位。例如，由粤港澳大湾区及周边城市群的社会网络分析结果（如图 6–3 所示）可以看出，香港、深圳、广州三市中心度较高，组成第一个凝聚子群；东莞、佛山、澳门三市中心度次之，组成了第二个凝聚子群。

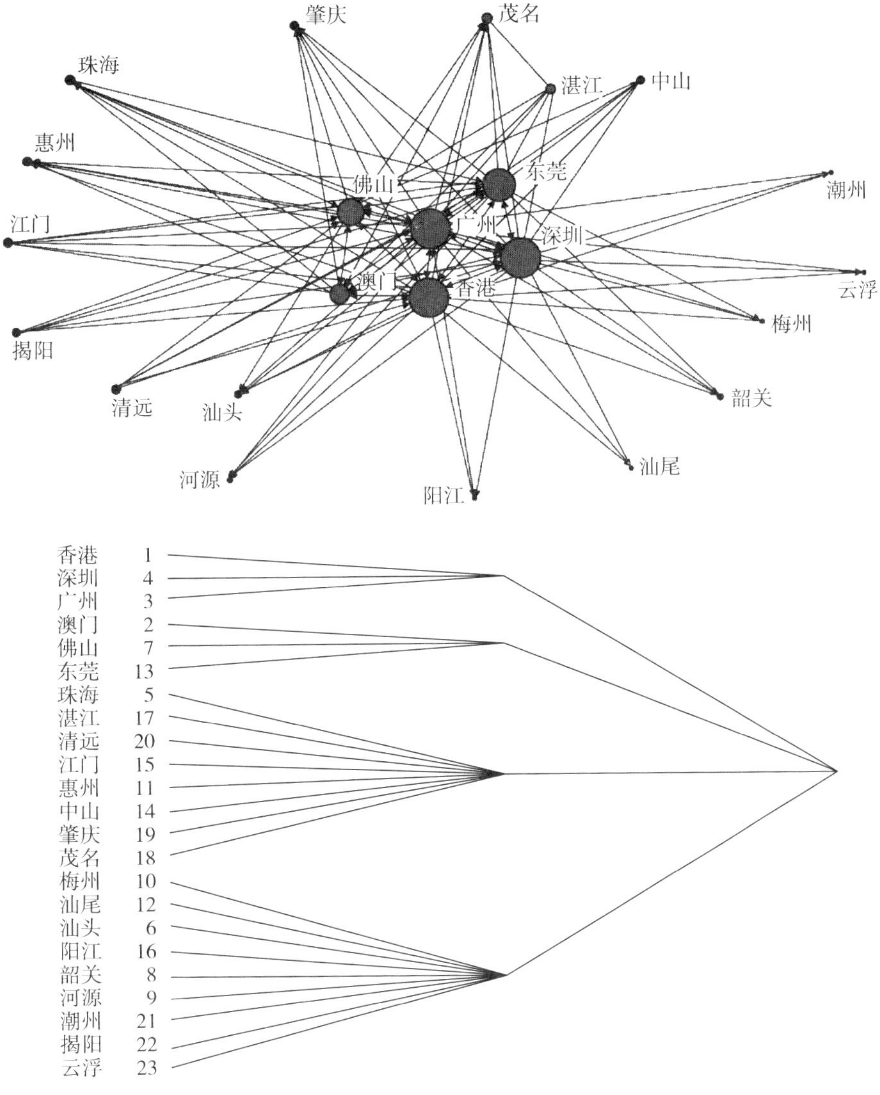

图 6-3 粤港澳大湾区及周边城市中心度分析图（上）与凝聚子群结果图（下）①

八、空间注记分析法

空间注记分析法是指在体验城市空间时，把各种感受（包括人的活动、建

① 彭芳梅．粤港澳大湾区及周边城市经济空间联系与空间结构——基于改进引力模型与社会网络分析实证分析 [J]. 经济地理，2017，37（12）：57–64。

筑细部等）使用记录的手段诉诸图面、照片和文字进行表达，因而这是一种关于空间诸特点的系统表达，是现代城市设计空间分析中最有效的途径，它综合了基地分析、序列视景、心理学、行为建筑学等环境分析技术的优点，适用于设计者加深对设计任务的理解，并有助于改善城市空间关系的观察效果。在具体运用中，常见的注记方法有三种。

第一，无控制的注记观察。此方法源自基地分析的非系统性分析技术，观察者可以在一指定的城市设计地段中随意漫步，不预定视点，不预定目标，甚至也不预定参项，一旦发现观察者认为重要的、有趣味的空间就迅速记录下来，如具有吸引力或阻碍感的空间或有特点的视景、标志和人群等。注记手段和形式亦可任意选择，但有时有许多无用的信息会干扰观察者的情绪。

第二，有控制的注记观察。这通常是在给定地点、参项、目标、视点并加入了时间维度的条件下进行的。有条件的还应重复若干次，以获得“时间中的空间”和周期使用效果，并增加可信度和有效性。例如，观察建筑物、植物、空间及其使用活动随时间而产生的变化（一天之间和季节之间的变化）。其中空间使用还需要周期的重复和抽样分析。

第三，部分控制的注记观察，如规定参数而不定点、不定时等。就表达形式而言，常用的有直观分析和语义表达两种，前者包括序列照片记述、图示记述和影片，但一般情况是，以前者为基础，加上语义表达作为补充。语义可精确表述空间的质量性要素、数量性要素及比较尺度（如空间的开敞封闭程度、居留性、大小尺度及不同空间的大小比较、质量比较等）。

九、矢量空间分析法

矢量空间分析法主要通过空间数据和空间模型的联合分析来挖掘空间目标的潜在信息，而这些空间目标的基本信息无非是其空间位置、分布、形态、距离、方位、拓扑关系等，其中距离、方位、拓扑关系组成了空间目标的空间关系。它是地理实体之间的空间特性，可以作为数据组织、查询、分析和推理的基础。通过将地理空间目标划分为点、线、面不同的类型，可以获得这些不同类型目标的形态结构。将空间目标的空间数据和属性数据结合起来，可以进行许多特定任务的空间计算与分析。

图元合并。图元合并即矢量空间聚合，是根据空间邻接关系、分类属性字段进行数据类型的合并或转换以实现空间地域的兼并（数据的综合）。空间聚合的结果往往将较复杂的类别转换为较简单的类别，当从地点、地区到大区域的制图综合变换时，常需要使用这种分析处理方法。

空间查询。空间查询是将输入图层与查询图层的要素或交互输入的查询范围进行空间拓扑判别（包含、相离、相交、外包矩形相交），从输入图层中提取出满足拓扑判别条件的图元。

叠加分析。叠加分析至少要使用到同一区域具有相同坐标系统的两个图层。所谓叠加分析，就是将包含感兴趣的空间要素对象的多个数据层进行叠加，产生一个新要素图层。该图层综合了原来多层实体要素所具有的属性特征。叠加分析的目标是分析在空间位置上有一定关联的空间对象的空间特征和专题属性之间的相互关系。多层数据的叠加分析，不仅产生了新的空间对象的空间特征和专题属性之间的相互关系，还能发现多层数据间的相互差异、联系和变换等特征。

缓冲区分析。缓冲区分析是地理信息系统重要的空间分析功能之一，它在交通、林业、资源管理、城市规划中有广泛的应用。例如，湖泊和河流周围的保护区的定界、汽车服务区的选择、民宅区远离街道网络的缓冲区的建立等。

对比分析。一个地区或城市通常由不同的部门负责采集地图数据并各自建立相应的空间数据库，因此现实世界中同一地物在不同来源的地图上通常都存在着差异。矢量对比分析是通过分析空间实体的差异和相似性识别出不同来源图中表达现实世界同一地物的过程，综合考虑矢量数据的属性信息、空间信息和图形信息来对比分析不同来源数据的差异实体。

网络分析。网络分析的根本目的是研究、筹划一项网络工程如何安排并使其运行效果最好，如一定资源的最佳分配、从一地到另一地的运输费用最低等。规划中网络分析常用于对地理网络（如交通网络）、城市基础设施网络（如各种网线、电力线、电话线、供排水管线等）进行地理分析和模型化。

十、栅格空间分析法

基于栅格数据的空间分析是GIS空间分析的基础，主要包括距离制图、密度制图、表面分析、统计分析、重分类、栅格计算、可视性分析、地形因子分析、水文分析、矢栅转换等功能。

距离制图。距离制图即根据每一栅格相距其最邻近要素的距离来进行分析制图，从而反映出每一栅格与其最邻近源的相互关系，指导人们进行资源的合理规划与利用。例如，飞机失事紧急救援时从指定地区到最近医院的距离；消防、照明等市政设施的布设及其服务区域的分析等。

密度制图。密度制图主要根据输入的已知点要素的数值及其分布，来计算整个区域的数据分布状况，从而产生一个连续的表面。它主要是基于点数据生成的，以每个待计算格网点为中心，进行环形区域的搜寻，进而计算每个格网点的密度值。利用密度制图可以通过密度表面显示点的聚集情形，例如，可以制作人口密度图反映城市人口聚集情况，或根据污染源数据来分析城市污染的分布情况。根据内插原理的不同，密度制图可以分为核函数密度制图（Kernal）和简单密度制图（Simple）。

表面分析。表面分析主要通过生成新数据集，如等值线、坡度、坡向、山体阴影等派生数据，获得更多的反映原始数据集中所暗含的空间特征、空间格局等信息。表面分析的主要功能有：查询表面值、从表面获取坡度和坡向信息、创建等值线、分析表面的可视性、从表面计算山体的阴影、确定坡面线的高度、寻找最陡路径、计算面积和体积、数据重分类等。

栅格计算。栅格计算是两个以上层面的栅格数据系统以某种函数关系作为复合分析的依据进行逐网格运算，从而得到新的栅格数据系统的过程。主要包括：数学运算、布尔运算和关系运算。

水文分析。水文分析应用于研究与地表水流有关的各种自然现象，如洪水水位及泛滥情况，或者划定受污染源影响的地区，以及预测当某一地区的地貌改变时对整个地区将造成的影响等，应用在城市和区域规划、农业及森林、交通道路等许多领域。

矢栅转换。矢栅转换是将行政边界、交通干线、土地利用类型、土壤类型等点、线、多边形类矢量数据转换为栅格数据，以结合土地覆盖和土地利用等栅格数据进行多种数据的复合分析。

十一、空间句法

空间句法（Space Syntax）于20世纪70年代由英国伦敦大学巴格特建筑学院的比尔·希列尔（Bill Hillier）首先提出，如今已形成一套完整的理论体系、成熟的方法论，并形成专门的空间分析软件技术。空间句法基于两个关键的想法：首先，空间不是社会经济活动的背景，而是社会经济活动开展的一部分；其次，空间为人工作的关键在于组成一种布局的所有空间之间的关系。也就是说，个体空间元素不能完全影响社会经济活动，而整体性的空间元素之间的复杂关系才是社会经济活动开展的空间因素，才是影响并决定社会经济现象的因素。空间句法中所指的空间，并不是欧式几何所描述的空间，而是描述空间之间的拓扑、几何、实际距离等关系；空间句法关注的也非空间目标间的实际距离，而是其通达性和关联性。

空间句法理论的基本思想是通过对局部空间及其关系的理解，对整体空间进行的定量分析，其应用的两个关键即空间分割和句法测度。模型应用基本流程为：通过将中大尺度的空间分割为小尺度的空间，然后建立小尺度空间形态结构特征的连接图，基于图论和可视性，剖析连接图中小尺度空间之间的连接关系，通过计算一系列的形态变量，来达到对整个大尺度系统的结构形态的整体认识和把握。通常空间句法划分空间的基本方法有凸空间法、轴线法、视域法及所有线法，常用技术变量指标有连接值、控制值、深度值、整合度值、选择度值、可理解度值及协同度值。空间句法研究步骤如图6–4所示。

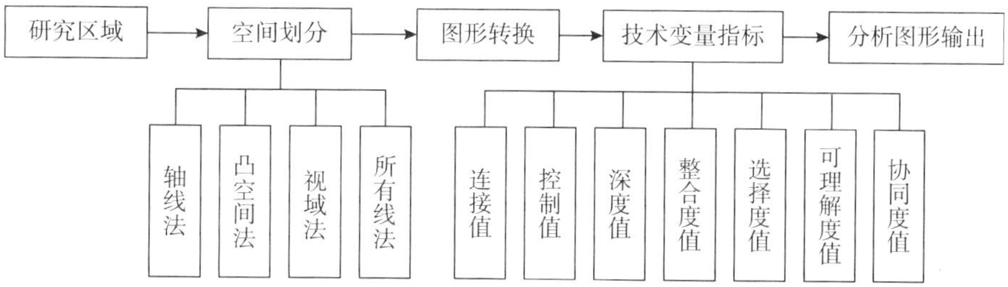

图 6-4 空间句法研究步骤

十二、波特五力模型法

波特五力分析模型由迈克尔·波特（Michael Porter）于20世纪80年代初提出，模型主要用于企业竞争战略的分析，属于外部环境分析中的微观环境分析。根据波特的观点，一个行业中的竞争，不只是在原有竞争对手中进行，而是存在着五种基本的竞争力量，分别是供应商的议价能力、购买方的议价能力、潜在竞争者进入的能力、替代品的替代能力、行业内竞争者现在的竞争能力，这五种基本竞争力量的状况及综合强度，决定着产业的吸引力及现有企业的竞争战略决策，如图6-5所示。波特五力模型在规划领域多应用于行业及产业的竞争分析。

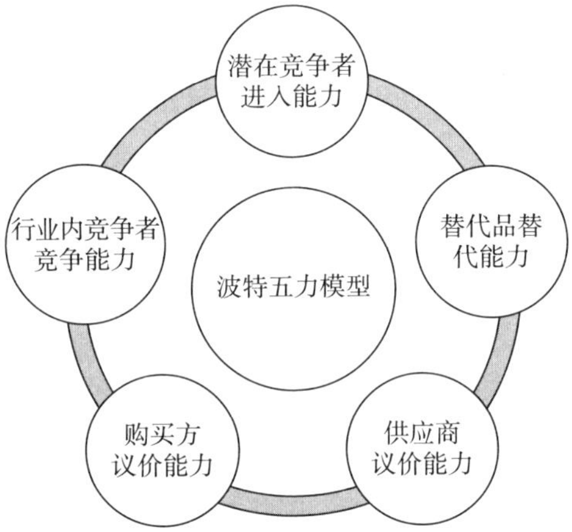

图6-5 波特五力模型图

十三、波特钻石模型法

波特钻石模型（Michael Porter Diamond Model）又称为波特菱形理论、钻石理论或国家竞争优势理论，是由美国哈佛商学院著名的战略管理学家迈克尔·波特于1990年提出的，用于分析一个国家如何形成整体优势从而在国际上具有较强竞争力。波特钻石模型的定义是，决定一个国家的某种产业竞争力的主要有四种因素：生产要素，包括人力资源、天然资源、知识资源、资本资源和基础设施；需求条件，主要是本国市场的需求；相关产业和支持产业的表现，这些产业和上下游产业是否有国际竞争力；企业的战略、结构和竞争对手的表现等。在四大因素之外还存在两个因素：政府和机会。这六大因素相互依赖，彼此互动，构成一个动态的产业竞争力系统，如图 6–6 所示。波特钻石模型理论以产业为基础，最初用于研讨国家竞争优势，后来逐步扩展应用于国家（地区）产业竞争力的阐释和对策建议中，已经成为企业和政府思考经济、评估地区的竞争优势和制定公共政策的一种新方式。

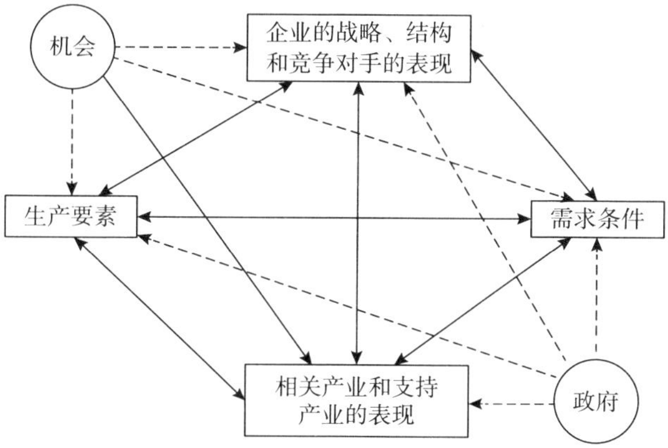

图 6-6　波特钻石模型[①]

十四、波士顿矩阵法

波士顿矩阵（BCG 矩阵）是由美国波士顿咨询集团首创的一种规划企业产品组合的方法。波士顿矩阵认为一般决定产品结构的基本因素有两个：市场引力与企业实力。以销售增长率指标反映市场引力，以市场占有率代表企业实力，通过以上两个因素相互作用，会出现四种不同性质的产品类型，形成不同的产品发展前景。波士顿矩阵法在实际应用中可依据具体分析问题重新定义矩阵横纵坐标和矩阵内容，下面以产业规划为例来说明。

在产业规划中用产业与产值比重和增长速度两条指标线作为坐标的纵轴

① 迈克尔·波特. 国家竞争优势 [M]. 北京：中信出版社，2007。

和横轴，并相交而分为4个象限。依据产业经济学相关理论，将纵坐标定义为产业增长率，即产业的增长速度，考虑到产业年增长率的波动性，以该产业近三年的平均增长率为基准，并且把区域GDP增长率作为衡量产业增长快慢的标准。把横坐标定义为区域产业规模在全国范围内或在某一个更大区域内产业规模中的比例，以此衡量该区域产业的竞争力。编制波士顿矩阵图（如图6–7所示），矩阵内容代表区域产业的对比发展情况，所有的产业分为以下4个类型。

Ⅰ问题类产业。特点是产业规模水平较低，但年均增长速度高于区域或全国产业发展平均速度。其中有些行业具有增长潜力，是潜在的、未来的主导产业或支柱产业，未来可能进入明星类，但有些行业未来发展则可能进入衰退。

Ⅱ明星类产业。特点是该产业的发展速度高于区域或全国的平均发展速度，产业规模在区域或全国范围内占有相当高的比例，即“双高产业”。属于快速发展的主导产业或支柱产业，未来一段时间仍将是支柱行业。

Ⅲ金牛类产业。特点是产业规模占比较高，但发展速度低于区域或全国产业发展的平均速度。表明该产业目前是区域的支柱产业，但发展趋势逐渐走低，相对发展动力不足。通过改进技术和生产方式等措施，其中某些行业有望加快增长速度，步入明星类行业之列，而有些行业将逐步退出。

Ⅳ瘦狗类产业。特点是产业的规模占比较低，且发展速度低于区域或全国产业发展平均速度，即“双低产业”。属低增长或衰退型行业，一般属于调整改造对象。若一个行业持续居于瘦狗类，则应淘汰。

图6-7　波士顿矩阵图

十五、麦肯锡矩阵法

麦肯锡矩阵法（GE 矩阵法），又称为通用电气公司法、九盒矩阵法、行业吸引力矩阵法，是美国通用电气公司于 20 世纪 70 年代开发的新的投资组合分析方法。GE 矩阵按市场吸引力和业务自身实力两个维度评估现有业务（或事业单位），每个维度分为三级，构成一个具有九象限的矩阵以表示两个维度上不同级别的组合，企业中的每一经营单位都可放置于矩阵中，并依据所处象限的不同而形成九种不同的发展策略。在需要对产业吸引力和业务实力进行广义而灵活的定义时，可以以 GE 矩阵为基础进行战略规划，以区域产业规划为例，可将横向坐标定义为产业发展实力，纵向坐标定义为产业发展潜力，以此进行区域产业分析。

使用 GE 矩阵进行规划分析的基本步骤包含以下 5 个。

（1）确定战略业务单位，并对每个战略业务单位进行内外部环境分析。根据企业的实际情况，或依据产品（包括服务），或依据地域，对企业的业务进行划分，形成战略业务单位，并针对每一个战略业务单位进行内外部环境分析。选择要评估业务（或产品）的企业竞争实力和市场吸引力所需的内外部重要因素。确定这些因素的方法可以采取头脑风暴法或名义群体法等，关键是不能遗漏重要因素，也不能将微不足道的因素纳入分析中。

（2）确定评价因素及每个因素权重。确定产业发展实力和产业发展潜力的主要评价指标及每一个指标所占的权重。

（3）进行评估打分。根据行业分析结果，对各战略业务单位的市场吸引力和竞争力进行评估和打分，并加权求和，得到每一项战略业务单元的市场吸引力和竞争力最终得分。

（4）将各个战略单位标在 GE 矩阵上。根据每个战略业务单位的市场吸引力和竞争力总体得分，将每个战略业务单位用圆圈标在 GE 矩阵上。在标注时，注意圆圈的大小表示战略业务单位的市场总量规模，有的还可以用扇形反映企业的市场占有率。

（5）对各战略单位策略进行说明。根据各产业在 GE 矩阵上的位置，对处于不同位置的产业进行不同的战略安排。

十六、生态足迹法

生态足迹法（Ecological Footprint，EF），也称为“生态占用”，是指特定数量人群按照某一种生活方式所消费的由自然生态系统提供的各种商品和服务功能，以及在这一过程中所产生的废弃物需要环境（生态系统）吸纳，并以生物生产性土地（或水域）面积来表示的一种可操作的定量方法。生态足迹估计要承载一定生活质量的人口需要多大的可供人类使用的可再生资源或能够消纳废物的生态系统，又称为“适当的承载力”。

生态足迹将每个人消耗的资源折合成全球统一的、具有生产力的地域面积，该指标的提出为核算自然资本利用状况提供了简明框架，通过计算区域生态足迹总供给与总需求之间的差值——生态赤字或生态盈余，就可以知道人类对生态系统的利用状况。生态足迹既能够反映出个人或地区的资源消耗强度，又能够反映出区域的资源供给能力和资源消耗总量，可以在地区、国家和全球尺度上比较人类对自然的消费量与自然资本的承载量，应用广泛。

在规划领域，生态足迹分析法主要用于评估地区生态质量，衡量地区的可持续发展的状况，为地区生态建设提供依据，例如，评判区域是否能维持较稳定的可持续发展，确定区域可以容纳的人口数量及相应的绿化面积、道路面积、公共设施占地面积等，根据生态足迹指导建立区域发展模型，等等。

生态足迹的计算基于两个简单的事实：第一，我们可以保留大部分消费的资源及大部分产生的废弃物；第二，这些资源及废弃物大部分都可以转换成可提供这些功能的生物生产性土地。在生态足迹计算中，各种资源和能源消费项目被折算为耕地、草场、林地、建筑用地、化石能源土地和海洋（水域）6种生物生产面积类型。生态足迹的分析步骤主要有以下几个。

（1）基础数据收集与整理

基础数据一般可分为生物资源、能源消费、进出口及国内贸易量三类。收集的数据应具有权威性、及时性。

（2）确定均衡因子和产量因子

均衡因子将不同类型的生物生产型土地面积转化为生物生产力相同的均衡面积，产量因子用以消除不同国家或地区某类生物生产面积所代表的平均产量与世界平均产量的差异。均衡因子和产量因子可以参考已有研究结果或权威机构发布的数据。

（3）计算生态承载力

$$EC = N \times (ec) = N \times \sum a_j \times \gamma_j \times y_j (j = 1, 2, 3, 4, 5, 6)$$

式中：EC 为区域总生态承载力；N 为人口数量；ec 为人均生态承载力；a_j 为实际人均占有的第 j 类生物生产性土地面积；γ_j 为均衡因子；y_j 为产量因子。

（4）计算生态足迹

$$EF = N \times ef = N \times \sum \gamma_j \times A_i = N \times \sum \gamma_j \times (P_i + I_i - E_i) / (Y_i \times N)$$
$$(i = 1, 2, \cdots, n, j = 1, 2, 3, 4, 5, 6)$$

其中：$A_i = C_i / Y_i = (P_i + I_i - E_i) / (Y_i \times N)$

式中：ef 为人均生态足迹（公顷 / 人），i 为消费项目的类型；A_i 为第 i 种消费项目折算的人均生态足迹分量（公顷 / 人）；C_i 为第 i 种消费项目的人均消费量，Y_i 为生物生产土地生产第 i 种消费项目的世界年均产量（千克 · 公顷）；P_i、I_i、E_i 分别为第 i 种消费项目的年生产量、年进口量和年出口量；N 为人口数量。

（5）结果分析

如果 $EF > EC$，表明出现生态赤字，该地区生态系统是不安全的、不可持续的，需从地区之外进口欠缺的资源以平衡生态足迹，或者通过消耗自然资本来弥补收入供给流量的不足。

如果 $EF < EC$，表明出现生态盈余，生态系统是安全的、可持续性的，即人类对生态系统的压力处于本地区所提供的生态承载力范围内。

十七、情景分析法

情景分析法又称为脚本法或前景描述法，是假定某种现象或某种趋势将持续到未来的前提下，对预测对象可能出现的情况或引起的后果作出预测的方法，通常用来对规划对象的未来发展作出种种设想或预计，是一种直观的定性预测方法。此方法认为未来的发展有多种可能的趋势，所以预测结果也是多样的，在规划编制过程中注重了解内部环境，注重对系统发展起重要作用的关键因素和协调一致性关系的分析，需要主观想象力，强调决策者的主观愿望在未来分析中的作用。例如，在资源承载能力和国土空间开发适宜性评价过程中，需要针对气候变化、技术进步、重大基础设施建设、生产生活方式转变等不同情景，分析对水资源、土地资源、生态系统、自然灾害、陆海环境、能源资源、滨海城镇安全等的影响，给出相应的评价结果，提出适应和应对的措施建议。

十八、仿真模拟法

仿真（simulation）技术，也称为模拟技术，就是通过建立和运行实际系统的仿真模型，来模仿系统的运行状态和规律，以实现在计算机上进行试验的全过程。通过仿真模拟，可以在短时间内通过计算机获得对系统运行规律及未来特性的认识。当所研究的系统过于复杂庞大、实验难以实现、实验成本过高、实验的危险性大、实验难以重复或需要很长的时间才能了解系统参数变化所引起的后果时，仿真是一种特别有效的研究手段。规划编制中仿真模拟可应用于模拟规划预期效果、模拟道路交通运行系统、评估某项政策实施效果、公共服务设施建设运营效果及影响等问题的研究。

十九、系统动力学模型法

系统动力学（System Dynamics，SD）是1958年弗雷斯特（J·W·Forrester）教授为研究生产及库存管理等企业问题而提出的系统仿真方法。它运用“凡系统必有结构，系统结构决定系统功能”的系统科学思想，根据系统内部组成要素互为因果的反馈特点，从系统的内部结构来寻找问题发生的根源。

系统动力学认为系统是由单元、单元的运动和信息组成的，单元的存在构成了系统的现实基础，单元的运动导致单元间的因果关系，系统中部分或所有的反馈环路共同组成了系统的基本结构，特有的结构形成了系统特定的功能。系统的行为模式主要取决于其内部结构与反馈机制。以经济增长与能源供给相关问题为例，经济增长造成能源需求的增加，能源需求增加会拉动市场中能源产品的价格，高价格会带给企业扩大能源生产的动力，这样一来能源的供给就会增加，这种单元运动的传递就形成了变量之间的反馈关系，如图 6-8 所示，其中“+”代表正反馈，即“-”代表负反馈。国民收入、能源需求、能源价格与供给共同构成了系统的结构，而相应的经济增长促进的能源供给增加的机制就是这个结构具有的功能。

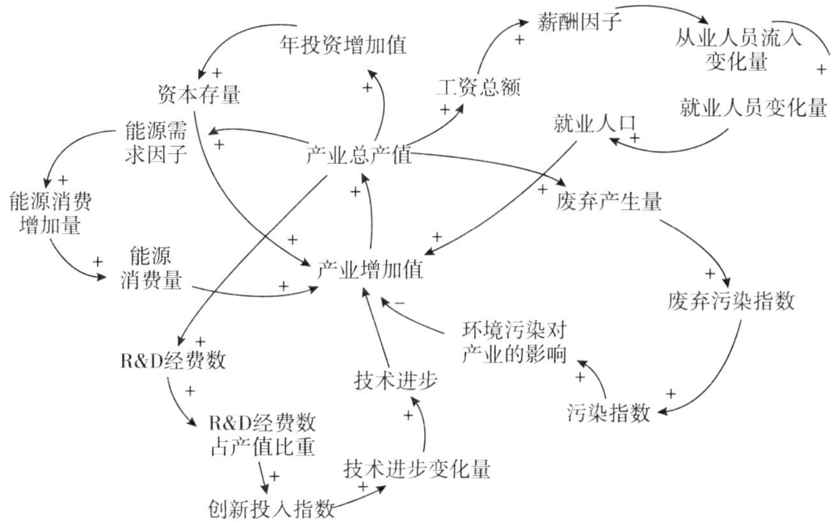

图 6-8　产业系统动力反馈关系简要流程图[①]

依据以上系统动力学观点可以看出，其最突出的特点是能够处理非线性、高阶层、多反馈、复杂时变的系统问题，因此尤其适用于经济增长与产业系统的发展变化、生态系统的平衡等复杂问题的分析与处理。具体应用流程为：基于系统论、控制论、信息论和计算机仿真技术，依据系统的状态、控制和信息反馈等环节来反映实际系统的动态机制，建立仿真模型，借助计算机进行仿真试验。其基本运用步骤为：系统辨识→系统结构分析→模型建立→模拟分析→模型应用。

二十、BP神经网络模型法

人工神经网络是模仿生物神经网络功能的一种经验模型，它的工作原理大

① 连莲 . 基于系统动力学视角的产业经济增长研究 [D]. 北京：北京交通大学，2017，96。

致模拟人脑的工作原理，主要根据输入的信息建立神经元，通过学习规则或自组织等过程建立相应的非线性数学模型，并不断进行修正，找出输入与输出之间的内在联系，从而求取问题的解。反向传播（Back Propagation，BP）神经网络是1986年由以Rumelhart和McClelland为首的科学家提出的概念，是一种按照误差逆向传播算法训练的多层前馈神经网络，是目前应用最广泛的神经网络模型之一。BP神经网络通过样本的“学习和培训”，可记忆客观事物在空间、时间方面比较复杂的关系，并把问题的特征反映在神经元之间相互联系的权值中，而无须事前揭示描述这种映射关系的数学方程。基于人工神经网络，可建立接近人类思维模式的定性和定量相结合的综合评价模型，同时该方法具有运算速度快、问题求解效率高、自学习能力强、适应面宽、容错能力强等优点，因此在规划领域常用于对复杂非线性问题的综合评估及预测。

BP神经网络模型拓扑结构包括输入层（input layer）、隐含层（hide layer）和输出层（output layer）。其应用的基本流程为将用于多指标综合评价的评价指标属性值进行归一化处理后作为BP神经网络模型的输入，将评价结果作为BP神经网络模型的输出，用足够多的样本训练这个网络，即可得到输入与输出之间的内在联系。训练好的BP神经网络模型根据待评价对象各指标的属性值，就可得到对评价对象的评价结果，实现定性与定量的有效结合，保证评价的客观性和一致性。具体操作步骤可分为以下几步：

（1）确定评价指标集，指标个数为BP神经网络中输入节点的个数。

（2）确定BP神经网络的层数，一般采用具有一个输入层、一个隐含层和一个输出层的三层网络模型结构，如图6–9所示。

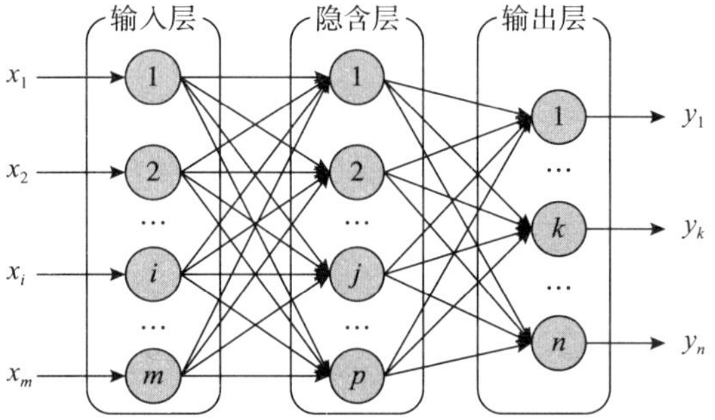

图 6-9　BP 神经网络模型简图

（3）对指标值进行标准化处理。

（4）训练神经网络。该过程即神经网络以训练方案为标的进行学习的过程，学习的具体过程参照图 6–10 的 BP 神经网络计算过程。具体操作为给定训练方案，确定学习因子和初始值。通常学习因子在 0.1 ～ 0.8，初始值包括权值和阈值的初始值，通常可取 0 ～ 1 的随机值，将训练数据输入网络，进行学习，直到训练结果基本接近期望值。

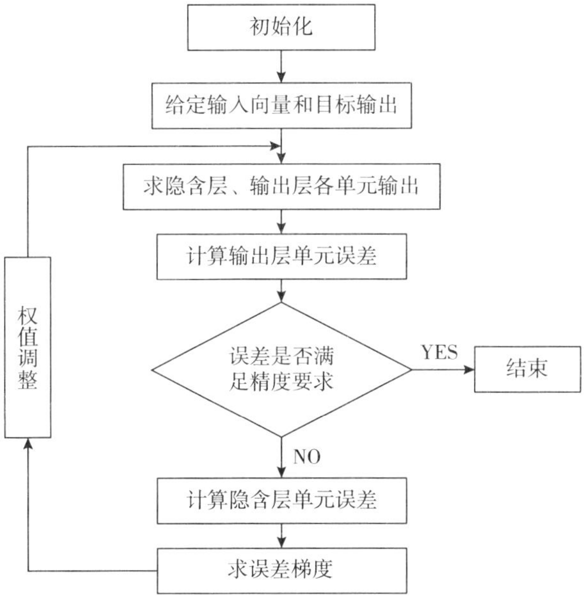

图 6-10　BP 神经网络计算过程

（5）用经过训练的神经网络处理数据。将需要评价或预测的方案的指标数据输入神经网络进行处理。

（6）选择方案或进行预测。若为方案评价过程，则根据数据处理结果对备选方案进行优劣排序。若为预测过程，则输出层输出结果即为预测结果。

第三节　评估方法

规划编制中的评估可分两类，一类是在规划方案未决定之前，对若干个备选方案进行评估。评估要有共同的评估标准和评估方法，以判断规划设想或规划方案构想的“优与劣”“好与坏”“正确与错误”“合理与荒谬”。在评估的基础上，选定出较为适当的方案。另一类是在规划方案初步拟订后，请当地政府的负责人、业务主管部门和各方面的专家，对规划方案进行评估、论证或评审。规划评估的方法以综合法为主，即对一个复杂系统用多个指标进行总体评价。

一、综合评价法

综合评价法又称为多变量综合评价方法、多指标综合评估技术，是对一个复杂系统的多个指标信息，应用定量方法对数据进行加工和提炼，以求得其优劣等级的一种评价方法。其基本思想是将多个指标转化为一个能够反映综合情况的指标来进行评价，综合评价的目的通常是希望能对若干对象按一定意义进行排序，从中挑出最优或最劣对象，对于每一个评价对象通过综合评价和比较，可以找到自身的差距，便于及时采取措施进行改进。综合评价法在政治、经济、社会、军事管理、工程技术及科学决策等领域都有重要的应用价值，如不同国家经济实力、不同地区社会发展水平、小康生活水平达标进程、企业经济效益评价等，都可以应用这种方法。

综合评价法的基本步骤有：确定综合评价指标体系；收集数据；确定指标体系中各指标的权数；对经过处理后的指标再进行汇总计算出综合评价指数或综合评价分值；根据评价指数或分值对参评单位进行排序，并由此得出结论。

1.指标体系构建

所谓指标，是指根据研究的对象和目的，能够确定地反映研究对象某一方面情况的特征依据，每个评价指标都是从不同侧面刻画对象所具有的某种特征。所谓指标体系，是指由一系列相互联系的指标所构成的整体，它能够根据研究的对象和目的综合反映出对象各个方面的情况。指标体系不仅受评价客体与评价目标的制约，也受评价主体价值观念的影响。

筛选评价指标主要依据专业知识，即根据有关的专业理论和实践，来分析各评价指标对结果的影响，挑选那些代表性、确定性好，有一定区别能力又相互独立的指标组成评价指标体系。评价指标可依据一定理论或模型进行选取，也可参照上级文件进行指标的选择。评价指标初选方法有专家调研法、系统分析法、文献资料分析优选法等，在初选后还常使用假设检验、多元回归与逐步回归、指标聚类法、主成分分析法等对指标进行检验，在此基础上再次进行指标筛选，重复至最后形成指标评价体系。评价指标体系中指标的选取需遵循以下原则。

系统性原则。指标体系的构建具有层次性，自上而下、从宏观到微观层层深入，形成一个不可分割的评价体系。指标体系中应包含反映不同子系统之间及同一子系统内部不同主题之间相互协调的指标。各指标之间要有一定的逻辑关系，能够反映全面系统的研究各个方面，全面而不重叠。

典型性原则。指标应是诸领域的重要指标，是能够反映研究目的、研究现状及其变化特征的主要指标。评价指标的选取还应考虑区域特征，评价指标体系的设置、权重在各指标间的分配及评价标准的划分都应该与评价对象的现状相符合。

动态性原则。选取的指标不仅要静态地反映考核对象的发展现状，还要动态地考察其发展潜力，可以衡量同一指标在不同时段的变动情况，并且要求所选指标在较长的时间具有实际意义。

简明科学性原则。各指标体系的设计及评价指标的选择必须以科学性为原则，能客观全面地反映出各指标之间的真实关系。各评价指标应该具有典型代表性，既不能过多过细、使指标过于烦琐、相互重叠，又不能过少过简，避免指标信息遗漏，出现错误、不真实现象；同时，所选取的指标相关数据需易获且计算方法简明易懂。

可比、可操作、可量化原则。指标选择上，优先选择在相对有限的时间和空间上容易获取的指标。应注意所选取的指标在总体范围内的一致性，各指标尽量简单明了、微观性强、便于收集，同时应具有很强的现实可操作性和可比性，其计算量度和计算方法必须一致。选取的指标在保证指标能较准确反映考核对象的前提下，应保障能够直接查到或者通过计算间接得到指标数据，同时数据来源要具有权威性，以确保评价的可操作性、科学性和准确性。

2.指标权重确定

在综合评价过程中，指标权重的确定十分重要。对指标赋值主要有主观赋值法和客观赋值法，也有将主观赋值法、客观赋值法结合起来的。具体采用哪一种方法需要根据所构建指标体系的特点及实证的目的来确定。

（1）主观赋值法

简单地说，主观赋值法就是用来将决策者定性的认识和判断定量化的一类方法。评价研究者（一般为专家）根据自己的经验和对实际的判断主观给出的评价指标的权重系数，若认为某一指标越重要，则赋予它越大的权重系数。目前主观赋值法有多种，比较成熟的有德尔菲法、层次分析法、序关系分析法、直接赋值法等。当指标数量比较大时，采用传统的主观赋值法确定指标的权重难以全面把握众多指标，依赖主观判断会增大或降低一些指标的重要程度，导致实证的结果难以反映客观实际情况。

（2）客观赋值法

客观赋值法权重的确定完全从实际数据中得出，其核心思想是以“分辨信息”来衡量指标的“重要性程度”，如果某评价指标在各评价对象之间所表现出来的差异程度越大，则说明该指标中的“分辨信息”越多，从而赋予较大的权重。常用的客观赋值法有熵值法、变异系数法、离差法、方差法、均方差法等。另外，有人从因子分析法、主成分分析法等所得公式中将权重专门剥离出来，也归纳为客观赋值法。由于客观赋值法要依赖于足够的样本数据和实际的问题域，因此通用性和可参与性差，计算方法也比较复杂，而且不能体现评判者对不同属性指标的重视程度，有时候定的权重会与属性的实际重要程度相差较大。

3.综合评价

综合评价方法很多，可以按照简单加权求和法形成一个综合评价指数，也可按照一定的评价模型进行，选择不同的方法，可能有不同的结果。现有综合评价模型应用已经成熟，随着方法理论及计算机技术的发展，评价模型也在持续扩展更新，选择评价方法时应注意选择评价者熟悉的评价方法，所选择的方法必须能够正确地反映评价对象和评价目的，所选择的方法应当尽量简洁明了，尽量降低算法的复杂性。具体评价模型及应用于后文分别进行详细介绍。

二、层次分析法

层次分析法（Analytic Hierarchy Process，AHP）是一种解决多目标复杂问题的定性与定量相结合的决策分析方法。在对复杂决策问题的本质、影响因素及其内在关系等进行深入研究的基础上，根据问题的性质和要达到的总目标，将问题分解为不同的组成因素，用决策者的经验判断各因素之间的相对重要程度，并按照因素间的相互关联影响及隶属关系将因素按不同的层次聚集组合，形成一个多层次的分析结构模型，合理地给出每个决策方案的每个标准的权数，利用权数求出各方案的优劣次序，使最终问题归结为最低层（供决策的方案、措施等）相对于最高层（总目标）的相对重要权值的确定或相对优劣次序的排定，从而为多目标、多准则或无结构特性的复杂决策问题提供简便的决策方法。

层次分析法适用于从若干备选方案中确定最佳方案，以及对于规划实施效果的评估，可以很好地解决城市规划中复杂的决策问题，如规划方案的择优、道路交通的优化、近期建设项目的确定、建设用地选址、管线综合布局等。

层次分析法的基本流程如图 6-11 所示。

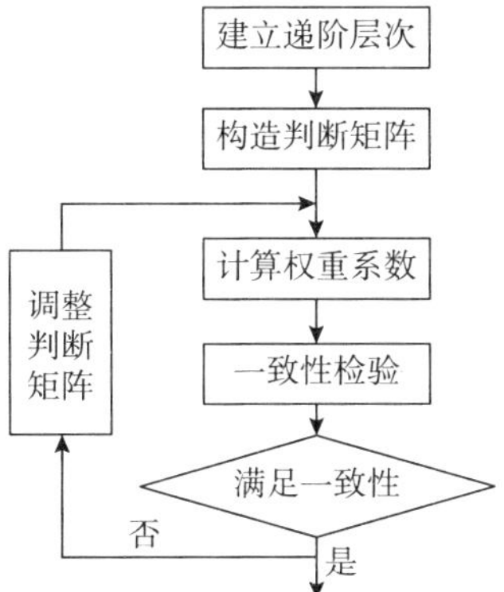

图 6-11　层次分析法的基本流程

层次分析法具体操作步骤如下。

（1）根据需求对目标层进行分解。将决策的目标、考虑的决策准则因素和决策对象按它们之间的相互关系分为最高层、中间层和最低层，绘出层次结构图。基本的层次结构图如图 6-12 所示。

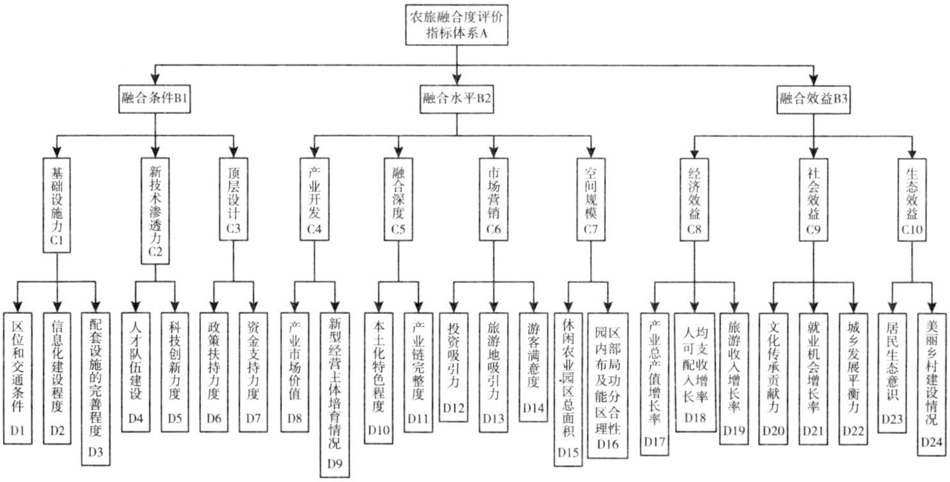

图 6-12 贡水白柚产业农旅融合度评价指标体系①

（2）建立判断矩阵。采用一致矩阵法，对各层次因素进行两两比较，由专家对同一层次内 n 个指标的相对重要性（两个因素之间）进行打分。相对重要性的比例标度取 1 ～ 9，见表 6-1。

表 6-1 判断矩阵

序号	一对比较值	定义
1	1	两个因素相比，具有同等重要性
2	3	两个因素相比，前者比后者稍微重要
3	5	两个因素相比，前者比后者明显重要
4	7	两个因素相比，前者比后者非常重要
5	9	两个因素相比，前者比后者极端重要
6	2、4、6、8	上述相邻判断的中间值

构建判断矩阵 $\boldsymbol{A}$（正交矩阵），用 a_{ij} 表示第 i 个因素相对于第 j 个因素的

① 杨珧，王川．基于 AHP –模糊综合评价法的农旅融合度分析——以恩施贡水白柚产业为例 [J]. 中国农业资源与区划，2021，42（1）：220–230。

比较结果：

$$A=(a_{ij})_{n\times n}=\begin{pmatrix} a_{11} & a_{12} & \cdots & a_{1n} \\ a_{21} & a_{22} & \cdots & a_{2n} \\ \vdots & \vdots & \ddots & \vdots \\ a_{n1} & a_{n2} & \cdots & a_{nn} \end{pmatrix}$$

（3）计算权重系数。将矩阵 **A** 的各行向量进行几何平均（方根法），然后进行归一化，即得到各评价指标权重和特征向量 **W**：

$$w_i=\bar{W}_i \Big/ \sum_{i=1}^{n}\bar{W}_i,\quad W=\begin{Bmatrix} w_1 \\ w_2 \\ \vdots \\ w_n \end{Bmatrix}$$

（4）进行一致性检验。

计算最大特征根 λ_{max} 和一致性指标 CI 和一致性比例 CR：

$$\lambda_{max}=\frac{1}{n}\sum_{i=1}^{n}\frac{(AW)_i}{W_i},\quad CI=\frac{\lambda_{max}-n}{n-1},\quad CR=\frac{CI}{RI}$$

其中，RI 为平均随机一致性指标，其取值见表 6-2。

一般而言，1 阶或 2 阶判断矩阵总是具有完全一致性的。对于 2 阶以上的判断矩阵，当 $CR<0.10$ 时，则满足研究需要，进入下一环节；否则，就需要调整判断矩阵（重新进行第三步分析），直到满意为止。

表 6-2　　平均随机一致性指标 *RI*

阶数	1	2	3	4	5	6	7
RI	0	0	0.58	0.90	1.12	1.24	1.32
阶数	8	9	10	11	12	13	14
RI	1.41	1.45	1.49	1.52	1.54	1.56	1.58

（5）层次总排序，选出最优方案。层次排序，可分为层次单排序和层次总排序。层次单排序是指对于上一层某因素而言，本层次各因素的重要性的排序；确定某层所有因素对于总目标相对重要性的排序权值过程，称为层次总排序，这一过程是从最高层到最底层依次进行的。对于最高层而言，其层次单排序的结果也就是总排序的结果。

层次分析法因其系统性、简洁实用、所需定量数据信息较少等优点，尤其适用于对无结构特性的系统评价以及多目标、多准则、多时期等的系统评价。但同时，层次分析法仅能从已有方案中寻找出最佳方案，而不能为决策者提供方案改进方法或新方案。此外，在指标过多时，因数据统计量大，权重确定上存在一定难度，特征值和特征向量的精确求法比较复杂，为方法的应用造成一定难度。

三、模糊综合评价法

模糊综合评价法是一种基于模糊数学的综合评价方法。该综合评价法根据模糊数学的隶属度理论把定性评价转化为定量评价，即用模糊数学对受到多种因素制约的事物或对象做出一个总体的评价。它具有结果清晰、系统性强的特点，能较好地解决模糊的、难以量化的问题，适合各种非确定性问题的解决。

模糊综合评价法的主要步骤如下。

（1）建立因素集 $U=\{u_1, u_2, \cdots, u_n\}$ 与决断集 $V=\{v_1, v_2, \cdots, v_m\}$， u_i 代表影响评价对象的第 i 个因素， v_j 代表第 j 种评价结果。

（2）建立模糊综合评判矩阵，即对于每一个因素 u_i，先建立单因素评判模糊集合：$(r_{i1}, r_{i2}, \cdots, r_{im})$， $r_{ij}(0 \leqslant r_{ij} \leqslant 1)$ 表示 v_j 对因素 u_i 所作的评判，这样就得到单因素评判矩阵

$$\boldsymbol{R}=(r_{ij})_{n\times m}$$

（3）确定因素权重。常使用专家调查法、层次分析法、德尔菲法等确定因素权重。得到因素权重集合的模糊集

$$A=(a_1, a_2, \cdots, a_n)$$

（4）综合评判。通过模糊变化将 U 上的模糊向量 A 变化为 V 上的模糊向量 B，即 $B=A\oplus R=(b_1, b_2, \cdots, b_m)$，其中，$\oplus$ 称为综合评价算子，根据其不同定义，可得到主因素决定型、主因素突出型、加权平均型等，实际应用中以加权平均型使用较多，直接取矩阵运算即可。

在多层次模糊综合评价中，需采用分层的办法来解决问题，即从下到上分别对各层次因素做综合评判，最后至最高层次做总体综合评判。

四、主成分分析法

主成分分析法（Principal Component Analysis，PCA）是数学上对数据降维的一种方法。在实证问题研究中，为了全面、系统地分析问题，我们必须考虑众多影响因素，这些涉及的因素在多元统计分析中也称为变量。在很多情形中，变量之间是有一定的相关关系的，因而所得的统计数据反映的信息在一定程度上有重叠，同时，变量太多会增加计算量和增加分析问题的复杂性，加大分析方法应用难度，主成分分析正是解决这类问题的理想工具。主成分分析利用降维的思想，将多个变量转化为少数几个综合变量（即主成分），其中每个主成分都是原始变量的线性组合，各主成分之间互不相关，这些主成分能够反映始变量的绝大部分信息，且所含的信息互不重叠。

主成分分析的具体步骤如下。

（1）对原始数据进行标准化处理

假设进行主成分分析的指标变量有 m 个：x_1，x_2,⋯，x_m。共有 n 个评价对象，第 i 个评价对象的第 j 个指标的取值为 x_{ij}。将各指标值 x_{ij} 转换为标准化指标 $\tilde{x}_{ij}$

$$\tilde{x}_{ij}=\frac{x_{ij}-\bar{x}_j}{s_j}，(i=1，2，\cdots，n；j=1，2，\cdots，m)$$

其中，$\bar{x}_j=\frac{1}{n}\sum_{i=1}^{n}x_{ij}$，$s_j=\sqrt{\frac{1}{n-1}\sum_{i=1}^{n}(x_{ij}-\bar{x}_j)^2},(j=1，2，\cdots，m)$，即 $\bar{x}_j$，s_j 为第 j 个指标的样本均值和样本标准差，对应地，称

$$\tilde{x}_i=\frac{x_i-\bar{x}_i}{s_i}，(i=1，2，\cdots，m)$$

为标准化指标变量。

（2）计算相关系数矩阵 $\boldsymbol{R}$

计算第 i 个指标和第 j 个指标的相关系数 r_{ij}

$$r_{ij}=\frac{\sum_{k=1}^{n}\tilde{x}_{ki}\cdot\tilde{x}_{kj}}{n-1}，(i，j=1，2，\cdots，\mathrm{m})$$

将各相关系数组合形成相关系数矩阵 $\boldsymbol{R}$

$$\boldsymbol{R}=(r_{ij})_{m\times m}$$

（3）计算特征值和特征向量

解特征方程$|\lambda I-R|=0$，计算相关系数矩阵R的特征值$\lambda_1 \geqslant \lambda_2 \geqslant \cdots \geqslant \lambda_m \geqslant 0$。计算对应的特征向量$u_1$，$u_2$,…，$u_m$，其中，$u_j=(u_{1j}, u_{2j}, \cdots, u_{nj})^T$，由特征向量组成$m$个新的指标变量

$$\begin{cases} y_1 = u_{11}\tilde{x}_1 + u_{21}\tilde{x}_2 + \cdots + u_{n1}\tilde{x}_n \\ y_2 = u_{12}\tilde{x}_1 + u_{22}\tilde{x}_2 + \cdots + u_{n2}\tilde{x}_n \\ \vdots \\ y_m = u_{1m}\tilde{x}_1 + u_{2m}\tilde{x}_2 + \cdots + u_{nm}\tilde{x}_n \end{cases}$$

式中，y_1是第1主成分，y_2是第2主成分，y_m是第m主成分。

（4）计算主成分信息贡献率和累积贡献率，选择p（$p \leqslant m$）个主成分

计算特征值$\lambda_j (j=1, 2, \cdots, m)$的信息贡献率和累积贡献率。称

$$b_j = \frac{\lambda_j}{\sum_{k=1}^{m}\lambda_k} \quad (j=1, 2, \cdots, m)$$

为主成分y_i的信息贡献率。称

$$a_p = \frac{\sum_{k=1}^{p}\lambda_k}{\sum_{k=1}^{m}\lambda_k}$$

为主成分y_1，y_2,…，y_p的累积贡献率，一般取$a_p \geqslant 0.85$，选择前p个指标变量y_1，y_2,…，y_p作为p个主成分，代替原来m个指标变量。

（5）对p个主成分进行综合分析

$$Z = \sum_{j=1}^{p} b_j y_j$$

其中，b_j为第j个主成分的信息贡献率，根据综合得分值进行评价。

五、因子分析法

因子分析法是经典的多元统计分析技术，是处理多变量数据的一种统计方法，它将相关性较强的指标变量转化为较少并且彼此不相关的指标变量，以达到降维的目的。其基本原理是通过一组指标之间相关性的研究，以相对更少的综合变量来取代多数量变量的多变量分析方式，旨在依靠少数不可量化的“潜变量”（即因子）来解释原始变量之间的相关关系。由于因子分析法使变量

个数减少，因此能够客观真实地反映问题的本质，也使得评价工作变得简单、准确。

因子分析法的基本模型如下：

设有 n 个评价对象，每个对象有 p 个评价指标，组成样本的原始数据 $x_{ij}(i=1, 2, \cdots, n; j=1, 2, \cdots, p)$。

$$\begin{cases} x_1 = a_{11}F_1 + a_{12}F_2 + \cdots + a_{1m}F_m + \varepsilon_1 \\ x_2 = a_{21}F_1 + a_{22}F_2 + \cdots + a_{2m}F_m + \varepsilon_2 \\ \cdots \\ x_p = a_{p1}F_1 + a_{p2}F_2 + \cdots + a_{pm}F_m + \varepsilon_p \end{cases}$$

其中，$x_1, x_2, \cdots, x_p$ 为 p 个原始变量，是均值为 0、标准差为 1 的标准化变量，$F_1, F_2, \cdots, F_m$ 为 m 个公共因子，$\varepsilon_1, \varepsilon_2, \cdots, \varepsilon_p$ 表示不能被因子所解释的部分。$a_{ij}(i=1, 2, \cdots, p; j=1, 2, \cdots, m)$ 为因子载荷，表示第 i 个变量在第 j 个公共因子上的载荷，组合成的矩阵为因子载荷矩阵 $\boldsymbol{A}$。以上模型用矩阵表示为

$$\boldsymbol{X} = \boldsymbol{AF} + \varepsilon$$

其中，$\boldsymbol{X} = \begin{bmatrix} x_1 \\ x_2 \\ \vdots \\ x_p \end{bmatrix}$，$\boldsymbol{A} = \begin{bmatrix} a_{11} & a_{12} & \cdots & a_{1m} \\ a_{21} & a_{22} & \cdots & a_{2m} \\ \vdots & \vdots & \ddots & \vdots \\ a_{p1} & a_{p2} & \cdots & a_{pm} \end{bmatrix}$，$\boldsymbol{F} = \begin{bmatrix} F_1 \\ F_2 \\ \vdots \\ F_m \end{bmatrix}$，$\varepsilon = \begin{bmatrix} \varepsilon_1 \\ \varepsilon_2 \\ \vdots \\ \varepsilon_P \end{bmatrix}$

普遍而言，因子分析法共由如下几个步骤构成：

（1）因子分析法适用性检验

因子分析法要求各原始变量间线性关联显著，因此在进行分析之前需要进行原始变量的相关性分析。可通过计算原始变量的相关系数矩阵或利用 SPSS 软件中巴特利特球形检验、反映象相关矩阵检验、KMO 检验等方法进行检验。

（2）对指标进行无量纲化处理。

（3）计算相关系数矩阵 $\boldsymbol{R}$ 及其特征根和特征向量。

（4）计算相关系数矩阵 $\boldsymbol{R}$ 的方差贡献率和累计方差贡献率。

（5）提取公共因子。

取方差大于 1（或特征值大于 1）的因子，按照因子的累计方差贡献率来确定因子个数。假设前 k（$k < m$）个因子的累计方差贡献率大于 85%，则认

为前 k 个因子基本包含了原始指标的所有信息，公因子个数为 k 个，可就 k 个因子进行提取分析。

（6）因子旋转

初始因子载荷矩阵结构反映问题不明显，各公因子主要代表哪些原始变量不是很突出，容易使公因子的实际意义含糊不清，不利于对公因子进行合理的分析解释。为此须对因子载荷矩阵进行旋转，使其在某个公因子上有较大的负荷值，而在其余公因子上只有较小的负荷值，这样公因子的实际意义就比较容易确定。

（7）计算因子得分

以 β 作为原始变量的相关系数矩阵，则可按照下式计算因子得分

$$F_j = \beta_{j1}x_1 + \beta_{j2}x_2 + \cdots + \beta_{jp}x_p \quad (j=1,\ 2,\ \cdots,\ k)$$

有了因子得分值，则可以在许多分析中使用这些因子。

（8）计算综合得分

$$y = \sum_{j=1}^{k} w_j F_j \ (j=1,\ 2,\ \cdots,\ k)$$

其中，w_j 为第 j 个因子的权重，一般以该因子的方差贡献率 / 累计方差贡献率作为权重。

六、灰色关联分析法

灰色关联分析法是根据因素之间发展趋势的相似或相异程度，即“灰色关联度”，作为衡量因素间关联程度的一种方法。此方法通过对动态过程发展态势的量化分析，完成对系统内时间序列有关统计数据几何关系的比较，求出参考数列与各比较数列之间的灰色关联度。与参考数列关联度越大的比较数列，其发展方向和速率与参考数列越接近，与参考数列的关系越紧密。其基本流程是将评价指标原始观测数进行无量纲化处理，计算关联系数、关联度及根据关联度的大小对待评指标进行排序。灰色关联度的应用涉及社会科学和自然科学的各个领域，尤其在社会经济领域，如国民经济各部门投资收益分析、区域经济优势分析、产业结构调整等方面，都有较好的应用效果。

灰色关联分析法的具体计算步骤如下。

（1）确定参考数列与比较数列

设评价对象有 m 个，每个对象又由 n 个指标构成。设反映系统行为特征的参考数列（又称母序列）为

$$X_0=\{(x_0(k)|k=1,\ 2,\ \cdots,\ n)\}$$

影响系统行为的因素组成的比较数列（又称子序列）为

$$X_i=\{(x_i(k)|k=1,\ 2,\ \cdots,\ n;\ i=1,\ 2,\ \cdots,\ m)\}$$

（2）变量的无量纲化处理，得 $x_0'(k)$ 和 $x_i'(k)$

（3）计算关联系数

所谓关联程度，实质上是曲线间几何形状的差别程度，因此曲线间差值大小可作为关联程度的衡量尺度。各比较数列与参考数列在各个时刻（即曲线中的各点）的关联系数记为 $\xi_i(k)$

$$\xi_i(k)=\frac{\min\limits_i\min\limits_k\left|x_0'(k)-x_i'(k)\right|+\rho\max\limits_i\max\limits_k\left|x_0'(k)-x_i'(k)\right|}{\left|x_0'(k)-x_i'(k)\right|+\rho\max\limits_i\max\limits_k\left|x_0'(k)-x_i'(k)\right|}$$

记 $\Delta_i(k)=\left|x_0'(k)-x_i'(k)\right|$，则

$$\xi_i(k)=\frac{\min\limits_i\min\limits_k\Delta_i(k)+\rho\max\limits_i\max\limits_k\Delta_i(k)}{\Delta_i(k)+\rho\max\limits_i\max\limits_k\Delta_i(k)}$$

其中，$\rho\in(0,\ \infty)$，称为分辨系数。ρ 越小，分辨力越大，一般 ρ 的取值区间为（0，1），具体取值可视情况而定，通常取 $\rho=0.5$。

（4）计算关联度

因为关联系数是比较数列与参考数列在各个时刻（即曲线中的各点）的关联程度值，所以它的数不止一个，而信息过于分散不便于进行整体性比较。因此有必要将各个时刻（即曲线中的各点）的关联系数集中为一个值，即求其平均值，作为比较数列与参考数列间关联程度的数量表示。关联度 r_i 公式为

$$r_i=\frac{1}{n}\sum_{k=1}^{n}\xi_i(k)(k=1,\ 2,\ \cdots,\ n)$$

（5）关联度排序

因素间的关联程度，主要是用关联度的大小次序描述，它反映了对于母

序列来说各子序列的“优劣”关系。如果参考数列由各指标的最优值组成，则关联度越大，该评价对象与理想的比较标准越相似，评价结果越优，反之越劣。

七、聚类分析法

聚类分析法又称群分析，是以“物以类聚”的道理，根据样本自身的属性，用数学方法按照某种相似性或差异性指标，定量地确定样本之间的亲疏关系，并按这种亲疏关系程度对样本进行聚类。通俗地讲，聚类是将数据分到不同的类或者簇的过程，同一个簇中的样本有很大的相似性，而不同簇间的样本有很大的相异性。依据聚类分析结果，可以对划分出来的每一类进行深入分析，概括出每一类的特点，从而进一步应用于规划或预测。聚类分析是一种探索性分析，聚类分析所使用方法的不同，常常会得到不同的结论，不同研究者对于同一组数据进行聚类分析，所得到的聚类数未必一致。在规划领域，聚类分析法可用于城市整体发展水平的评价分析、区域产业发展布局分析、土地分类利用分析、公共设施选址分析等方面。

常见的聚类分析方法有系统聚类法、动态聚类法和模糊聚类法等。系统聚类法也称层次聚类分析，是目前使用最多的一种聚类分析方法，依据样本之间的距离最近原则进行聚类。首先将所有样本各自看成一类，并规定样本之间的距离和类与类之间的距离；其次将距离最小的两个类合并成一个新类，计算新类和其他类的距离，如此循环“并类—计算聚类—并类”的过程，直至所有的样本都成为一类为止，整个聚类过程可用一张聚类图（树）形象表示，如图 6-13 所示。动态聚类分析法是将样品初步分类，然后根据分类函数尽可能小的原则，对初步分类进行调整优化，直到分类合理为止。模糊聚类分析法是利用模糊数学中模糊集理论来处理分类问题的方法，对经济领域中具有模糊特征的两态数据或多态数据具有明显的分类效果。在实际应用中聚类分析常结合综合评价进行，以综合评价结果作为样本数据进行聚类分析。

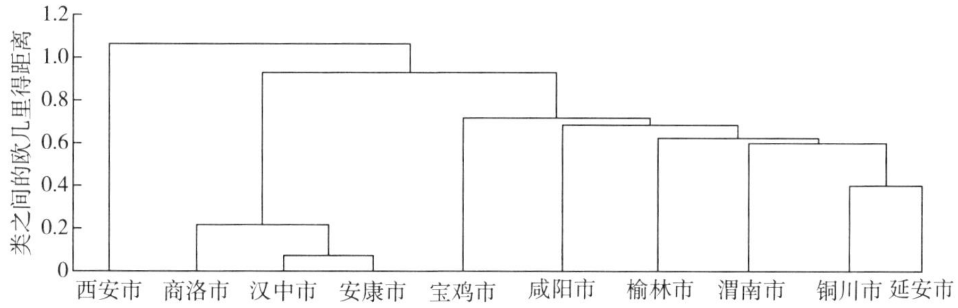

图 6-13　2008—2014 年陕西省土地生态安全评价聚类谱系图[①]

八、TOPSIS法

TOPSIS 法，意为逼近理想解排序法，简称优劣解距离法，由 C.L.Hwang 和 K.Yoon 于 1981 年首次提出。TOPSIS 法是多目标决策分析中一种常用的有效方法，根据有限个评价对象与理想化目标的接近程度进行排序的方法，是在现有的对象中进行相对优劣的评价。其基本原理是通过检测评价对象与最优解、最劣解的距离来进行排序，若评价对象最靠近最优解同时又最远离最劣解，则为最好；否则不为最优。该方法只要求各效用函数具有单调递增（或递减）性，对数据分布及样本含量没有严格限制，数据计算简单易行，其结果能精确地反映各评价方案之间的差距。TOPSIS 法避免了数据的主观性，不需要目标函数，不用通过检验，而且能够很好地刻画多个影响指标的综合影响力度；对于数据分布及样本量、指标多少无严格限制，既适于小样本资料，也适于多评价单元、多指标的大系统，较为灵活、方便。

基本过程为基于归一化后的原始数据矩阵，采用余弦法找出有限方案中的最优方案和最劣方案，然后分别计算各评价对象与最优方案和最劣方案间的距离，获得各评价对象与最优方案的相对接近程度，以此作为评价优劣的依据。

TOPSIS 法的具体步骤如下。

---

① 李昊，南灵，李世平．基于面板数据聚类分析的土地生态安全评价研究——以陕西省为例 [J]. 地域研究与开发，2017，36（6）：136-141。

（1）原始矩阵正向化

指标可以分为四类，如表 6–3 所示。将原始矩阵正向化，就是要将所有的指标类型统一转化为极大型指标。

表 6-3　　指标类型表

指标名称	指标特点	例子
极大型（效益型）指标	越大（多）越好	成绩、GDP 增速、企业利润
极小型（成本型）指标	越小（少）越好	费用、坏品率、污染程度、患病率
中间型指标	越接近某个值越好	水质量评估时的 pH 值
区间型指标	落在某个区间最好	体温、水中植物性营养物量

（2）构造归一化初始矩阵

设共有 n 个待评价对象，每个对象都有 m 个指标（属性），则原始数据矩阵构造为：

$$\boldsymbol{X}=\begin{bmatrix} x_{11} & x_{12} & \cdots & x_{1m} \\ x_{21} & x_{22} & \cdots & x_{2m} \\ \vdots & \vdots & \ddots & \vdots \\ x_{n1} & x_{n2} & \cdots & x_{nm} \end{bmatrix}$$

构造加权规范矩阵，属性进行向量规范化，即每一列元素都除以当前列向量的范数（使用余弦距离度量）

$$z_{ij}=\frac{x_{ij}}{\sqrt{\sum_{i=1}^{n}x_{ij}^{2}}}$$

由此得到归一化处理后的标准矩阵 $\boldsymbol{Z}$：

$$\boldsymbol{Z}=\begin{bmatrix} z_{11} & z_{12} & \cdots & z_{1m} \\ z_{21} & z_{22} & \cdots & z_{2m} \\ \vdots & \vdots & \ddots & \vdots \\ z_{n1} & z_{n2} & \cdots & z_{nm} \end{bmatrix}$$

（3）确定最优方案和最劣方案

最优方案 $\boldsymbol{Z}^{+}$ 由 $\boldsymbol{Z}$ 中每列元素的最大值构成：

$$Z^{+}=\left(max\left\{z_{11},z_{21},\cdots,z_{n1}\right\},max\left\{z_{12},z_{22},\cdots,z_{n2}\right\},\cdots,max\left\{z_{1m},z_{2m},\cdots,z_{nm}\right\}\right)$$
$$=(Z_{1}^{+},Z_{2}^{+},\cdots,Z_{m}^{+})$$

同理，得最劣方案 $Z^{-}=(Z_{1}^{-}，Z_{2}^{-}，\cdots，Z_{m}^{-})$

（4）计算各评价对象与最优方案、最劣方案的接近程度

$$D_i^+ = \sqrt{\sum_{j=1}^{m} w_j \left(Z_j^+ - z_{ij}\right)^2}，\ D_i^- = \sqrt{\sum_{j=1}^{m} w_j \left(Z_j^- - z_{ij}\right)^2}$$

其中，w_j 为第 j 个属性的区中，指标权重建议根据实际采用德尔菲法、层次分析法、熵值法等方法确定。

（5）计算各评价对象与最优方案的贴近程度

$$C_i = \frac{D_i^-}{D_i^+ + D_i^-}，0 \leqslant C_i \leqslant 1$$

$C_i \to 1$，表明评价对象越接近于最优方案；$C_i \to 0$，表明评价对象越接近于最劣方案。

（6）根据 C_i 大小进行排序，给出评价结果。

九、功效系数法

功效系数法又叫功效函数法，它是根据多目标规划原理，对每一项评价指标确定一个满意值和不允许值，以满意值为上限，以不允许值为下限，通过功效函数转化为可以度量的评价分数，再对各项指标的单项评价分数进行加总，求得综合评价分数。功效系数法是一种常见的定量评价方法。功效系数法通过对不同指标的评分可以对较为复杂的对象进行评价，对评价指标设置满意值和不允许值，并根据其实际值所处位置进行评分，可以避免单一评价标准而造成的误差。

功效系数法的具体计算步骤如下。

（1）建立评价指标体系

（2）确定指标满意值和不允许值

指标满意值和不允许值的确定是根据选取指标与评价对象的关系，通常情况下满意值是指各项指标在参与评价的单位中可能达到的最高水平；不允许值是指在各项指标在参与评价的单位中不应出现的最低水平。

（3）计算出各项指标的单项功效系数值

在功效系数法的评价理论体系中，根据评价指标与单项功效系数之间的关系，将指标类型分为 4 类：①极大型指标，即指标数值越大单项功效系数值越高；②极小型指标，即指标数值越小单项功效系数值越高；③稳定型指标，即当指标数值在一数值时单项功效系数值最高；④区间型指标，即当指标数值位于某一区间内时单项功效系数值最高。各指标单项功效系数值计算公式分别为：

$$\mu_1=\begin{cases}\dfrac{x_i-x_{ni}}{x_{mi}-x_{ni}}\times C+D，x_i<x_{mi}\\ 100，x_i\geqslant x_{mi}\end{cases}$$

$$\mu_2=\begin{cases}\dfrac{x_i-x_{ni}}{x_{mi}-x_{ni}}\times C+D，x_i>x_{mi}\\ 100，x_i\leqslant x_{mi}\end{cases}$$

$$\mu_3=\left(1-\frac{|x_i-x_{ni}|}{|x_{ni}-x_{mi}|}\right)\times C+D$$

$$\mu_4=\begin{cases}\left(1-\dfrac{x_{min}-x_i}{x_{min}-x_{nmin}}\right)\times C+D，x_i<x_{min}\\ 100，x_{min}\leqslant x_i\leqslant x_{max}\\ \left(1-\dfrac{x_i-x_{max}}{x_{nmax}-x_{max}}\right)\times C+D，x_i<x_{max}\end{cases}$$

式中，μ 为单项功效系数值；x_i 为第 i 个指标的实际值；C 为缩放系数；D 为平移量；x_{mi} 和 x_{ni} 为第 i 个指标的满意值和不允许值；x_{min} 和 x_{max} 为第 i 个区间型指标最小值和最大值；x_{nmin} 和 x_{nmax} 为第 i 个区间型指标下限不允许值和上限不允许值。

（4）确定指标权重

一般采用德尔菲法、层次分析法、主成分分析法、熵值法等方法确定指标权重。

（5）计算总功效系数

结合各评价指标的单项功效系数和权重系数，计算评价对象的总功效系数

$$G=\sum_{i=1}^{m}(\mu_i\omega_i)$$

式中，G 为评价对象的总功效系数；m 为评价指标的个数；μ_i 为第 i 个评价指标的单项功效系数；ω_i 为第 i 个评价指标的权重系数。

十、数据包络分析法

数据包络分析（Data Envelopment Analysis，DEA）方法由 Charnes、Coopor 和 Rhodes 于 1978 年提出，主要用来评价具有多输入、多输出特点的相同性质的决策单元彼此之间的相对效率问题。DEA 方法的基本思想是根据评价目标构建数学模型，选择能够体现评价客体特性的输入指标与输出指标，对各个决策单元的输入量与输出量进行比较，得出各个评价决策单元的相对效率值，从而确定生产前沿面的位置，在生产前沿面上的决策单元即技术有效，不在生产前沿面上的单元属于技术无效。通过投影分析，比较决策单元偏离 DEA 前沿面的程度来评价它们的相对有效性，分析其无效的原因，为决策者提供未来改进的方向。DEA 方法能充分考虑对于决策单元本身最优的投入产出方案，因而能够更理想地反映评价对象自身的信息和特点；同时对于复杂系统的多投入多产出评价具有绝对优势。

应用 DEA 方法进行评价时，需要经过以下几个步骤，在此过程中根据需要可能还需结合其他定性或定量的方法，应用步骤如图 6-14 所示。

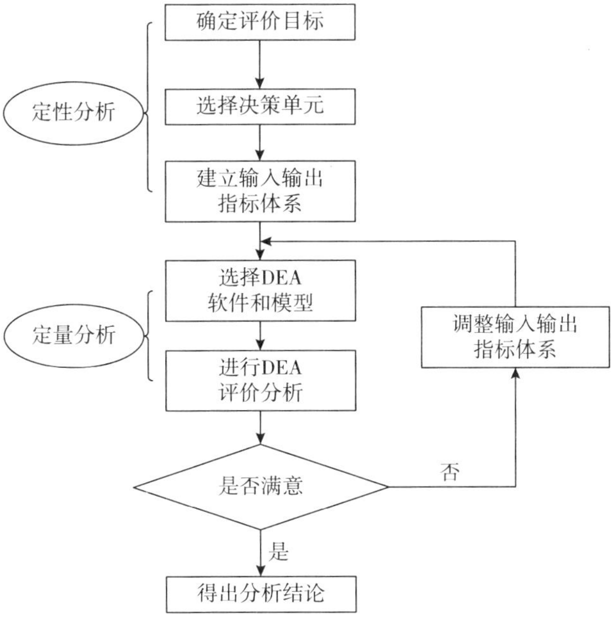

图 6-14　DEA 方法应用步骤

DEA 方法是纯技术性的，只需要区分投入与产出，不需要对指标进行无量纲化处理；以决策单元输入输出的实际数据求得最优权重，具有很强的客观性；可以直接进行技术效率与规模效率的分析而无须再定义一个特殊的函数形式。这些特点是别的方法所无法比拟的。但是 DEA 方法也有其不足之处，如 DEA 只能评估决策单元的相对效率，而非绝对效率，故无法完全取代传统的分析方法；同时 DEA 方法评价的决策单元必须有足够的数量，且投入产出指标的选取对相对效率的计算有决定性的影响，若数量过少或者指标选取不恰当，将不能准确评估决策单元的相对效率。

十一、成本效益法

成本效益分析是通过比较项目的全部成本和效益来评估项目价值的一种方法，作为一种经济决策方法，将其运用于政府部门的计划决策之中，以寻求在投资决策上如何以最小的成本获得最大的收益。成本效益法常用于评估需要量化社会效益的公共事业项目的价值，非公共行业的管理者也可采用这种方法对某一大型项目的无形收益进行分析。成本效益法的基本流程为：针对某项支出目标，提出若干实现该目标的方案，运用一定的技术方法，计算出每种方案的成本和收益，通过比较方法并依据一定的原则，选择出最优的决策方案。

第四节　预测方法

规划的过程，是在深入分析现有基础条件、发展环境及发展趋势的基础上，勾画形成发展的理想蓝图，以及为达到发展目标而形成的在未来一定时期内具体实施路径的过程。因此，规划的过程从某种程度上可以认为是预测的过程。科学的预测造就科学的规划。规划预测以整体发展目标为统领，逐层逐步分解到产业、用地、人口等社会生活的各个具体方面，因此在规划编制过程中均伴随着对产业发展规模、用地规模、人口规模、城镇发展规模等关键性指标的预测。

预测方法可以分为定性预测法和定量预测法两类。定性预测法以德尔菲法为代表；定量预测法根据预测目标的因果关系、发展趋势、理论模型等，又分为回归分析预测法、时间序列预测法和模型预测法。

一、德尔菲法

德尔菲法由美国兰德公司于 1946 年创始实行，是根据经过调查得到的情况，凭借专家的知识和经验，直接或经过简单的推算，对研究对象进行综合分析研究，寻求其特性和发展规律，并进行预测的一种方法。其本质上是一种反馈匿名函询法，大致流程是在对所要预测的问题征得专家的意见之后，进行整理、归纳、统计，再匿名反馈给各专家，再次征求意见，再集中，再反馈，直至得到一致的意见。德尔菲法具有匿名性、反馈性和统计性的特点。

德尔菲法简便直观，无须建立烦琐的数学模型，而且在缺乏足够统计数据和没有类似历史事件可借鉴的情况下，也能对研究对象的未知或未来的状态做出有效的预测，在规划领域中广泛应用于政策制定、经营预测、方案评估等方面。

德尔菲法主要研究流程如图 6-15 所示，具体操作如下。

（1）确定调查预测目标。调查组织者明确调查主题，设计调查问卷或调查提纲，收集整理有关调查主题的背景材料，做好调查前的准备工作。

（2）选聘专家。专家人数一般为 10 ～ 20 人，若是重大预测项目，可酌情增加专家人数。

（3）反复征询专家意见。一般为 3 ～ 5 次。

（4）对各位专家最后一次征询的意见进行统计处理，做出调查预测结果。

德尔菲法的优点在于能充分发挥各位专家的作用，使得各位专家可以独立、充分地表达自己的观点，同时避免了会议讨论时产生或固执己见、或因顾虑情面不愿与他人意见冲突等弊病，集思广益，具有一定程度的客观性。但由于实施过程中需要多次意见征询，因此整体过程比较复杂，花费时间较长。

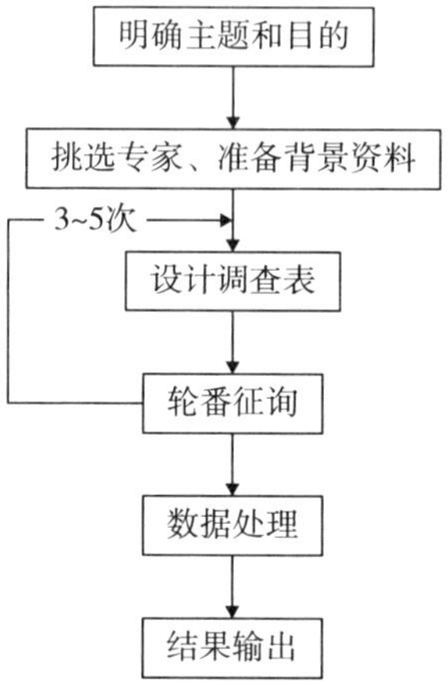

图 6-15　德尔菲法实施步骤

二、回归分析预测法

回归分析预测法是在分析市场现象自变量和因变量之间相关关系的基础上，建立变量之间的回归方程，并将回归方程作为预测模型，根据自变量在预测期的数量变化来预测因变量的变化的分析方法。它是一种具体的、行之有效的、实用价值很高的常用预测方法，应用十分广泛。回归分析根据因变量和自变量的个数分为一元回归分析和多元回归分析，根据因变量和自变量的函数表达式分为线性回归分析和非线性回归分析。

回归分析预测法的主要步骤常分为以下五步：

（1）根据预测目标，确定自变量和因变量

明确预测的具体目标，也就确定了因变量。通过市场调查和查阅资料，寻找与预测目标的相关影响因素，即自变量，并从中选出主要的影响因素。

（2）建立回归预测模型

依据自变量和因变量的历史统计资料进行计算，在此基础上建立回归分析方程，即回归分析预测模型。

（3）进行相关分析

以相关系数的大小来判断自变量和因变量相关的程度。

（4）检验回归预测模型，计算预测误差

当通过各种检验且预测误差较小时，才能将回归方程作为预测模型进行预测。

（5）计算并确定预测值

利用回归预测模型计算预测值，并对预测值进行综合分析，确定最后的预测值。

常用的回归分析预测模型及数学表达模型如下所示。

（1）多元线性回归分析模型：$y_i = \beta_0 + \beta_1 x_{1i} + \beta_2 x_{2i} + \cdots + \beta_k x_{ki} + \varepsilon_i$，（$i=1$，2，…，$n$）。式中，$y_i$为被解释变量；$x_{1i}$为第$i$个样本的共$k$个解释变量；$n$为样本容量；$\beta_0$，$\beta_1$，$\beta_2$，…，$\beta_k$为参数；$\varepsilon_i$为随机扰动项。当$k=1$时，则为一元线性规划模型，$y_i = a + bx_i + \varepsilon_i$，（$i=1$，2，…，$n$）。式中，$y_i$为被解释变量；$x_i$为第$i$个样本的解释变量；$n$为样本容量；$a$，$b$为待估参数；$\varepsilon_i$为随机扰动项。

（2）幂函数回归预测模型：$y = ax^b$。其中，a，b为待估参数，且$a > 0$。

（3）二次函数回归预测模型：$y = b_0 + b_1 x + b_2 x^2$。式中，$b_0$，$b_1$，$b_2$为待估参数。

（4）指数函数回归预测模型：$y = ab^x$。其中，a，b为待估参数。

回归分析预测法最大的特点就是在偶然中发现必然，而实际情况却常常是千变万化的，有时偶然因素的影响也会超过必然，这时预测结果也就不能尽如人意，这就要求在预测工作中不能机械，要会灵活运用，要注意了解会影响预测结果的偶然情况，以便对预测结果进行适当修正，这样才能使预测结果更接近实际，更好地服务于规划编制。

三、时间序列预测法

时间序列预测法是通过编制和分析时间序列，根据时间序列所反映出来的发展过程、方向和趋势，进行类推或延伸，借以预测下一段时间或以后若干年内可能达到的水平。其本质仍为回归分析预测方法，在承认事物发展的延续性、运用过去的时间序列数据进行统计分析、推测出事物的发展趋势的基础上，时间序列预测法同时充分考虑到由于偶然因素影响而产生的随机性，为了消除随机波动产生的影响，利用历史数据进行统计分析，并对数据进行适当处理，进行趋势预测。规划编制中在进行人口、环境预测时采用的人口差分方程预测模型和环境预测模型便是使用到了时间序列预测方法。

时间序列建模的基本步骤如下。

（1）编制时间序列。时间序列分析通常是把各种可能发生作用的因素进行分类，传统的分类方法是按各种因素的特点或影响效果分为四类：长期趋势、季节变动、循环变动和不规则变动。

（2）分析时间序列。时间序列中每一时期的数值都是由许许多多不同的因素同时发生作用后的综合结果。

（3）求时间序列的长期趋势（T）、季节变动（s）和不规则变动（I）的值，并选定近似的数学模式来代表它们。对于数学模式中的诸未知参数，使用合适的技术方法求出其值。

（4）利用时间序列资料求出长期趋势、季节变动和不规则变动的数学模型后，就可以利用它来预测未来的长期趋势值 T 和季节变动值 s，在可能的情况下预测不规则变动值 I。然后用以下模式计算出未来的时间序列的预测值 Y：加法模式为 $T+S+I=Y$，乘法模式为 $T\times S\times I=Y$。

时间序列预测法可用于短期、中期和长期预测。根据对资料分析方法的不同，又可分为单序时平均数法、加权序时平均数法、移动平均法、加权移动平均法、趋势外推法、指数平滑法、季节性趋势预测法、市场寿命周期预测法等。

1.移动平均法

移动平均法是根据时间序列资料逐渐推移，依次计算包含一定项数的时序平均数，以反映长期趋势的方法。当时间序列的数值由于受周期变动和不规则变动的影响起伏较大、不易显示出发展趋势时，可用移动平均法消除这些因素的影响，分析、预测序列的长期趋势。

移动平均法有简单移动平均法、加权移动平均法等。简单移动平均法只适合做近期预测，而且是预测目标的发展趋势变化不大的情况。加权移动平均法在考虑各期数据的重要性基础上，对近期数据赋以较大的权重。趋势移动平均法适用于当时间序列出现直线增加或减少的变动趋势时，需要进行二次移动平均来进行修正，利用移动平均滞后偏差的规律来建立直线趋势的预测模型。

设观测序列为 y_1，y_2，…，y_t，取移动平均的项数 $N<t$。

简单移动平均模型：$M_t^{(1)}=\frac{1}{N}\left(y_t+y_{t-1}+\cdots+y_{t-N+1}\right)$

$$=M_{t-1}^{(1)}+\frac{1}{N}\left(y_t-y_{t-N}\right)$$

二次移动平均模型：$M_t^{(2)}=\frac{1}{N}\left(M_t^{(1)}+M_{t-1}^{(1)}+\cdots+M_{t-N+1}^{(1)}\right)$

利用简单移动平均模型做预测，预测公式为 $\hat{y}_{t+1}=M_t^{(1)}$

加权移动平均公式为 $M_{tw}=\frac{w_1y_t+w_2y_{t-1}+\cdots+w_Ny_{t-N+1}}{w_1+w_2+\cdots+w_N}$，$t\geqslant N$

式中，M_{tw} 为 t 期加权移动平均数；w_i 为 y_{t-i+1} 的权数。利用加权移动平均数来做预测，其预测公式为 $\hat{y}_{t+1}=M_{tw}$，即以第 t 期加权移动平均数作为第 $t+1$ 期的预测值。

若时间序列 $\{y_t\}$ 从某时期开始具有直线趋势，且认为未来时期也按此直线趋势变化，则可设此直线趋势预测模型为

$$\hat{y}_{t+T}=a_t+b_tT(T=1，2，\cdots)$$

其中，t 为当前时期数；T 为由 t 至预测期的时期数；a_t 为截距；b_t 为斜率，两者又称为平滑系数，其计算公式为

$$\begin{cases}a_t=2M_t^{(1)}-M_t^{(2)}\\ b_t=\dfrac{2}{N-1}(M_t^{(1)}-M_t^{(2)})\end{cases}$$

2.指数平滑法

历史数据对未来值的影响是随时间间隔的增长而递减的。所以，更切合实际的方法应是对各期观测值依时间顺序进行加权平均作为预测值。指数平滑法可满足这一要求，而且具有简单的递推形式。

指数平滑法根据平滑次数的不同，又分为一次指数平滑法、二次指数平滑法和三次指数平滑法等，分别介绍如下：

设时间序列$\{y_t\}$：y_1，y_2，…，y_t，α为加权系数，$0<\alpha<1$，一次指数平滑公式为

$$S_T^{(1)}=\alpha y_t+(1-\alpha)S_{t-1}^{(1)}=S_{t-1}^{(1)}+\alpha(y_t-S_{t-1}^{(1)})$$

其预测模型为：$\hat{y}_{t+1}=S_t^{(1)}=\alpha y_t+(1-\alpha)\hat{y}_t$，即以第$t$期指数平滑值作为$t$+1期的预测值。

二次指数平滑法公式为

$$S_T^{(1)}=\alpha y_t+(1-\alpha)S_{t-1}^{(1)}$$
$$S_T^{(2)}=\alpha S_T^{(1)}+\left(1-\alpha\right)S_{t-1}^{(2)}$$

式中，$S_T^{(1)}$为一次指数的平滑值；$S_T^{(2)}$为二次指数的平滑值。

当时间序列$\{y_t\}$从某时期开始具有直线趋势时，可用直线趋势模型进行预测，预测公式为。

$$\hat{y}_{t+T}=a_t+b_tT(T=1,2,\cdots)$$
$$\begin{cases}a_t=2S_t^{(1)}-S_t^{(2)}\\ b_t=\dfrac{\alpha}{1-\alpha}(S_t^{(1)}-S_t^{(2)})\end{cases}$$

在进行指数平滑时，加权系数α的选择至关重要。一般说来，α的取值应根据时间序列的具体性质在 0 ～ 1 选择。具体遵循下列原则：如果时间序列波动不大，比较平稳，则α应取小一点，如（0.1 ～ 0.5）；如果时间序列具有迅速且明显的变动倾向，则α应取大一点，如（0.6 ～ 0.8）。实际应用中可多取几个α进行试算，采用预测误差较小的α值。

初始值$S_0^{(1)}$是由预测者估计或指定的。当时间序列的数据较多，如在 20 个以上时，初始值对以后的预测值影响很小，可选用第一期数据为初始值。如果时间序列的数据较少，如在 20 个以下时，初始值对以后的预测值影响很大，这时就必须认真研究如何正确确定初始值。一般以最初几期实际值的平均值作为初始值。

3.趋势外推法

（1）指数曲线法

一般来说，技术的进步和生产的增长，在其未达饱和之前的新生时期是遵循指数曲线增长规律的，因此可以用指数曲线对发展中的事物进行预测。

指数曲线的数学模型为

$$y = y_0 e^{Kt}$$

其中，系数 y_0 和 K 值由历史数据利用回归方法求得。

利用指数曲线外推进行预测时，存在预测值随着时间的推移会无限增大的情况，这是不符合客观规律的，因为任何事物的发展都是有一定限度的。这时的预测模型应改用修正指数曲线

$$\hat{y}_t = K + ab^t$$

其中，参数 K、a 和 b 要用历史数据来确定。

（2）逻辑斯蒂模型法

生物的生长过程经历发生、发展、成熟三个阶段，在三个阶段生物的生长速度是不一样的，例如，南瓜的重量增长速度，在第一阶段增长的较慢，在发展阶段则突然加快，而到了成熟阶段又趋减慢，形成一条 S 形曲线，这就是有名的逻辑斯蒂（Logistic）曲线（也称生长曲线），很多事物，如技术和产品发展进程都有类似的发展过程，因此逻辑斯蒂曲线在预测中有相当广泛的应用。

逻辑斯蒂曲线的一般形式为

$$y = \frac{L}{1 + ce^{-rt}}$$

式中，y 为函数值；t 为时间变量；L、c、r 为模型参数。

该曲线模型中，L 为极限值——y 处于饱和装填时的值，并有曲线拐点在函数值为 $L/2$ 处。当 $t \to -\infty$ 时，$y \to 0$；$t \to +\infty$ 时，$y \to L$。曲线描绘了这样一种发展过程：初始阶段发展缓慢，接着进入快速增长阶段，然后是平稳的发展阶段，最后达到饱和状态。

在模型的具体运用中，合理确定模型参数非常重要。实际应用中，通常要在分析函数值增长特征的基础上进行预测，如通过一系列极限 L 的假设，求得一系列拟合曲线，再结合其他预测方法，选择合理曲线，确定预测结果。

四、投入产出模型预测法

投入产出模型是指对于经济系统（这一经济系统可以是一个国家、一个地

区、一个行业或一个企业的经济活动）的多部门的投入与产出进行研究，编制投入产出表，运用线性代数工具建立数学模型，从而揭示国民经济各部门、再生产各环节之间的内在联系，并据此进行经济分析、预测和安排预算计划。

投入产出法来源于一个经济系统各部门生产和消耗的实际统计资料，它同时描述了当时各部门之间的投入与产出协调关系，反映了产品供应与需求的平衡关系。投入产出模型经过近一个世纪的发展，已衍生形成固定资产模型、生产能力模型、投资模型、劳动模型以及研究人口、环境保护等专门问题的多种模型，除上面所说的静态模型外，还形成了动态模型、优化模型等。目前该模型已经得到了广泛应用，主要用作经济分析（如经济结构分析、经济效益分析等）、经济政策模拟和经济预测，还可以用于编制经济计划和进行经济调整等。

第五节　决策方法

决策有广义和狭义之分，狭义的决策是指从两个及以上的方案中选择一个的过程，广义的决策包含决策信息收集、方案拟订、方案评价和选择的整个过程。按照广义的决策定义，规划形成的过程即为一个决策的过程，因此上文中所介绍的方法皆可认为是决策的方法。本节重点介绍几种除规划领域的专业方法外的通用决策方法。

决策方法可分为定性决策和定量决策。定量决策方法依据决策问题所处的条件不同，又可分为确定型决策、风险型决策和不确定型决策。

一、定性决策法

常用的定性决策主要有头脑风暴法、德尔菲法、博尔达计数法等，其中德尔菲法在前文已有介绍，不在此赘述。

1.头脑风暴法

头脑风暴法（brainstorming）于 1938 年被美国学者阿历克斯·奥斯本首次提出。奥斯本借用原精神病理学的头脑风暴概念来比喻思维高度活跃、打破常规的思维方式而产生大量创造性设想的状况，是一种集体开发创造性思维的方法。头脑风暴法可以排除折中方案，对所讨论问题通过客观、连续的分析，找到一组切实可行的方案，可较为显著地改善群体决策，因而头脑风暴法在规划决策中具有较广泛的应用。头脑风暴法又可分为直接头脑风暴法（通常简称为头脑风暴法）和质疑头脑风暴法（也称反头脑风暴法），前者是在专家群体决策时尽可能激发创造性、产生尽可能多的设想的方法，后者则是对前者提出的设想、方案逐一质疑，分析其现实可行性的方法。

头脑风暴法主要实施方法为：针对某一主题，组织头脑风暴会议，由工作小组人员在正常融洽和不受任何限制的气氛中进行讨论、座谈，让所有参加者打破常规，积极思考，畅所欲言，自由提出想法或点子，并以此相互启发、相互激励、引起联想、产生共振和连锁反应，从而诱发产生新观念或激发创新设想。其基本进行步骤如图 6-16 所示，在整个头脑风暴过程中需注意严格遵守自由畅谈、延迟评判、禁止批评、追求数量的原则，以保证实施效果。

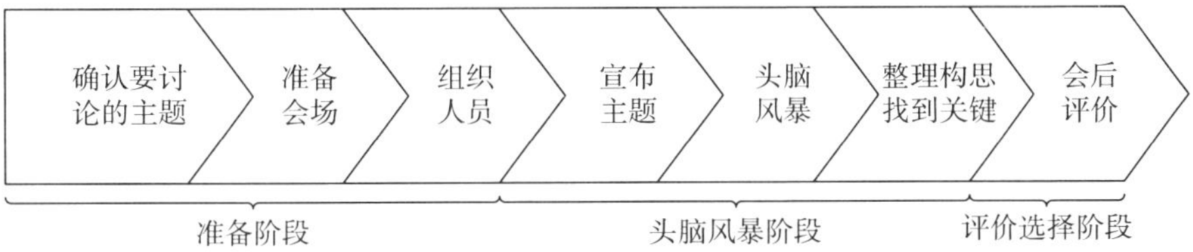

图 6-16　头脑风暴实施流程

2.博尔达计数法

博尔达计数法亦称偏好次序表决法，是由法国数学家博尔达于 1770 年提出的群体决策方法之一。其基本做法是：按照投票者的偏好程度排序给 M 个提案中的每一个打分，分值从 1 到 M，即被投票者排在第一位的提案得 M 分，排在第二位的提案得 M–1 分，被投票者排在最后一位的提案得 1 分，把所有投票者的每个提案的分数分别加起来，最高分的提案为获胜者。

二、确定型决策

确定型决策是指决策事件的各种自然情况非常明确而且固定，存在两个或两个以上可供决策者选择的方案，且各个备选方案都只有一种确定的结果。对确定型决策问题，制定决策的关键环节是判断什么样的行动方案能最好地实现既定的决策目标。确定型决策可以采取前文中介绍的综合评价方法进行决策，此外，常用的确定型决策方法还有线性规划法和动态规划法。

1.线性规划法

如果在规划问题的数学模型中，决策变量为可控的连续变量，目标函数和约束条件都是线性的，则这类模型称为线性规划法（Linear Programming，LP）。规划中有很多问题都是在一定资源条件下进行统筹安排，在实现目标的过程中，如何在消耗资源最少的情况下获得最大的效益，即如何达到系统最优的目标，这类问题就可以利用线性规划模型求解。线性规划模型应用较为成熟，对于数据的准确性要求高，随着各种软件的研发，线性规划计算相对较为简单。

运用线性函数规划法建立数学模型的步骤是：首先，确定影响目标的变量；其次，列出目标函数方程；再次，找出实现目标的约束条件；最后，找出是目标函数达到最优的可行解，即该线性规划的最优解。

线性规划问题的目标函数及约束条件均为线性函数；约束条件记为 s.t.（即 subject to）。目标函数既可以是求最大值，也可以是求最小值，约束条件的不等号既可以是小于号，也可以是大于号。一般线性规划问题的数学表达如下：

$$\max Z=\sum_{j=1}^{n}c_j x_j$$

$$\text{s.t.}\begin{cases}\sum_{j=1}^{n}a_{ij}x_j=b_i,\ i=1,2,\cdots,m\\ x_j\geqslant 0,\ j=1,2,\cdots,n\end{cases}$$

2.动态规划法

动态规划法（Dynamic Programming，DP）是一种解决多阶段决策问题最优化的方法。该方法产生于1951年，美国数学家贝尔曼（R.Bellman）等人在研究多阶段决策过程的优化问题时，提出了最优化原理，从而创立了动态规划。所谓多阶段决策过程，指的是整个决策过程可按时间或空间顺序分解成若干相互联系的阶段，每个阶段都需作出决策，全部过程的决策形成一个决策序列。多阶段决策过程最优化的目标是达到整个活动过程的总体效果最优，因此各个阶段决策的选取不能任意确定，阶段k的最优决策不应该只是本阶段效应的最优，而必须是本阶段及其所有后续阶段的总体最优，即关于整个阶段k后部子过程的最优决策。确定各阶段决策及最优决策序列的过程即为动态规划。

动态规划问世以来，在经济管理、生产调度、工程技术和最优控制等方面得到了广泛的应用。例如，最短路线、库存管理、资源分配、设备更新、排序、装载等问题，用动态规划方法比用其他方法求解更方便。

如图6–17所示，寻找从A点到F点的最短线路，线路图中每条线上的数字是该路线的长度，每个节点上方标注数字为逆序动态递推法得到的包含该节点的最短路线距离，节点下方标注数字为采用顺序动态递推法得到的包含该阶段的最短路线距离。可以看出，无论采用顺序或逆序动态递推法，可得出最短线路均为 $A–B_2–C_1–D_1–E_2–F$。

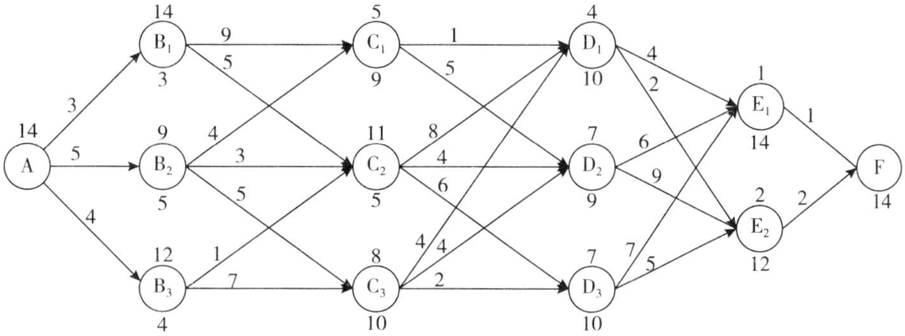

图 6-17 动态规划分析图

三、风险型决策方法

风险型决策是指决策方案的自然状态有若干种，但对每种自然状态发生的概率可以作出客观估计的决策。风险型决策与确定型决策的区别在于，风险型情况下，未来的可能状态不止一种，究竟出现哪种状态不能事先肯定，仅知道各种状态出现的可能性大小（如概率、频率、比例等）。在规划领域，风险型决策以决策树法最为常用。

决策树法又称概率分析决策方法，是一种运用概率与图论中的树对决策中的不同方案进行比较，从而获得最优方案的风险型决策方法。决策树法将构成决策方案的有关因素以树状图形的方式表现出来，并据以分析、比较不同方案的期望损益值（简称“期望值”），决定方案的取舍。其最大特点是能够形象地显示出整个决策问题在时间上和不同阶段上的决策过程，逻辑思维清晰，层次分明，非常直观，便于决策者进行科学的分析、周密的思考。对解决复杂的多级决策问题尤为方便。

决策树法具体运用可分为五步。

（1）提出决策问题，明确决策目标。

（2）由左向右作图画决策树。绘制方法：①方块节点（□）称为决策点，需要决策一次，就有一个决策点；②从决策点向右引出若干根直线或折线，每根直线或折线代表一个方案，这些直线或折线称为方案枝；③每个方案枝的末端画个圆圈（○），这个圆圈称为概率分岔点，也称为自然状态点；④从自然状态点引出若干根直线或折线代表各自然状态的分枝，这些直线或折线称为概率分枝；⑤概率分枝的末梢表示结果点，在结果点旁边标明各自然状态的损益值。在作图过程中，为了整个决策有顺序，按从左到右、从上到下的顺序将每个节点标上序号。典型的决策树图如图 6-18 所示。

（3）各个数值、状态及概率标在树上。

（4）计算各方案的收益或损失期望值。

（5）按照期望值准则进行决策。比较各方案的损益值，期望值最大者为最佳方案。

如果是多阶段或多级决策，则需要重复第（3）～（5）步工作。

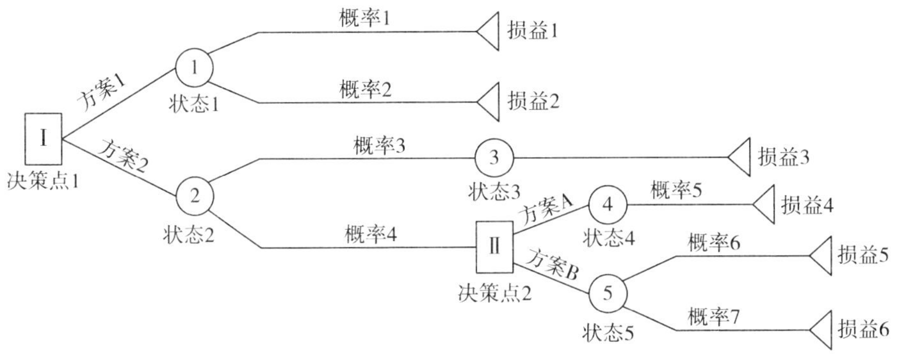

图 6-18　典型的决策树图

四、不确定型决策

不确定型决策是指方案实施可能会出现的自然状态或者所带来的后果不能作出预计的决策。与风险型决策相比，不确定型决策所面临的不确定性通常更大。

对于不确定型决策问题，所采取的决策方法主要取决于决策者的主观判断，同一决策问题可以有完全不同的方案选择。因此，决策者在做决策时都必须预先设定某种适用的决策准则，依此对各种行动方案进行比较和选择。常用的四种典型的决策准则为悲观准则、乐观准则、遗憾准则和折中准则。具体准则的选择依决策者个性和风险偏好的不同而不同。

1.悲观准则

也称最大最小收益值法，决策者决策的主要目标是可能的损失最小。具体运用为：首先计算各方案在不同自然状态下的收益值，并找出各方案的最小收益值；然后进行比较，从这些最小的收益值中再挑选出一个收益最大或损失最小的收益值作为决策的最优方案。这种方法偏于保守，如出现最不利情况，可将损失降至最小，比较稳妥。

2.乐观准则

也称最大最大收益值法、大中取大准则。这种决策法是假定发生最好结果的自然状态来进行决策方案的取舍，具体运用为：计算各方案在不同自然状态下的收益值，并找出各方案的最大收益值；然后进行比较，从这些最大的收益值中再挑选出一个最大的值作为决策的最优方案。

3.遗憾准则

也称最小最大后悔值法，决策者的决策目标是确保避免较大的机会损失。后悔值是指在自然状态下最大收益值与各方案收益值的差额。具体运用为计算各方案在自然状态下的后悔值，并找出各方案的最大后悔值，然后进行比较，选择最大后悔值最小的方案作为最优的决策方案。

4.折中准则

也称最大平均值法，这种决策方法对决策事项采取的态度是最大最小收益值法、最大最大收益值法两种方法的折中。具体运用为：引入一个乐观系数 a（$0<a<1$），考虑每一种方案的最大收益值和最小收益值，用乐观系数对最大收益值和最小收益值进行折中调整，算出调整收益值，最后以调整收益值最大的方案作为最优方案。

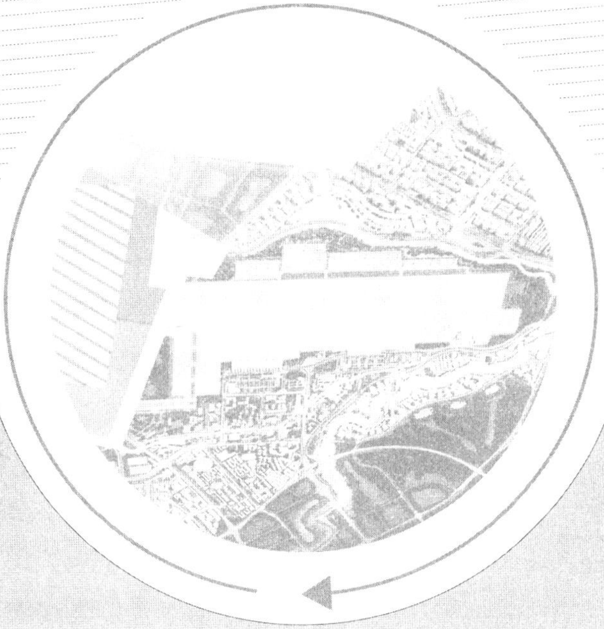

第七章

编制质量管控

始终坚持与时俱进、不断探索创新、推进规划的改革创新，已成为各级政府的重要战略任务，也是把控规划编制质量的主要标志。只有正确处理好政府与市场、效率与公平、分配与消费等这些事关全局的关系，才能发挥市场在资源配置中的决定性作用，政府在宏观调控和维护社会公平正义方面的关键作用，让人民群众充分共享改革发展的成果，是把控规划质量的关键。

第一节　体现政策性

从党和国家赋予规划的功能定位看，发展规划是社会主义现代化战略在规划期内的阶段性部署和安排，是政府履行经济调节、市场监管、社会管理、公共服务、生态环境保护职能的重要依据。空间规划以空间治理和空间结构优化为对象，是实施国土空间用途管制和生态保护修复的重要依据；专项规划、区域规划是指导特定领域发展、布局重大工程项目、合理配置公共资源、引导社会资本投向、制定相关政策的重要依据。表明规划是党和国家各类政策的集合体，必须把党和国家政策完整准确地体现在规划的战略性、宏观性、综合性、服务性等各方面。

一、战略导向

作为规划的编制者，必须明白规划管战略、管导向、管全局，必须慎之又慎，认真对待；任何战略上的失误，都有可能导致全盘皆输；反映在经济发展上，那就是“逝去的”五年，甚至时间更长。因而，无论编制什么样的规划，都应坚持坚定的发展方向，登高望远，运筹帷幄，从战略中积极地学习和汲取有用营养，把统领统管一方发展建设及空间布局的大事办好。如果胸无全局、站位不高，或者分不清战略战术、囫囵吞枣，就无法编制出符合时代要求的规划。从战略的角度出发，编制一项高质量的规划，就必须具备战略思维，这种战略思维换句话说也就是大局与全局思维，它不仅考虑近期问题、自身问题，还要考虑中长期发展趋势、人类问题，善于以小见大，将局部事宜置于大平台上去剖析。

二、宏观把握

宏观是相对于微观而言的，泛指大的方面或总体方面。从我国现行不同层级管理的职能看，国家级管宏观、省（自治区、直辖市）级管中观、市县级管微观。但在规划编制中，无论编制哪个层级规划，即便是区域规划、专项规划，也必须具有宏观的视角、长远的视角，而不能就自己论自己，必须把自身的发展与全局乃至全球的发展紧紧地联系在一起，构建利益攸关方。这样，你的发展就是它的有机组成部分，它的发展反过来又带动或拉动你的发展，大家融为一体、相辅相成、相互促进。任何忽视宏观性、只强调微观性的规划，都有可能掉入“本位主义”的陷阱，哪怕是市县级的专项规划，也不可能将一项任务、一个项目具体到哪一天落实或完成。强调规划的宏观性，有利于打开规划编制者的视野，从全局中抓机遇、谋未来，实现经济社会的高质量发展、创新发展和可持续发展。

三、综合统筹

“综合”的目的就是通过大脑的分析判断，把不同内容与属性的对象或现象联合为一个整体，实现 1+1>2 的功效。所以，综合性不仅是规划自身的特色，也是规划编制中必须牢牢把握的主要方法和手段。凡是规划，必然涉及众多门类、学科、任务、项目、措施等内容，既有定性的、也有定量的，既有数理的、也有方法的，既有理论的、也有实际的，这些碎片化的信息、资料等，要经过去粗取精、去伪存真的处理，要分清轻重缓急、大事小事。新时代之所以对规划综合性提出新要求、高标准，这是规划高站位属性决定的。面对21世纪信息技术日新月异的发展，规划的综合性已不是既往文字材料的简单处理或自我归纳，而是要充分运用现代信息技术，推动实现主观判断与客观实际的统一、方法与措施的有机结合，使各类规划发挥应有的功能和作用，改变以往规划编制时“轰轰烈烈”、规划实施时“冷冷清清”甚至“无人问津”的状况，使规划真正成为各级政府、相关职能部门科学决策“曲不离口、拳不离手”的必备文献。

四、服务决策

服务性是规划应有的重要功能，主要体现在两个方面。一方面，服务于各级政府、相关职能部门的科学决策，使其成为重要依据。决策对各级政府、相关职能部门来说是一把“双刃剑”，既体现了权力，又体现了责任。决策正确，则皆大欢喜、成效显著、人民受益；决策失误，不仅使社会主义现代化建设事业受损，个人也面临着追责问责。另一方面，服务于市场主体投资行为，使其成为重要参考。投资对市场主体而言，同样面临的是一把“双刃剑”，投资正确，则供给有效、收获满满；投资失误，则发展受限、举步维艰。因此，提升规划服务的高站位，必须以高度的责任感、使命感，直面规划编制中的一字一词、每一个提法、每一项任务、每一宗项目措施等，知过去、明当今、晓未来，使决策者和投资者尽可能减少失误，这已成为时代必需、发展必需。

第二节　强化前瞻性

前瞻性是规划的基本特性。规划失去了前瞻性，也就失去了编制规划的重要性、必要性和可行性。规划的前瞻性主要体现在规划编制的发展理念、发展思路和重大产业布局等方面，这也是规划区别于其他公文最鲜明的特征。

一、发展理念前瞻

人类以语言文字形式记载、诠释事物发生发展的种种现象规律，对此归纳总结形成独到的思想、观念、概念与法则，称为理念。理念是干好一切工作的出发点和切入点，是首先想到并提前介入的思想活动，具有“指挥棒”“红绿灯”“方向盘”的作用。例如，党的十八届五中全会提出的“创新、协调、绿色、开放、共享”的发展理念，就是一个管全局、管根本、管长远的前瞻理念，指明了我国“十三五”“十四五”“十五五”乃至更长时期的发展思路、发展方向和主要着力点。因此，编制好一项规划，必须要有前瞻性的理念。如果理念落后，那么再好的文笔编制出的规划也是落伍的，就像低水平重复建设的固定资产投资项目一样会被淘汰。

二、发展思路前瞻

发展思路是人们组织脉络清晰的真实发展想法的文字表达，在规划中占有十分重要的位置，通过发展思路就能看到发展的未来。前瞻的规划思路不仅体现在整体上，也体现在相关内容上。整体发展思路既要结合实际，又要高瞻远瞩，属于规划的“纲”，通过这个“纲”即可了解规划对象的全貌，如基本遵循、战略定位、思路方向、主要任务、实现路径、总体目标等；具体任务的发展思路则要聚焦所属领域，把握发展前沿，明确要干的重点和未来发展方向，属导向性的，表述时必须高度概括、易记易懂、言之有物、言之有实，切忌空话套话、大话堆砌。如广东省中山市提出的落实“十三五”规划要“聚焦交通基建垒实发展根基、专注产业平台提升创新能力、借力三旧改造破解土地瓶颈”这一思路就非常具有前瞻性和可操作性。

三、产业布局前瞻

产业布局是一个国家或一个地区产业在一定范围内的空间分布和组合状态，其合理与否直接影响着该国或该地区的优势发挥和发展增速。产业布局前瞻，不仅要看产业布局状况，更要关注未来产业布局的条件和可能。从静态上看，产业布局是构成产业各部门、各要素、各环节在空间上的分布和地域上的组合；从动态上看，产业布局则表现为各种资源、各生产要素甚至各产业和各企业为选择最佳区位而形成的在空间地域上的流动、转移或重新组合的配置与再配置过程。

改革开放以来，我国产业发展的实践表明，产业布局前瞻要同把握产业梯度转移规律相结合，因为产业转移应具备的条件决定着产业布局的状态、结构。因而，各地编制规划前，必须充分研究产业布局的状态，只有掌握了国内外同门类产业发展的前沿状况，才能在产业布局上做文章、谈前瞻。

第三节　加强协调性

只有各类规划相互衔接，才能使不同层级规划相互协调。按照“下位规划服从上位规划、下级规划衔接上级规划、等位规划相互协调”的原则，按照“衔接内容充分、衔接程序规范、衔接手段先进”的原则，不仅要注重规划在定位上、内容上的衔接协调，也要注重规划在程序上和方式方法上的衔接协调。

一、功能定位上衔接协调

规划作为党和国家对经济社会发展意图的具体体现，必须在重大战略、功能定位上做到上下口径一致。发展规划是导向，空间规划是基础，区域规划、专项规划是支撑，各有各的功能，各有各的作用。既不夸大，把当地的事说成区域的事，把区域的事说成全国的事；也不缩小，把能干的事说成不能干的事，把经过努力可以实现的事说成没有实现可能的事。当然，任何事情也不可能一成不变，随着规划的实施、产业的发展、优势的形成，有些功能定位可能落伍了、欠妥了，甚至变化了、消失了，需要补充完善，即使要修订，也要按照全国“一盘棋”的思想，经过评估报请等必要程序，统一修订。因为功能定位一变，内容随之要变。规划功能定位不同，影响意义不同。实现规划功能定位上的衔接与协调，是规划编制首先要关注的重点之一。

二、主要内容上衔接协调

衔接协调规划重点是指导思想、发展目标、空间格局和重大任务等方面，按照一致性、落实性和指导性的内容进行衔接。在一致性内容方面，主要是下位规划的发展理念、指导思想、主题主线等要对标上位规划，不能随意修改；而空间规划还要注意“双适宜”评价、“三区三线”划分、“一张图”落地等测算参数、口径、标准上的一致。在落实性内容方面，主要是上位规划确定的节能减排等约束性指标、“三类”空间划定以及重大的生产力布局、生态环境保护、城乡区域协调发展、公共服务和民生福祉等领域重大战略，以及上位规划安排的重大工程、重大项目、重大事项等，必须规划编制到位、落实到位。在指导性内容方面，主要是下位规划提出的预期性指标、产业选择、生态环保、民生改善和基础设施建设等内容，立足全国和区域统筹协调的角度，重点关注其科学性、合理性和协调性，以免发生矛盾和冲突。在做好上述衔接协调的基础上，各地还可结合当地实际，提出具有地方特色的重大任务、重大举措以及落实上位规划的“时间表”“路线图”等，为规划落地奠定坚实基础。

三、程序方法上衔接协调

科学的方法、合理的程序是推进规划有效协调衔接的根本保证。近年来，我国在推进规划协调衔接方面做了许多探索，但与制度化、规范化、科学化的要求相比，尚有一定差距。首先，要推进建立规划资料安全共享制度，明确不同阶段规划衔接的方法步骤，确保规划衔接高效有序。其次，要强化技术支撑，凡能通过定量和建立模型衔接的就不人为衔接。依托科研院所、智库等第三方机构，针对不同规划的指标、重点任务进行衔接。深入开展模型方法研究，做好技术储备，制定出台规划衔接标准和技术规程，提高各类规划衔接的科学性、准确性、及时性。最后，要根据职能分工，利用互联网、大数据、云计算、人工智能等现代技术手段，建设规划综合管理信息平台，将不同类型规划分级纳入规划数据库，统一数据标准、文本格式，推动规划基础信息互联互通和归档共享，切实提高衔接质量和效率，为规划服务各级政府科学决策、深化“放管服”改革创造良好条件。

第四节 注重实施性

当一项规划发布实施后，能否有效落实，主要取决于两个因素：一是规划编制是否符合当地实际，具有引领性、针对性和可操作性；二是干部的认知程度和抓落实的劲头。在实际工作中，前者是规划编制阶段关注的重点，比较容易引起重视，编制一项高质量规划已完全可以预期；后者作用的发挥则取决于多方面因素的影响。从现阶段各类规划实施的特点看，除空间规划管控年限较长外，发展规划、区域规划和专项规划的规划期大多在 5 年，愿景展望到 10 ~ 15 年，加之当今世界面临百年未有之大变局，国内外形势复杂多变，必须建立规划落实新机制和健全行之有效的规划落实制度，形成一个完善的评估体系，并与当期各级政府签订的各类责任书和绩效、效能等考核结合起来，才能保障规划提出的发展思路、重大项目、空间布局、主要任务等得到落实。

一、建立年度考评机制

新中国成立以来，特别是改革开放以来，从中央到地方在落实党和国家大政方针和上级党委、政府重大工作部署时，建立了一系列具有很强针对性和可操作性的考核激励办法，有力地推动了经济社会的持续健康发展。

可在实际运行中，随着市场经济体制的建立，规划既存在着管理部门内部分工不一、编制规划与制定年度计划分属不同处室管理、使五年规划与年度计划衔接不够的现象，加之有些规划实施期内，国家尚未提出和建立年度考评机制，因而形成了事实上的“规划是规划，工作是工作”，未能使二者有机地融为一体。从“十四五”时期开始，打破这些传统做法、思维定式，积极适应新时代政府“放管服”改革需要，将规划实施与政府工作紧密联系在一起，同部署、同落实、同检查、同考核，用建立年度考评的办法，推动各类规划年度计划有效落实，进而为规划全面落实奠定坚实基础。

二、强化中期评估

我国对发展规划的中期评估尝试始于“十五”计划时期，以前的“一五”至“九五”计划时期，只是各级人民代表大会例会期间，政府工作报告在每一个五年计划的开局期，对于上一个五年计划执行情况进行简要回顾，并提出下一个五年计划的安排，报告中虽有对上一个五年规划的评价评估成分，但缺乏系统性，也不属于专项评估。自“十一五”规划开始，为强化国家发展规划的战略导向作用，确保如期完成各项规划目标任务，国家发展改革委组织各地区和国务院有关部门，从 2008 年下半年开始，首次对规划实施情况进行了中期评估。

从五年规划中期评估的情况看，虽然各级政府规划主管部门已组织开展过“十一五”“十二五”“十三五”3 个五年规划的中期评估，但至今尚未形成成熟的评估机制和相对统一的规范格式要求。各地规划评估详略不一，对规划目标实现程度或者说进展状况往往就自己论自己，缺少横向比对，尤其对未来发展趋势研判及对策建议缺乏精准性、科学性。

因此，需通过立法形式，将规划评估规范化、制度化，建立全国统一的规划评估体系，更好地发挥规划在复杂多变的国内外环境下引领经济社会发展的重大作用。

三、推进实施总体评估

常言道：“三分规划，七分落实。”我国自 1953 年开始实施“一五”计划以来，虽已完成了 14 个五年规划（计划）和多项专项规划的编制工作，也组织开展过自“十五”以来规划的中期评估和相关专项规划的修编，但至今没有组织开展过任何一项规划的总体评估。

实践中，规划的总体评估往往与编制新的规划结合在一起，构成其中的一部分。如“十三五”规划回顾、“十三五”规划取得的成就、发展基础等，这样的评估大多是对过往成就的罗列，即便是指出问题，也是一带而过，发挥不了规划评估应有的导向作用。

为开启全面建设社会主义现代化国家新征程，必须稳步推进实施规划总体评估，加快建立规划实施前、执行中和实施后全程评估机制。通过总体评估，总结经验、查找短板、分析原因、提出对策，不断挖掘深层次的矛盾和风险隐患，及时发现新情况新问题，从而提出具有指导性和启迪意义的对策建议，尽快消除落实规划的种种障碍。

开展规划总体评估，要坚持正确的政治导向和评估原则，重点围绕社会主义现代化建设主要目标实现情况，新发展理念贯彻落实情况，重大发展战略、重大改革任务、重大工程项目推进情况进行评估，客观评价规划落实情况。谈实情、摆问题、查原因，注重加大规划评估主体、评估形式、评估流程、评估标准等方面的创新，坚持自我评估和第三方评估、综合评估和专题评估、过程评估和效果评估、标准化评估与个性化评估、客观评价和主观感受相结合，为新一期五年规划编制提出富有建设性、创新性的意见和建议，使新一期五年规划编制充分吸取上一期五年规划编制实施的经验教训。

空间规划、区域规划和服务于特殊用途的专项规划的评估或修编，也可参照建立发展规划落实新机制予以推进，关键是要把握时代特点，坚持既突出重点又系统全面、既立足当前又着眼长远、既科学严谨又上下联动的原则，评出不同规划落实的新办法、新举措。

第五节　重视程序性

建设法治政府、法治社会是开启全面建设社会主义现代化国家新征程的根本保障。规划作为引领经济社会发展的重要载体，为经济可持续发展与社会和谐稳定提供了有力保障。随着党和国家机构改革的逐步完善，进一步“精兵简政”“简政放权”、明确政府和市场边界、推进服务型政府建设，从根本上解决政府越位、缺位和错位问题，规划编制既要重视内容，也要重视程序。

因而，通过立法方式，确立各类规划从部署到完成、从动议到审议、从编制到实施（包括前期工作、立项、起草、衔接、论证、批准、公布、评估、修订和终止）全程有章可循、有法可依，已迫在眉睫。

2021 年 3 月召开的十三届全国人大四次会议审议批准的“十四五”规划，专门编写了一节加快发展规划立法的内容，指出:“坚持依法制定规划、依法实施规划的原则，将党中央、国务院关于统一规划体系建设和国家发展规划的规定、要求和行之有效的经验做法以法律形式固定下来，加快出台发展规划法，强化规划编制实施的法治保障。”

同时，也要认识到，随着新时代“三级四类”规划体系的形成，一方面要加快出台“发展规划法”，另一方面也要及时出台“国土空间规划法”。出台“国土空间规划法”有利于整合主体功能区规划、城乡规划和土地利用总体规划，形成不同尺度、不同层次的空间格局。通过对土地使用的管制来实现空间规划的目标，解决以城乡规划为主体的诸多规划在我国工业化、城镇化进程中的空间治理能力问题，更好地满足广大人民群众对美好生活的向往和期待，实现生产空间集约高效、生活空间宜居适度、生态空间山清水秀和中华民族的永续发展，形成科学合理的“三类”空间结构，造福子孙后代，为人类文明做出中国贡献。

第八章

编制成果表达

规划成果是对规划思想的表达，掌握规划成果的体系结构，熟练使用文本、图表、附件等制作工具，领会字、词、句、计量单位、数字的正确用法，是规划编制者的基本功。对各种形式的成果进行合理、准确的表达，做到体系规范、结构合理、要素完整、表达出色，以便更直观地体现规划意图、更准确地传达规划思想、更全面地彰显规划价值。

第一节　成果构成

经历了从“一规独大”到“多规并行”的发展历程，新一轮的规划体系改革确定了“三级四类”的规划体系，进一步明确了各类规划职能。与此同时，各主管部门和规划从业机构紧跟规划体系改革步伐，围绕规划职能研究规划任务，强化规划功能，通过共同研究，推动规划编制的路径更加明晰、成果体系更加完善。基于中研智业集团在规划领域的实践经验和创新研究，结合相关的规范，将各类规划成果的构成总结如下。

一、发展规划成果构成

发展规划成果主要由基础评估报告、课题研究报告、规划基本思路、规划纲要、规划项目库、规划综合管理平台构成。

基础评估报告主要包括《规划执行评估报告》《安全与风险评估报告》《潜力与约束评估报告》等，为规划思路和纲要编制提供支撑。

课题研究报告主要分为基础类、专项类、重大类。基础类课题主要开展经济社会发展基础现状、发展环境、发展趋势、发展阶段特征、发展思路、发展战略及目标、指标体系等方面的课题研究；专项类课题主要侧重于产业发展、文旅融合、生态环保、创新驱动、区域合作、乡村振兴、基础设施建设、基本公共服务均等化、社会治理体系建设等领域的课题研究；重大类课题深度对接国家和省级重大战略，开展“三个重大”研究，围绕补短板、强弱项、提质量，研究提出重大标志性工程和重大项目、重大政策、重大改革开放举措等。

规划基本思路在课题研究和实地调研的基础上，通过政策研究、环境分析、数据分析等，进行发展现状评估、发展形势研判，找准发展短板，发掘发展潜力，提出未来五年经济社会发展的总体战略，确定重点指标，明确规划核心关注的问题，制定重点举措。

规划纲要以基本思路为基础，全面分析发展基础，深刻研判发展机遇与挑战，完善指标体系并设定发展目标。优化国民经济和社会发展思路、发展战略及定位，细化重点任务、重点项目，提出保障措施。

规划项目库围绕落实规划纲要，以生态环境治理、产业结构优化、重大基础设施建设、社会民生、公共服务、科技创新发展、农林水利建设、智慧城市建设、智慧园区建设、新型城镇化发展、数字乡村建设、社会治理能力提升等重点领域，谋划重大工程和重点项目。

规划综合管理平台以“标准化、数字化、智能化和高效化”为总体要求，建设一个数据库（规划标准数据库）、四个系统（规划目录管理系统、规划编制支持系统、规划审批发布系统、规划监测评估系统）、两个标准支撑体系（标准规范体系、安全保障体系），实现规划“全流程管理、全部门协同、全社会共享”。

二、国土空间规划成果构成

国土空间规划成果主要包括规划文本、附表、图件、说明、专题研究报告、基于国土空间基础信息平台的国土空间规划“一张图”相关成果等[①]。根

① 参考《省级国土空间规划编制指南（试行）》，自然资源部 2020 年 1 月发布；《市级国土空间总体规划编制指南（试行）》，自然资源部 2020 年 5 月发布。

据“五级三类”的国土空间规划体系，各级规划在内容表达上侧重不同。

省级国土空间规划是对全国国土空间规划纲要的落实和深化，具有战略性、协调性、综合性和约束性，因此在内容表达上要通过分区传导、底线管控、控制指标、名录管理、政策要求等方式实现对上级规划的落实、对下级规划的指导。

市县级国土空间规划是城市实施空间治理、促进高质量发展的基础政策，是市域或县域国土空间保护、开发、利用、修复的行动纲领，具有综合性、战略性、协调性、基础性和约束性，因此在内容表达上既要重视承上启下功能的体现，又要着重关注指标的分解和落实。

乡镇级国土空间规划是国土空间规划体系中生态文明建设指引、全域管控与城乡发展的最终落脚点，因此，乡镇级规划编制的关键在于做“实”，成果中重点关注全域空间布局、目标指标体系、刚性管控要求、规划传导机制等，明确规划刚性管控要求，严守底线，清晰传递各类空间管理的规则。

村级以编制“多规合一”的实用性村庄规划为主，为国土空间开发保护活动、实施国土空间用途管制、核发乡村建设项目规划许可、进行各项建设等提供依据，其内容主要包含文本、图表、数据库及重要过程资料。

三、区域规划成果构成

区域规划是为解决特定区域的特定问题或达到区域内特定目标而制定和实施的某些战略、思路、布局方案和政策措施，仍以经济社会发展为目的，因此其规划成果的主体架构与发展规划相似，主要包括规划文本、附图、附表、附件，内容上重点突出区域性特点，体现细致性和实践性。

区域规划文本主要由文字和专栏组成。其中，文字主要说明规划背景、发展基础、突出问题、总体要求、基本原则、战略定位、空间布局、重点任务（战略）及规划保障等内容；专栏主要是对文本中提到的重点指标、重点发展领域、重点提升方向、重点工程等进行进一步的详细说明或注解。

附图一般包含区位图、范围示意图、空间布局示意图、体系图、规划图等，用于体现规划区域的现状情况和规划效果，对规划文本进行图形示意，加深理解。

附表一般包括调查表、指标表、重点建设项目表等，主要是对规划中涉及的数据、项目等进行结构化展示，便于统计、整理和管理。

四、专项规划成果构成

专项规划是专门针对国民经济和社会发展中特定领域而编制的规划，其涉及的门类较多，但一般成果主要由规划文本、附图、附表等构成。

专项规划文本的主体框架主要包括分析部分、规划部分和结论与措施部分，通过三个部分内容对特定领域的发展基础、突出问题、重大机遇、发展战略、发展目标、重点任务、保障措施等进行文字阐述，并运用专栏对重点事项、重点方向、重点工程等进一步解释说明。

附图一般包含区位图、范围示意图、空间布局示意图、体系图、规划图等，用于体现规划区域的现状情况和规划效果，对规划文本进行图形示意，加深理解。

附表一般包括调查表、指标表、重点建设项目表等，主要是对专项规划中涉及的数据、项目等进行结构化展示，便于统计、整理和管理。

第二节　文本表达

规划文本是规划成果的主体内容，也是规划发布者落实规划任务、制订工作方案、部署后续工作的重要依据。规划是政府政策的延伸和落实，其权威性、法定性、引导性要求在文字语言、标点符号、表达方式方面要更规范、更严谨、更精准、更系统。《国务院办公厅关于全面加强新时代语言文字工作的意见》（国办发〔2020〕30 号）提出“学校、机关、新闻出版、广播影视、网络信息、公共服务等系统相关从业人员，国家通用语言文字水平应达到国家规定的等级标准”。规划从业者也不应例外，应将语言文字应用能力作为基本素养和核心工作能力加以培养和强化。

一、优化表达方式

规划编制要始终坚持政策导向、问题导向、需求导向、目标导向等引领，做到“上接天线，下接地气”，既充分体现发布者即政府部门的宏观意图，又满足规划区域的实际需求，解决实际问题。在体系上，具有系统性、一致性、完整性；在内容上，要辨析准确、观点直抒、重点突出，并具有前瞻性、引领性和科学性。

（一）确保内容体系完整

在充分研究的基础上，坚持一套理念、一个战略、一个目标引领，聚焦重点问题，提出对应的重点工程和项目，确保规划文本的要素完整、逻辑严密。同时，在时间维度上保证“昨天—今天—明天”的持续，以发展现实为底座，以发展现状为基础，制定未来发展目标和路径，系统性解决问题；在空间维度上保持“上下左右”的协调，兼顾好规划区域与周边区域的发展秩序，协调好规划自身与上位规划、上级规划的空间关系，既突出特色，又和谐统一。

（二）紧密衔接现行政策

规划思想应与国家现行政策保持连贯一致，并通过目标任务的制定，推动国家政策方针落实。一是注重国家政策的引导。规划编制要着眼全局，提高站位，在论述上与国家现阶段的总路线、总目标、总方针相吻合，突出政策性；二是保持与本地发展路径相一致。充分研究所在区域现阶段的发展战略和方向，找准定位、明晰路径、发挥优势，突出协调性；三是紧扣专业领域的政策和规范要求。政策和技术规范是规划编制的重要依据，在规划编制前期，应将法律法规、政策规范的研究和讨论设为重要环节，充分把握政策意图，领会技术要求，突出合规性。

（三）坚持求真务实原则

规划用语应坚持求真务实的原则，在用词上突出规划法律性语言的特点，一是以内容为核心，发挥规划机构的技术优势，提出科学、合理、有前瞻性的理念、思路、策略，确定可行的方法和路径，夯实项目基础。避免重厚度、轻质量，内容东拼西凑、复制粘贴，提交一个内容平淡、低级错误频现或者放之四海而皆准的无用规划。二是注意语气和用词，规划编制者要有代入感，站在规划发布者的角度，考虑如何措辞，做到严谨周密、朴实无华、简明扼要，避免夸大其词、长篇大论。三是避免出现指示性的语言表述，规划是向全社会展示的发展蓝图，不能用要求、指示性的话语，如“必须”“要”等词语。而是明确告诉受众鼓励什么、支持什么、限制什么、禁止什么。

（四）注重文本的表现力

党的十八大以来，在我国政府工作报告、会议报告等公开发布的文件中，语言风格越来越接地气，内容表达更加通俗易懂。例如，2017 年我国《政府工作报告》中出现了“蓝天保卫战”“居住属性”“数字家庭”“河长制”“国家公园体制”等 12 个新词，2019 年我国《政府工作报告》中出现了“放水养鱼”“新官不理旧账”“14 亿中国人的饭碗，必须要牢牢端在自己手上”等说法，体现了政府的措施与百姓生活息息相关，并不是高高在上的。因此，当前规划的编制也应逐步改掉以往过于严肃、生硬的用词方法，跟上新时代的步伐，合理灵活运用老百姓能听懂的词汇，以及一些通俗易懂的“大白话”，提升规划文本的表现力，完成一本能看懂、能落实的规划。

二、规范使用汉字

2000 年 10 月 31 日，第九届全国人民代表大会常务委员会第十八次会议通过了《中华人民共和国国家通用语言文字法》，第三条提出“国家推广普通话，推行规范汉字”，这也是规划编制的最基本的要求。2013 年 6 月 5 日，国务院公布的《通用规范汉字表》共收录汉字 8105 个，社会一般应用领域的汉字使用应以该表为准。对于未收入《通用规范汉字表》的字，一般应采用历史通行的字形，不应自造未曾使用过的新的简化字。在规划中一般禁止使用不规范汉字①。

（一）注意错别字

在信息化越来越发达的时代，规划编制人员已经完全实现依靠电脑和输入法软件完成内容的录入。在这种情况下，一般出现错字的概率较小，但因输入法限制、规划编制人员缺乏对字形字义的探讨和研究等原因，容易张冠李戴，将形、音、义相近的汉字或词语混淆，导致出现错别字。除此之外，遇到生僻字时，往往也容易出现错别字。最容易出现错字的就是地名。例如，“双洎河”会被写作“双自河”，“渼陂湖”会被写作“渼坡湖”，等等。

事实上，文字功底正是体现基本功的重要标志，因此在日常积累过程中，规划编制人员必须加强对字形、字义、字音的研究，严格区分易混字、易错字。在此，我们对常见易混字进行了初步总结，具体见表 8–1。

表 8-1　规划文本中常见的别字归纳

略见一斑（般）	别出心（新）裁
按部（步）就班	万事俱（具）备
战略部（布）署	山清（青）水秀
川（穿）流不息	中流砥（抵）柱
融会（汇）贯通	各行其是（事）
提高品位（味）	锦绣（秀）山河
是（事）非	装订（钉）
引申（伸）	前提（题）
精粹（萃）	砝（法）码
亟（急）待	籍（藉）贯
震撼（憾）	延伸（申）
追溯（朔）	给予（于）

注：括号中的是别字。

① 不规范汉字是指《通用规范汉字表》收录的规范汉字以外的汉字，包括繁体字、异形字、旧字形等。

（二）繁体字、异形字的使用

《中华人民共和国国家通用语言文字法》规定，规范汉字为基本的服务用字。《通用规范汉字表》要求一般禁止使用繁体字、异形字、旧字形等。但在某些情况下，如文物古迹，姓氏中的异体字，书法、篆刻等艺术作品，题词和招牌的手书字，出版、教学、研究中需要使用的，以及经国务院有关部门批准的，可以保留或使用繁体字、异形字。例如，“阪”是“坂”的异体字，《通用规范汉字表》中规定，“阪”字可用于地名，如大阪；“䜣”是“欣”的异体字，《通用规范汉字表》中规定，“䜣”可用于姓氏人名；“迺”是“乃”的异体字，《通用规范汉字表》中规定，“迺”可用于姓氏人名、地名。

三、注意正确用词

规划语言是表达规划思想、逻辑、意图的媒介，是决定规划文本质量的关键要素，因此，研究规划用词应成为每一个规划编制人员的必修课。在掌握规划用词、用语基本要求的基础上，细心打磨、仔细斟酌各类易混词、古语词、熟语、流行语、术语的使用尺度，使规划文本的表达是合理的、立场是正确的、语言是严密的。

（一）区分易混词

易混词一般是指同音不同意的词语，也是在书写时容易出错的环节。作为规划编制人员，不仅要熟记一些常用词语本身的意思，更要能够正确辨析易混词之间的异同，最大限度降低规划文本中的用词错误。规划文本中常用且易混的词语见表 8–2。

表 8-2 规划文本中常见易混词区分[①]

易混词	区分	易混词	区分
做出、作出	做出：多与名词词语搭配使用 作出：多与决定、解释等词语搭配使用	部署、布署	部署：是名词，指安排情况 布署：是动词，指安排布置
反映、反应	反映：一是把客观事物的实质表现出来；二是把客观情况或别人的意见等告诉上级或有关部门 反应：一般指事情所引起的意见、态度或行动	入驻、入住	“住”与“驻”都有停留的意思；但是“住”泛指通常意义的居住，“驻”则特指为军事目的或执行公务而驻扎、留驻
原形、原型	原形：指原来的形状，本来的面目，贬义 原型：指原来的类型或模型，特指叙事性文学作品塑造人物形象所依据的现实生活中的人	施行、实行	施行：一是加以推行，使之生效；二是按照某种方式或办法去做 实行：用行动来实现
包含、包涵	包含：包容含有 包涵：原谅、宽恕	必须、必需	必须：一定要那样做 必需：必不可少的
暴发、爆发	暴发：突然猛烈的发生或以不正当的手段发财如山洪、流行病、雪崩 爆发：由于爆炸而突发或发生重大事变如战争、火山、革命、大笑	需要、须要	需要：一是应该有或者必须有；二是对事物的欲望或要求 须要：一定要
辩证、辨证	辩证：哲学术语 辨证：辨析考证	不力、不利	不力：不尽力 不利：没好处、不顺利
次序、秩序	次序：先后顺序 秩序：有条理、不混乱的情况	大义、大意	大义：大道理 大意：主要的或大概的意思
度过、渡过	度过：用于时间方面 渡过：用于有水面的空间或难点、危机、困难时期	截止、截至	截止：不再向前延伸，不带时间宾语 截至：暂时切断，并未终止
考查、考察	考查：①考核检查；②考证 考察：①实地观察调查；②深刻观察了解；③考验审察	品位、品味	品位：名词①官阶；②物品或文艺作品的质量 品味：动词①尝味道；②仔细体会
标明、表明	标明：用文字符号标出来，使大家知道 表明：清清楚楚地显示出来	遏止、遏制	遏止：用力阻止 遏制：控制；制止
功夫、工夫	功夫：本领、造诣 工夫：时间、时候	界限、界线	界限：不同事物的分界 界线：两个地区分界的线

① 本表内容主要参考了《现代汉语词典》（第 7 版），商务印书馆。

续表

易混词	区分	易混词	区分
年轻、年青	年轻：①年纪不大，多指十几岁至二十几岁；②指事业学问的开创的时间不长 年青：指处在青少年时期	妨害、妨碍	妨害：指有害于 妨碍：指阻碍，不能顺利进行
法制、法治	法制：指法律制度，包括法律的制定、执行和遵守，是一种治理社会的制度和方法 法治：①先秦法家的政治思想，主张依法治国；②根据法律治理国家	捉摸、琢磨	捉摸：指猜测，预料，多用于否定的意思 琢磨：①雕刻和打磨（玉石）；②加工使精美（指文章等）；③思索，考虑
形迹、行迹	形迹：①举动和神色；②痕迹、迹象；③指礼貌，如“不拘形迹” 行迹：指行动的踪迹	终止、中止	终止：指结束，停止 中止：指因故中途停止
勾通、沟通	勾通：指暗中串通，相互勾结，贬义词 沟通：指两方能够通连	预定、预订	预定：指预先规定或约定 预订：指预先订购
巨变、剧变	巨变：指的是巨大的变化 剧变：指剧烈的变化	泄漏、泄露	泄漏：专指液体、气体慢慢流出 泄露：指不该让人知道的事情让人知道了
质疑、置疑	质疑：指提出疑问 置疑：指怀疑，一般用于否定的意义	本义、本意	本义：指词语的本来意义 本意：指原来的意思或意图

（二）正确使用政治经济术语

在编制发展类规划文本或研究报告过程中，经常会使用到一些政治类、经济类术语，但往往在实际运用过程中却发现理解得似是而非，或闹出笑话。作为规划人员，怎样才能准确、灵活运用这些常见的政治、经济类术语呢？一方面，必须把对新闻联播、焦点访谈、人民日报、政府工作报告、领导讲话等的学习作为日常必修课；另一方面，对国家颁布的法律法规、规范性文件等进行深入研究，了解每一个词语的概念、内涵及渊源，才能在工作中做到有的放矢。

在时代发展过程中，有一部分政治类、经济类词语被淘汰或改造，通常那些被废弃的词语不能再使用，除非在特殊的语境中。例如，不再使用“南巡讲话”，而是“南方谈话”；不再使用“国营企业”，而是“国有企业”。

（三）正确使用流行语

流行语是特定时代社会生活、社会心理、社会热点，以及风俗、时尚、文化观念、价值取向的具体、生动反映。流行语的使用固然能够提升规划文本的表现力和可读性，但是也应注意把握适用范围和界限，做到适度得体，注重三个方面：一是对于适应我国政治、经济和文化发展需要而产生的社会流行语，因其代表和反映了人民的意志，富有新意和表现力，应注意留心观察、广搜博取，准确理解和把握其含义，恰当地使用在规划文本中，能够极大地增强表达效果，如“菜篮子工程”“多规合一”“高质量”“两不愁三保障”“碳达峰碳中和”“揭榜挂帅”等。二是对于术语化较强的社会流行语，在规划中应加以必要的阐释或说明，便于受众理解，如“两新一重”“城市大脑”“一网通办”等。三是对于一些流行语，尤其是网络用语还是要慎重使用或者不使用，维护好规划的权威性和严肃性。

（四）其他注意事项

除政治经济名词、流行语以外，在规划编制过程中还会经常用到一些专业术语、名称、简称、熟语等，对于每一类词的使用，都应遵循准确性、统一性、时效性、顺序性、空间性的原则。

（1）专业术语是规划编制人员专业性的一个重要体现，一般在规划文本中应精确且严谨地使用专业术语。但是，考虑到受众群体的差异性，以及规划文本的可读性，对于一些难懂的术语应尽量避免使用。

（2）熟语一般包括成语、惯用语、谚语、歇后语、格言等，一般在规划文本中比较常用的是成语、惯用语，避免使用谚语、歇后语、格言。在成语、惯用语的使用上应注意弄清其实际意义，不能“望文生义”，做到恰当、自然，避免适得其反。

（3）名称的使用应更加注重前后统一、表述准确、讲求顺序。对于有变动的需用括号予以标注说明；对于译名的使用，均应以新华社的译名为准；一篇规划中第一次出现的县、市、地区、军分区、乡、村等名称之前应当冠以所属的省份或地区名，但全国闻名的市例外；各种名称第一次出现应用全称，如因名称太长确需使用简称，则应在第一次出现全称时用括号加以标注说明；当人名、地名、同级机关名称等排列使用时，应按照既定规则或惯例排列顺序。

（4）民族宗教类词语在规划中使用时应注意：一是对各民族应使用全称，不能随意使用简称，如“蒙古族”“维吾尔族”不能简称为“蒙族”“维族”；二是少数民族的支系、部落应称为“××人”而不是“××族”。如“摩梭人”“撒尼人”不能称为“摩梭族”“撒尼族”；三是不应把宗教和民族混为一谈，如“穆斯林”是伊斯兰教信徒的通称，而不是民族。

（5）规划中涉及国家主权、国际关系时应注意：一是香港、澳门是中国的特别行政区，台湾是中国的一个省，在任何文字、地图、图表中都应特别注意不要将其称作“国家”，尤其是多个国家和地区名称连用时，应格外注意不要漏写“（国家）和地区”字样；二是不得将海峡两岸和香港并称为“两岸三地”；三是“台湾”与“祖国大陆（或‘大陆’）”为对应概念，“香港、澳门”与“内地”为对应概念，不得混淆；四是不得将台湾、香港、澳门与中国并列提及，如“中港”“中台”“中澳”等，可以使用“内地与香港”“大陆与台湾”或“京港”“沪港”“闽台”等；五是不使用“一带一路”战略的提法，而使用“一带一路”倡议。

四、会用标点符号

规划中的标点符号使用，应参考原国家质量监督检验检疫总局、国家标准化管理委员会发布的《标点符号用法》（GB/T15834-2011）。常用的标点符号共有两大类 17 种：一类是“标号”，共 10 种；另一类是“点号”，共 7 种。

（一）标号使用规则

标号的作用在于标明，主要标明语句的性质和作用。常用的标号有 9 种，即：引号、括号、破折号、省略号、着重号、连接号、间隔号、书名号和专名号。各种标号的使用方法见表 8-3。

表 8-3　　标号的用法①

名称	形式	用法
引号	“” ‘’	独立成段的引文如果只有一段，段首和段尾都用引号；不止一段时，每段开头仅用前引号，只在最后一段末尾用后引号
括号	（） 【】 [] 〔〕	标示注释内容或补充说明；标示作者国籍或所属朝代用方括号或六角括号；报刊标示电讯、报道的开头，可用方头括号；标示公文发文字号中发文年份时，可用六角括号；表示被注释的词语时，可用六角括号或方头括号
破折号	——	标示注释内容或补充说明、标示插入语、标示总结上文或提示下文、标示话题的转换、标示声音的延长、标示话语的中断或间隔、标示引出对话、标示事项列举分承等
省略号	……	标示引文的省略、标示列举或重复词语的省略、标示语意未尽、标示说话时断断续续、标示对话中的沉默不语、标示特定的成分虚缺等。在标示诗行、段落的省略时，可连用两个省略号
着重号	.	标示语段中重要的文字、需要指明的文字
连接号	- —— ～	短横线：用于化合物的名称或表格、插图的编号；连接号码，包括门牌号码、电话号码，以及用阿拉伯数字表示年月日等；在复合名词中起连接作用；某些产品的名称和型号；汉语拼音、外来语内部的分合 一字线或者波浪线：用于标示相关项目（如时间、地域等）的起止；标示数值范围（由阿拉伯数字或汉字数字构成）的起止
间隔号	·	用于标示外国人名或少数民族人名内部的分界，标示书名与篇（章、卷）名之间的分界，标示词牌、曲牌、诗体名等和题名之间的分界，用在构成标题或栏目名称的并列词语之间，以及以月、日为标志的事件或节日，用汉字数字表示时，只在一月、十一月和十二月后用间隔号。当直接用阿拉伯数字表示时，月、日之间均用间隔号（半角字符）
书名号	《》 〈〉	用于标示书名、卷名、篇名、刊物名、报纸名、文件名等，标示电影、电视、音乐、诗歌、雕塑等各类用文字、声音、图像等表现的作品的名称，标示全中文或中文在名称中占主导地位的软件名，标示作品名的简称
专名号	一条直线，标注在相应文字的下方	用于标示古籍、古籍引文或某些文史类著作中出现的专有名词，主要包括人名、地名、国名、民族名、朝代名、年号、宗教名、官署名、组织名等；现代汉语文本中的上述专有名词，以及古籍和现代文本中的单位名、官职名、事件名、会议名、书名等不应使用专名号。必须使用标号标示时，宜使用其他相应标号（如引号、书名号等）

① 该表内容主要整理于 2011 年 12 月 30 日发布的《标点符号用法》（GB/T 15834—2011），原国家质量监督检验检疫总局、国家标准化管理委员会发布。

（二）点号使用规则

点号的作用在于点断，主要表示说话时的停顿和语气。常用点号有 7 种，即：句号、问号、叹号、逗号、顿号、分号、冒号。各种点号的使用方法见表 8-4。

表 8-4　　点号的用法[①]

名称	形式	用法
句号	。	陈述句末尾的停顿，用句号。有时也用于语气缓和的祈使句[②]和感叹句末尾
问号	？	疑问句末尾的停顿，以及反问句末尾用问号。在多个问句连用或表达疑问语气加重时，可叠用问号，最多叠用三个问号。问号也有标号的用法，即用于句内，表示存疑或不详
叹号	！	感叹句末尾的停顿，以及语气强烈的祈使句末尾、语气强烈的反问句末尾用叹号。表示声音巨大、声音不断加大或者表达强烈语气时，可叠用叹号，最多叠用三个叹号。当句子包含疑问、感叹两种语气且都比较强烈时，可在问号后再加叹号
逗号	，	句子内部主语与谓语之间如需停顿，以及句子内部动词与宾语之间如需停顿、句子内部状语后边如需停顿，用逗号。复句内各分句之间的停顿，除了有时要用分号外，也需要用逗号
顿号	、	主要用于并列词语之间、需要停顿的重复词语之间、标有引号的并列成分之间等情况下
分号	；	主要用于表示复句内部并列关系的分句之间，以及表示非并列关系的多重复句中第一层分句（主要是选择、转折等关系）之间的停顿
冒号	：	用于总说性或提示性词语之后，表示提示下文；表示总结上文；用在需要说明的词语之后，表示注释和说明；用于书信、讲话稿中称谓语或称呼语之后

（三）规划中容易误用的标点符号

1.逗号、句号的正确运用

在日常工作中，不难见到“一逗到底”的现象，这往往是因为言语片段前

---

① 该表内容主要整理于 2011 年 12 月 30 日发布的《标点符号用法》（GB/T 15834—2011），原国家质量监督检验检疫总局、国家标准化管理委员会发布。

② 祈使句，是指用于表达命令、请求、劝告、警告、禁止等句子，最常用于表达命令。

后意思连贯，作者担心阻断语义联系而连续使用逗号。其实，在表达一个完整意思后，宜使用句号或其他表示句末停顿的点号。只要断句正确，受众是完全可以理解句意的。根据 2012 年实施的《标点符号用法》（GB/T 15834–2011），我们在规划文本编制时，应注意逗号的使用要点：一是在较长的主语后和较长的宾语前宜用逗号；二是某些序次语后宜用逗号；三是“以及”前可用逗号，“及”前不宜用逗号；四是“特别是”“尤其是”前宜用逗号；五是插在直接引语中的“某某说”后用逗号[①]。

2.选项末尾的标点运用

在规划文本中，往往有些内容是以词、词组形式表现的，就像调查问卷、考试题的选项一样，每个选项的末尾不加标点符号。在一些情况下，这样的内容也会出现意思完整的句子，即使句子中出现了逗号等句内点号，在句子末尾仍然不加标点符号。

3.说明文字的标点运用

在规划文本中经常会出现插图或者表格等形式，如果配套的说明文字在插图或者表格之前的段尾，则不加句号。即使说明文字是一段话，而且前面已经使用了句号，在最后的结尾处，依然不需要使用句号；如果说明文字在插图或者表格的正下方，则与一般文段一样，在结尾使用句号。

4.并列分句间的标点运用

一般在复句中，会有多个并列分句或者多重的并列分句。

对于单重并列分句来说，如果分句内使用了逗号，各并列分句之间就应使用分号来划分句子的层次结构；如果分句内没有使用任何标点符号，各并列分句之间可以不使用分号，使用逗号就行；如果分句内使用了顿号，各并列分句之间也可以使用逗号。

对于多重并列分句来说，第一层分句之间使用分号表示停顿；每个并列分

---

① 本段参考了杜永道的《莫再“一逗到底”——使用逗号宜注意的几个问题》，发表于《光明日报》（2017 年 07 月 23 日 12 版）。

句内部使用逗号来间隔。

5.并列的书名号、引号中间标点符号运用

按照新标准规定，在表示并列的书名号、引号中间一般不需使用顿号等符号表示顿开；若有其他注释性内容插在书名号或引号之间，则需要添加顿号。

6.序号后面的标点符号运用

《党政机关公文格式》(GB/9704–2012)规定，公文的正文结构层次序数依次可以用“一、”“(一)”“1.”“(1)”标注。规划文本中在章节体系下，结构层次也应按照该标准执行，并注意序号后的标点符号运用，避免逗号、顿号混淆使用。

五、准确使用数字

规划编制离不开数字，文本中常见的数字有阿拉伯数字、大写汉字数字、小写汉字数字，规划编制者不仅要确保写入的数字前后数值一致、统计口径一致、计量单位一致，还要掌握不同数字形式的使用方法，体现严谨细致的作风。

（一）阿拉伯数字的使用

阿拉伯数字主要用来进行计量或编号。一是采用阿拉伯数字表达可量化指标情况，尤其是当数值伴随长度、面积、容量、体积、质量、温度、经纬度、音量、频率等计量单位时。例如，海拔高度在2388米至5254米、年平均降水520mm、人均规划用地指标0.8～1.1m^2/人，服务半径1000米等。特别是当计量单位以字母表达时，应采用阿拉伯数字。二是在使用数字进行编号的场合，为达到醒目、易于辨识的效果，应采用阿拉伯数字。如“公文编号：中办发〔2021〕3号”“邮政编码：710000”“道路编号：108省道”“章节编号：4.1.2”“行政许可登记号：0684D10004–828”等。三是已定型的含阿拉伯数字

的词语。在现代社会生活中出现的事务、现象、事件，其名称的书写形式中包含阿拉伯数字，已经广泛使用而稳定下来。例如，5G 网络、G20 峰会、维生素 B_{12}、95 号汽油、“5.12” 地震，等等。

（二）汉字数字的使用

汉字数字的使用一般以小写汉字数字为主，在法律文书和财务票据上应采用大写汉字数字计数。主要使用情境有以下四个方面：一是非公历纪年。干支纪年、农历月日、历史朝代纪年及其他传统上采用汉字形式的非公历纪年等，应采用汉字数字。例如，丙寅年十月十五、农历腊月二十三、八月十五中秋节、秦文公四十四年等。二是对于概数的表达。数字连用表示的概数、含“几”的概数，应采用汉字数字。例如，三四个月、一二十个、几万分之一等。三是已定型的含汉字数字的词语。汉语中长期使用已经稳定下来的包含汉字数字形式的词语，例如，万一、一律、四书五经、星期五、五四运动、“一二·九”运动、十月革命等。四是“零”和“〇”的区分。阿拉伯数字“0”有“零”和“〇”两种汉字书写形式。一个数字用作计量时，其中“0”的汉字书写形式为“零”；用作编号时，“0”的汉字书写形式为“〇”。例如，“73.02”的汉字数字形式为“七十三点零二”（不写为“七十三点〇二”），“公元 2012（年）”的汉字数字形式为“二〇一二”（不写为“二零一二”）。

（三）阿拉伯数字和汉字数字混用

当表达计量或编号所需要用到的数字个数不多，选择汉字数字还是阿拉伯数字在书写的简洁性和辨识的清晰性两方面没有明显差异时，两种形式均可使用。例如：17 号楼（十七号楼）、3 倍（三倍）、第 5 个工作日（第五个工作日）、100 多件（一百多件）、第 4 季度（第四季度）、4 个月（四个月）等。但是，如果要突出简洁醒目的表达效果，应使用阿拉伯数字；如果要突出庄重典雅的表达效果，应使用汉字数字。

总之，在同一场合出现的数字，应遵循“同类别同形式”原则。如果两个数字的表达功能类别相同（如都是表达年、月、日、时间的数字），或者两个数字在上下文中所处的层级相同（如文本目录中同级标题的编号），应选用相同的形式。反之，如果两个数字的表达功能不同或所处的层级不同，可以选用不同的形式①。

六、规范运用计量单位

关于规划文本中量和单位的运用，主要参考 1993 年原国家技术监督局发布的《量和单位》（GB3100–3102–1993）。在规划文本中主要考虑以下四点：

（1）除 pH 值外，所有量符号都必须使用斜体，例如，V（体积）、t（时间）、I（电流）、Mr（相对分子质量）等。

（2）不宜使用已经废弃的量名称，例如，用质量而不是重量、用密度而不是比重、用电流而不是电流强度、用比热容而不是比热等。

（3）凡量符号和代表变动性数字、坐标轴名称及几何图形中表示点、线、面、体的字母做下标，采用斜体，其他情况一律用正体。

（4）一般情况下，不能使用市制单位，如丈、尺、寸、斤、两、亩、斗等，但在规划中引用历史资料时是允许使用的，同时要括注法定计量单位。

第三节 附图附表

附图和附表作为规划成果的重要组成部分，对规划文本起到解释说明的作用，并且能够形象地将规划中难以用语言文字表达的内容，通过更加简明、直观的图件和表格等形式展现出来，帮助读者在最短的时间里清晰地理解规划中所要表达的内容、要求及部署情况。

① 本段出自《出版物上数字用法》（GB/T 15835–2011）。

一、规划附图

（一）主要内容

规划附图是利用图形、线条、色调、符号等元素，通过专业制图工具形象准确地将规划的现状和设计的内容制作成相应的规划示意图。

（1）规划附图应绘制在地势地形图上，其表达的内容和要求应与规划文本保持一致。

（2）不同类别规划的内容深度也不同，在附图表达上也千差万别。总体来说，规划附图主要包含现状图、分析图、规划图、效果图、施工图等。

（3）规划附图的一般要素包括：图框与图幅规格、图界、图题、署名与编绘时间、图号、比例与比例尺、指北针与风向玫瑰、图例、文字与说明、地形图等。

（二）基本要求

1.绘制要求

规划附图绘制最基本的要求是内容完整、准确，图面清晰、美观，并且符合国家现行有关强制性标准的规定。具体可概括为以下九个方面。

（1）底图。按照国务院关于推广使用2000国家大地坐标系的有关要求，2018年7月1日起全面使用2000国家大地坐标系。规划人员在绘制图件的过程中，首先要以最新的地形图或总体规划图为底图。若遇到坐标系不统一的问题，需先完成坐标基准转换，或者要求甲方提供规划范围内最新的、完整的、采用2000国家大地坐标系的地形图或总体规划图。

（2）图界。图界是附图的幅面内应涵盖的用地范围。所有的规划附图都应涵盖规划用地的全部范围、周邻用地的直接关联范围和规划图按规定应包含的规划内容的范围。

（3）图题。图题应包含项目名称（主题）、图名（副题），其中副题的字号宜小于主题的字号。图题宜横写于附图的上侧或右上侧，不应遮盖附图中现状与规划的实质内容。

（4）比例尺。除了与尺度无关的图以外，规划附图一般需要标绘出表示附图上单位长度与地形实际单位长度比例关系的比例与比例尺。比例一般用阿拉伯数字表示。规划附图使用的比例，应按国家或行业有关标准执行。

（5）图面内容（要素）。图面内容（要素）是图的核心，是图件功能的具体体现。每一种图件都包含有不同功能的内容（要素），它们相互补充、互为依据。把图件要反映的信息展示在图面各自所在的位置上，绘图者需根据不同规划的规范要求，参照相关规定，规范制图。例如，2021 年 3 月，自然资源部出台了《市级国土空间总体规划制图规范（试行）》，明确了国土空间总体规划图件的绘制要求，并分别对调查型、管控型图件的绘制提出具体要求，明确了图件的色彩和符号表达标准，以及参考样图集。对于有制图规范的项目，绘图人员需要严格按照规范要求执行。对于发展规划、概念性规划等，附图主要是辅助宏观思路、规划构思的表达，它区别于工程性的技术附图，附图以草图、意向图为主，但是各类图面应有的基本要素必须完整，能够全面准确地表达某一方面的规划思路。

（6）图例及色调。图例是对图的另一种解释说明，是表示图内容的准绳，也是必不可少的阅读指南。图例一般配置在图的边缘或拐角处。图例的设计重点关注实用性、规范性和艺术性，实用性是指在设置图例时要考虑目的和用途，规划附图面对的受众不仅有专业人士，也有非专业人士，因此图例设置要兼顾各类受众，为其提供服务；规范性是指国家或行业对大多数规划附图的制作都制定了相应的制图规范、图例规范或行业规范，这些标准都是结合实际工作情况，在长期工作实践中形成的，规划人员在制图时应严格遵照规范性文件的要求；艺术性是指图例不仅可以向受众提供丰富的专业信息，而且能够体现规划机构或设计人员的艺术水平、审美水平。好的图例不仅能够做到简单明了、主次分明、清晰美观、方便阅读，更在形式、配色等方面让受众有美的享受。

（7）图面布局。一个好的图面布局，不仅可以最大限度地利用空间，保证图面要素布局更加合理，而且能整体提高图件的视觉效果。因此，规划的附图绘制过程中，既要严格依据相关标准，又要在能力范围内尽可能合理布局，让图面兼顾美观与直观。

（8）建筑相关。附图内容中涉及城市建筑群体的，要明确其在城市建筑群体景观组织中的地位和在建筑造型、风格及地方特色上的总体控制要求，明确各建筑物与周边建筑物在高度、体量、色彩、屋顶形式、裙房界面、细部设计等方面的协调方式和控制要求；明确各建筑物的高度控制范围、高层建筑的适宜细长比、建筑主立面的面宽控制要求，标示建筑后推线和高层建筑后推线。

（9）地图使用。在规划中难免使用地图，在使用过程中必须遵循《中华人民共和国测绘法》《地图管理条例》《地图审核管理规定》中的有关规定，通过合法合规渠道获取标准地图，并在绘制过程中做到以下四点：

①正确反映各要素的地理位置、形态、名称及相互关系，且内容符合地图使用目的；

②在地图上绘制我国县级以上行政区域界线或者范围，应当符合行政区域界线标准画法图、国务院批准公布的特别行政区行政区域图和国家其他有关规定；

③在地图上表示重要地理信息数据，应当使用依法公布的重要地理信息数据；

④利用涉及国家秘密的测绘成果编制地图的，应当依法使用经国务院测绘地理信息行政主管部门或者省、自治区、直辖市人民政府测绘地理信息行政主管部门进行保密技术处理的测绘成果。

2.装订要求

（1）规划附图一般采用 A3 幅面，单面彩色打印，A3 幅面折叠后装订成 A4 图册，在折叠后附图显著位置标明附图序号及名称，便于查阅；入库附图以电子文件为准，打印附图可适当简化，表达核心要素。

（2）图集封面要求与文本一致；

（3）竖版附图标题在顶部，图例在底部；横版附图标题在顶部或右侧，图例在底部或右侧。

（三）各类附图

1.发展规划附图

发展规划附图一般包含区位分析图、生产力总体布局图、功能区域布局图、产业布局图、城镇体系布局图、土地利用布局图、主要基础设施布局图（综合交通、水利、电网、通信网等）、重要项目分布图等，多为示意图、意向图，表达发展规划的宏观思路、规划构思，其附图基本贯穿于整个发展规划文本。

2.国土空间总体规划附图

国土空间总体规划的附图一般包括调查型图件和管控型图件。

调查型图件包括：国土空间用地用海现状图、自然保护地分布图、历史文化遗存分布图、自然灾害风险分布图等。

管控型图件包括：国土空间控制线规划图、生态系统保护规划图、农（牧）业空间规划图、历史文化保护规划图、综合交通规划图、基础设施规划图、国土空间规划分区图、生态修复和综合整治规划图、矿产资源规划图、中心城区土地使用规划图、中心城区国土空间规划分区图、中心城区开发强度分区规划图、中心城区控制线规划图、中心城区绿地系统和开敞空间规划图、中心城区公共服务设施体系规划图、中心城区历史文化保护规划图、中心城区道路交通规划图、中心城区市政基础设施规划图、中心城区综合防灾减灾规划图、中心城区地下空间规划图等。

3.区域规划附图

区域规划附图包括规划范围示意图、空间格局示意图、生态格局示意图等。区域规划一般要求附图要明确标示出规划范围、区域重要节点、主要交通干线、机场、港口、主要河湖水系等，在此基础上以轴线表示出规划区域周边区域重要节点的空间关系。分析区域范围大小的确定，应以与规划区在经济产业发展方面存在紧密联系的区域为依据。

4.专项规划附图

专项规划针对国民经济和社会发展的重点领域和薄弱环节、关系全局的重大问题而编制，因此一般包含交通、市政设施、公共设施、资源保护利用、城市安全等。各专项规划的附图应该根据规划管理的实际需要和相关标准文件的要求进行设计绘制。

交通类专项规划附图一般包括交通体系现状图、交通系统规划布局图、交通设施用地规划图、近期建设规划图等；市政设施类专项规划附图一般包括设施现状分布图、设施综合布局规划图、市政设施能力评估图等；公共设施类专项规划附图一般包括各类公共设施现状图、布局规划图、近期重点项目布局图等；资源保护利用类专项规划附图包括各项资源保护现状图、总体规划布局图、近期保护规划图等；城市安全类专项规划附图包括城市综合灾害评估图、城市综合防灾空间规划图、城市疏散避难空间规划图、城市公共设施与基础设施的防灾规划图、城市危险源布局规划图等。

二、规划附表

附表利用其可视化的表现形式，将规划文本所要展示的重要指标及数据资料以一种更加简明、清晰的方式表达出来。一般由表头（总标题）、行标题、列标题和数字资料四个主要部分组成，必要时可以在附表的下方加上表外附加。具体的要求如下。

（一）表序和表题

表序和表题应放在表的上方，它所说明的是表的主要内容，一般采用比正文小 1 个字号的黑体字排版。

（二）表头

表头包含行标题和列标题，一般安排在附表的第一列和第一行，它所表示的主要是所研究问题的类别名称和指标名称，通常也被称为“类”。文字一般用比正文小 1 ～ 2 个字号的文字排版。若出现表格跨页，续表必须加排表头，同时标注“续表”二字。

（三）数字资料

数字资料作为表格的内容主体，由若干行、栏组成，栏的内容有项目栏、数据栏及备注栏等，各栏中的文字要求比正文小 1 ～ 2 个字号排版。表中数字一般以末位数对齐，但不要错格。表中有空位的地方应标“—”表示没有数据。

（四）附表单位

表中的各类数据，应注明单位。若全表为一个单位，可在表题后注明；若每列单位不同，必须在表头栏内统一注明本列单位。

（五）表外附加

表外附加通常放在附表的下方，主要包括资料来源、指标的注释、必要的说明等内容。一般要求采用比表格内容小 1 个字号的文字排版。

例如，表 8-5 为《天津市城市总体规划（2015—2030 年）》中的附表 3，中心城市城市建设用地平衡表[①]。

表 8-5 《天津市城市总体规划（2015—2030 年）》中心城市城市建设用地平衡表

代号	用地名称	建设用地面积（公顷）		占建设用地比例（%）		人均建设用地面积（平方米 / 人）	
		现状	规划	现状	规划	现状	规划
R	居住用地	28846	44677	22.5%	27.0%	26.0	29.5
A	公共管理与公共服务设施用地	9388	12252	7.3%	7.4%	8.5	8.1
B	商业服务业设施用地	8276	14703	6.5%	8.9%	7.5	9.7
M	工业用地	41441	40320	32.3%	24.4%	37.4	26.6

① 摘自《天津市城市总体规划（2015—2030 年）》。

续表

代号	用地名称	建设用地面积（公顷）		占建设用地比例（%）		人均建设用地面积（平方米 / 人）	
		现状	规划	现状	规划	现状	规划
W	物流仓储用地	10125	6646	7.9%	4.0%	9.1	4.4
S	道路与交通设施用地	15992	23318	12.5%	14.1%	14.4	15.4
U	公用设施用地	3811	5506	3.0%	3.3%	3.4	3.6
G	绿地与广场用地	10237	18120	8.0%	10.9%	9.2	12.0
H	城市建设用地	128115	165542	100.0%	100.0%	115.5	109.3

注：2015 年城镇人口 1109 万人；2030 年城镇人口 1515 万人。

第四节　附件要件

规划附件作为规划编制的重要组成部分，主要是对规划文本中的重点内容进行补充说明。规划附件与规划正文具有同等效力，应当置于正文之后或版（文）尾之前，有的也可自行装订成册。一般编制不同的规划对附件的要求也会有所差异。

一、发展规划附件

发展规划作为全国或者某一地区经济、社会发展的总体纲要，是编制其他各类规划的依据和基础，各级发展规划的附件一般包括重点建设项目表和编制说明两部分内容。

（一）重点建设项目表

主要是对规划期内国民经济和社会发展的各个领域的重点项目列表展示，应包括项目名称、建设性质、建设内容、投资规模、建设周期等内容。在确定项目投资金额和项目期限时，应与参与项目建设的相关部门做好前期的沟通工作，确保项目投资金额预测的准确性和项目时间进度安排的合理性。

（二）编制说明

主要是对规划纲要的起草过程进行相关的情况说明，主要包括对上一轮发展规划时期工作的总结和当前形势分析、本轮规划的发展思路及目标定位的说明和规划编制过程中重点考虑的方面等内容。明确规划依据或理由，方便规划管理及有关人员查阅、了解，以利于其对规划的理解、掌握和应用。

二、国土空间规划附件

国土空间规划作为空间发展和空间治理的战略性、基础性工具，其规划附件主要包括规划说明、专题研究报告、其他材料等内容。

（一）规划说明

规划说明是对规划目标、规划构思、规划内容、规划对策及措施等提出规定、做出解释和说明的文件。对规划的依据或理由应有具体的说明与描述，方便规划管理及有关人员查阅、了解，以利于其对技术规定的理解或在具体执行过程中掌握、应用。

1.主要内容

规划说明一般包括以下内容：

（1）规划编制基础。包括编制背景、依据、数据采用等。

（2）规划目标定位。规划定位和发展战略的确定依据，规划目标确定和规划体系构建依据，规划指标测算依据。

（3）国土空间格局。国土空间格局的确定依据、思路与方法。

（4）国土主导功能区划分。开展主导功能区划分方案比选与论证，明确划分的依据和分级分类管控的思路。

（5）支撑体系。资源、能源、基础设施、防灾减灾等支撑体系确定的思路。

（6）国土综合整治和生态保护修复。国土综合整治和生态保护修复的重点区域、重点工程制定的依据。

（7）规划实施影响评价。对规划方案实施后可能产生的社会、经济、生态环境影响进行评价。

（8）规划协调衔接。现行规划目标、空间的衔接情况，规划方案中战略定位、规划目标、空间格局的衔接情况等。

（9）其他。规划需要具体说明的其他重要问题。

2.编制要求

（1）简明扼要地说明规划的现状概况与问题分析，重点阐述规划的理由，避免直接照搬基础资料。

（2）对于直接引用的内容，如法律、条例、规范或者相关规划的，应注明相关出处。

（3）有数据推算的内容，应保留其计算的过程。

（4）涉及城市发展规划的重大问题，如城市布局结构、城市重大基础设施等方面时，需要进行多方案的对比与评估，为规划编制提供切实可行的技术支撑。

（5）确保内容基本与规划文本保持一致，并采用与规划文本相对应的章节顺序结构。

3.编制体例

规划说明一般采用与规划文本相对应的章节结构顺序。

章节的层次一般不超过 4 级：第 1 级为“章”，是编制说明的基本划分单元，每一章下可依次再分成若干连续的第 2 级“节”，其编号只在所属章节范围内连续。

说明一般会用到直观的图表形式来进一步解释文本内容，其编号及排列格式有两种：一种是按照图表出现的先后顺序编号，如图 1、图 2，表 5、表 6。只有 1 幅图、1 张表时，也应编号为“图 1”“表 1”。另一种是分章依序分别连续编号，即前一个数字为章的编号，后一个数字为本章内的顺序号，两个数字之间一般用半字线连接，如图 1–2、图 2–1 及表 3–2、表 5–3。图应有简短确切的图名，连同图号置于图的下方，图号与图名间应有一字空。另外应注意不宜将正式的规划附图列为编制说明的插图来使用。

（二）专题研究报告

结合各地实际，对国土空间开发保护过程中的重大问题进行专题研究，为开展两个评价、绘制规划底图、形成规划总图、编制一本规划、搭建信息平台、建立一套机制等后续工作的开展、目标任务落实提供基础支撑和科学依据。

专题研究一般包括国土空间目标战略、城镇化趋势、开发保护格局优化、人口产业与城乡融合发展、空间利用效率和品质提升、基础设施与资源要素配置、历史文化传承和景观风貌塑造、生态保护修复和国土综合整治、规划实施机制和政策保障等与国土空间开发保护相关的重大问题。专题研究报告应就所研究问题进行深入分析，不宜将规划说明简单扩充代替专题研究，各专题与文本之间的观点、数据应一致。其内容一般由封面、扉页、内容提要、目录、正文、参考文献及附录等组成。

（三）其他材料

其他材料主要是对规划编制过程中形成的工作报告、基础资料、会议纪要、人大常委会审议意见、部门意见、专家论证意见、公众参与记录等资料整理汇编。在汇编过程中，需要注意各类资料的真实性、准确性，尽可能采用官方公布的数据。

三、区域规划附件

区域规划是描绘一定地区范围发展的远景蓝图，是区域内城市发展方向和生产力布局的重要依据。一般来说，区域规划的附件包括附图、规划编制说明等内容。其中，附图内容详见本章第三节。规划编制说明主要是对区域规划的起草过程进行相关的情况说明，主要包括区域规划编制的总体过程、编制依据、基本框架、主要目标及其他需要重点说明的重点内容。

四、专项规划附件

专项规划是针对国民经济和社会发展的重点领域和薄弱环节、关系全局的重大问题编制的规划。专项规划的附件一般包括附图、附表及规划说明等。其中关于附图、附表内容在本章第三节已经做了相关的介绍，不在此赘述。

规划说明是对规划文本的详细说明，在规划文本内容的基础上对规划领域的现状条件、存在问题等作出分析或说明，对规划确定的原则、目标、规定、结论、措施等内容进行进一步的说明。其内容一般由正文和附录组成。编制的过程中应确保内容基本与规划文本保持一致，并采用与规划文本相对应的章节顺序结构。

第五节　数据平台

随着规划的研究编制、实施管理和监督监察等各项工作日益繁重，涉及的规划业务量和数据量持续增加，加上公众对规划政务公开、规划服务水平的要求越来越高，对规划的规范性和科学性的要求有了大幅提升。在新时代新的规划体系下，各类规划对信息化的需求也越来越高，数据库、信息化平台逐步成为规划成果的必备内容。

一、规划数据库建设

（一）建设目的

数据库即存放数据的仓库，是一个长期存储在计算机内的、有组织的、可共享的、统一管理的大量数据的集合。相比于传统的文档式管理，数据库是数据管理的新方法和技术，它具有高效、可靠、共享、易管理等特性。随着规划体系改革落地，"多规合一"规划成果涉及的数据广度、深度持续扩展，规划传导的精准度不断强化，规划管理难度日益提升，建设规划数据库①成为必然。通过数据库的建设，更好地实现不同类型规划数据的存储、调用和共享，充分发挥规划数据在辅助决策方面的作用，并为各类信息系统的开发提供支撑。

（二）建设内容

1.框架体系建设

数据库框架体系建设应以规划建设信息资源的内容、类型、流转、应用等方面的特点和要求分析为基础，结合地理信息技术、数据库技术、工作流技术等相关技术现状和发展趋势，确定规划数据资源框架体系。同时，制定数据库的建设标准及规范，包括规划信息资源数据标准、命名规则、编码规则、元数据标准、符号规范等；制定数据库管理标准及规范，包括数据更新工作规范、数据制作检查流程等。

2.数据库系统建设

数据库系统主要包括数据库管理系统和数据库发布系统。其中，数据库管理系统是位于用户与操作系统之间的一层数据管理软件，数据库的建立、运行、维护均由管理系统统一控制，主要实现数据字典管理、符号管理、元数据管理、用户管理、权限管理、日志管理、服务发布，以及数据的质检、入库、删除、更新、备份和附件管理等功能；数据库发布系统主要是实现规划数据的共享发布、数据检索、统计和输出。

---

① 《城乡规划学名词》，城乡规划学名词审定委员会审定，全国科学技术名词审定委员会批准，2021 年 4 月正式公布。

（三）数据库类型[①]

规划数据库是根据规划编制和规划管理的实际需求设计的，专门用来存放与规划有关数据和信息的数据库，通过数据库对不同种类、不同来源、不同领域的规划数据进行统一管理和共享应用。根据应用领域和数据类型差异，规划领域的数据库一般有传统数据库、空间数据库、工程数据库、统计数据库等。

传统数据库，是关系型数据库，指采用了关系模型来组织数据的数据库，其以行和列的形式存储数据，以便于用户理解。关系模型可以简单理解为二维表格模型，而一个关系型数据库就是由二维表及其之间的关系组成的一个数据组织。关系型数据库有 MySQL、Oracle、SQLServer、Microsoft Access 等。关系型数据库只针对简单对象，无法有效地支持复杂对象（如图形、图像），因此在空间数据的表示、存储、管理、检索上存在许多缺陷。

空间数据库，是以描述空间位置和点、线、面、体特征的拓扑结构的位置数据及描述这些特征的性能的属性数据为对象的数据库，是 GIS 在物理介质上存储的与应用相关的空间数据总和。空间数据库主要应用于自然资源、国土空间、城市规划、森林保护、人口调查、交通等领域的管理与决策。例如，依据《自然资源部办公厅关于开展国土空间规划"一张图"建设和现状评估工作的通知》《自然资源信息化建设总体方案》，规划数据库是国土空间规划编制、实施、监测、评价和预警的重要基础，也是国土空间规划"一张图"建设的首要任务。全国各省份实用性村庄规划编制指南均将村庄规划数据库列入规划成果之列，并发布了配套的数据库建设标准。

工程数据库，是一种存储和管理各种工程图形并能为工程设计提供各种服务的数据库，适用于 CAD/CAM、CIM 等工程应用领域。城市规划数据库是工程数据库的重要分支。除了数据库的一般功能外，工程数据库必须要解决复杂工程数据的表达和处理、大量工程数据的访问效率、数据库与应用程序的无缝接口等问题，要求工程数据库必须具有强大的建模能力、高效的存取机制、良好的事务处理功能、版本管理功能、模式进化功能、灵活的查询功能、网络和分布式功能等。

---

① 张军，周玉红，《城市规划数据库技术》，第 2 版，武汉大学出版社，2011. 8，200–206。

统计数据库，是一种用来对统计数据进行存储、统计、分析的数据库系统。它向用户提供的是统计数字而不是某一个体的具体数据。统计数据具有层次型特点，但不完全是层次型结构；统计数据也有关系型特点，但关系型也不能完全满足统计数据的存储需求；虽然一般统计表都是二维表，但统计数据的基本特性是多维的。调查统计数据是规划数据中的重要组成部分，目前这类数据大多数以文件形式存储，共享性、可得性较低，给规划人员的数据应用带来阻碍，因此统计数据库的建设也应成为规划数据库建设的重要内容。

（四）建设要点

规划数据具有鲜明的行业特征，对于规划成果中的数据库建设，一般主管部门会出台相应的数据库建设标准，规划人员应严格按照标准规定的内容、要素分类代码、数据结构、属性值代码等执行，实施数据库建设，确保数据库成果顺利提交。以国土空间数据库为例，对规划数据库的建设要点总结如下。

1. 数据规整。数据整理是建库前关键的准备工作之一，应对涉及数据尽量完整地收集并整理和分析。国土空间规划数据主要包含现状数据和规划成果数据，有矢量数据（CAD 或 GIS 格式数据）、栅格数据及相关说明文档数据，并将各类数据按照相应的国土空间总体规划数据库建设规范要求进行整理。例如，矢量数据保持统一的坐标系统、标准化处理实体要素、去除重复数据、修整冗余数据（悬挂线、重复面等）、拓扑关系等。

2. 结构清晰。根据 2021 年 3 月 29 日自然资源部办公厅发布的《自然资源部办公厅关于印发〈市级国土空间总体规划制图规范（试行）〉和〈市级国土空间总体规划数据库规范（试行）〉的通知》（自然资办发〔2021〕31 号，以下简称《通知》），县级国土空间总体规划数据库的组织结构应包含多个要素集，要素集下存放多个要素类。一般而言，一个数据库可以直接存放多个要素类，而数据集下则不能再放要素数据集。但采用要素集的形式集中放置同类型的数据会使数据库结构更加清晰，同时也方便未来“一张图”信息平台的数据汇集。因此，在建库时，用户一般先建数据库，后建要素集，最后把数据放在要素数据集中。放在同一数据集下，多个数据（要素类）的空间参考（含坐标系、投影方式、XY 容差）必须一致。

3. 避免错误。国土空间规划数据库提交常见错误如下：一是目录结构不规范，提交数据的格式不符合《通知》规定的文件格式；二是行政区范围与第三次全国土地调查使用的行政区范围不一致，或者是不同行政等级的边界在相交处存在局部范围不一致等基础性错误；三是字段赋值不在规定范围内、标识码不是唯一值、必填字段为空等空间属性数据不标准；四是自相交、重叠、空隙、未闭合、悬挂等空间数据拓扑错误；五是图斑面积超出容差范围、面积统计错误、图层间逻辑不一致等图数不一致的问题；等等。在数据汇集之前，要保证空间数据无各类错误，降低后期质检报错率，避免质检不通过①。

二、管理平台建设

（一）建设目的

随着国家数字化战略的深入实施，大数据技术不断深化，当数据成为至关重要的要素，在规划工作中如何充分发挥规划数据的价值，使其在后续的业务审批、监管监控、智慧化建设等工作中发挥作用，成为各主管部门和行业领域研究的重点。2018 年，中共中央、国务院发布了《关于统一规划体系更好发挥国家发展规划战略导向作用的意见》（中发〔2018〕44 号），提出要建设国家规划综合管理信息平台，将各类规划纳入统一管理。2019 年 5 月，中共中央、国务院发布《关于建立国土空间规划体系并监督实施的若干意见》（中发〔2019〕18 号），提出国土空间基础信息平台建设任务，实现主体功能区战略和各类空间管控要素精准落实。至此，信息化平台建设已成为综合性规划的必备成果之一。通过信息化平台对规划进行统一管理、衔接协调，对规划落地及区域发展进行跟踪监测，能够推动区域乃至全国规划基础信息互联互通，实现政府部门之间的数据共享，以及政府与社会之间的信息交互。

---

① 参考《国土空间总体规划数据库建库与质检问题研究》，王慧、陈慧媛、熊娟，湖北省城市规划设计研究院有限责任公司。

（二）规划综合管理信息平台

规划综合管理信息平台建设以中共中央、国务院发布的《关于统一规划体系更好发挥国家发展规划战略导向作用的意见》（中发〔2018〕44 号）为依据，以“全流程管理、全部门协同、全社会共享”为目标，将信息化与规划相结合，建立起集规划目录管理系统、规划编制支持、规划审批发布、规划监测评估及标准规范体系和安全保障体系于一体的规划综合管理平台（如图 8–1 所示）。通过平台实现对规划立项、前期研究、规划编制、审批发布、规划实施、监测评估、修订调整等全周期环节的高效管理，进一步降低规划管理成本，提高行政效能。

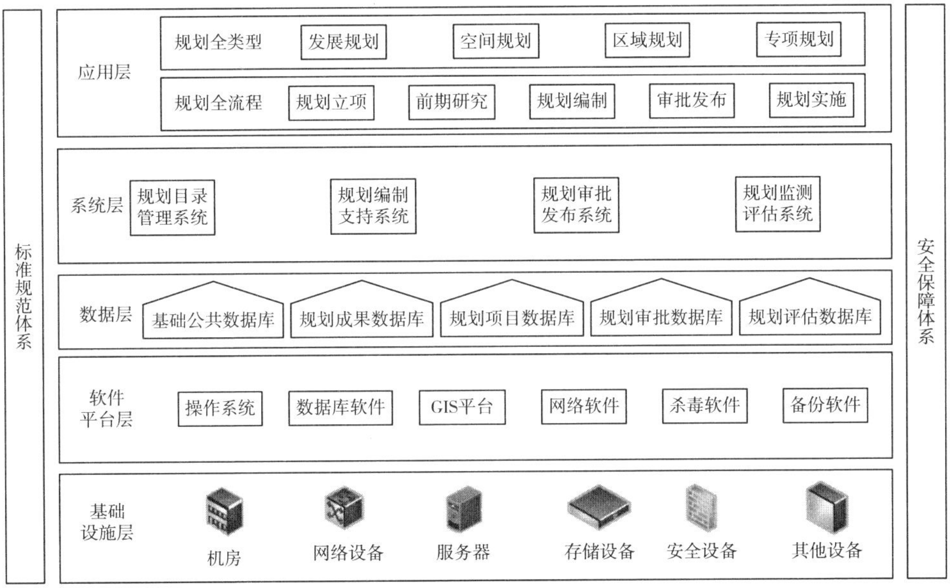

图 8-1　规划综合管理信息平台技术架构图

（三）国土空间管理平台

1.国土空间基础信息平台

国土空间基础信息平台以第三次全国国土调查成果为基础，聚合集成政府和社会各类国土空间相关数据，形成一套自然资源数据体系。以一套数据为基础，以“传统 GIS+ 大数据应用”服务模式为支撑，以两大体系（标准规范体系、安全运维体系）为保障，以多个扩展系统（国土空间规划“一张图”实施监督信息系统、“互联网 +”自然资源政务服务系统、自然资源调查监测评价系统、自然资源监管决策系统等）为应用，构建“一张网、一张图、一平台、三大应用”的国土空间基础信息平台体系，为空间规划、资源调查、交易登记、政务审批、监管决策和公众服务等工作提供多应用服务和信息技术保障，有效提升国土空间治理能力的现代化水平（如图 8–2 所示）。

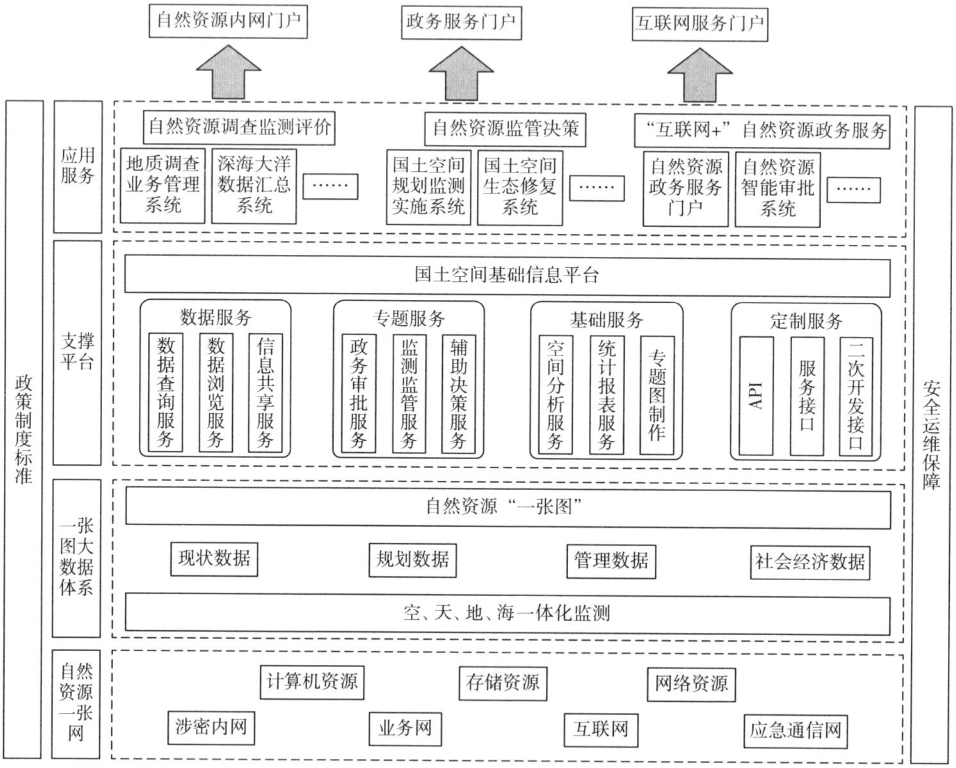

图 8-2　国土空间基础信息平台总体架构图

2.国土空间规划“一张图”实施监督系统

国土空间规划“一张图”实施监督系统建设，是基于国土空间基础信息平台建设的应用系统，其建设应以《关于建立国土空间规划体系并监督实施的若干意见》(中发〔2019〕18号)、《自然资源部信息化建设总体方案》等为依据，以“全域现状数字化、空间管控精准化、项目审批协同化、实施监督动态化”为目标，完成一张底图管理、规划编制支持、规划成果管理、规划“一张图”应用、规划监测评估、资源环境承载力监测六大功能模块建设（如图8-3所示），为开展国土空间规划动态监测评估预警和实施监管提供支撑。

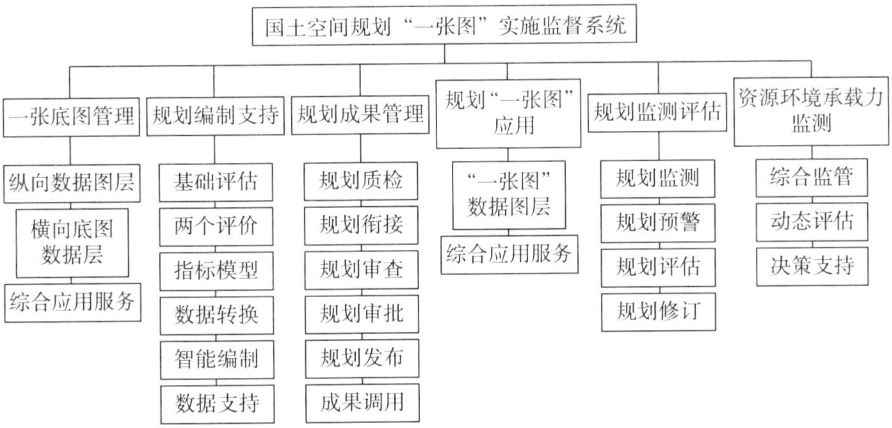

图8-3 国土空间规划“一张图”实施监督系统主要功能

（四）其他管理平台

当前，规划领域的信息化平台成果建设主要集中在具有统领性功能和基础性作用的综合规划中，专项规划和区域规划的信息化平台成果并未普及，但是在园区管理、招商引资、经济产业、碳排放管理等领域已开展局部研究和应用。

1.智慧园区管理平台

智慧园区管理平台建设主要运用云计算、物联网、大数据、人工智能、视频云、CIM、BIM等技术，对园区的人、事、物等对象进行数字化建模和重构，搭建人员服务、物联服务、集成服务等应用系统，实施园区资产管理和运营管理，建立万物互联的智慧园区。

2.智慧招商平台

智慧招商平台围绕招商引资工作全流程、链长制招商引资全环节，构建招商数据库及招商展示、精准招商、招商管理、招商服务等应用系统，扩展可视化和多终端应用，实现区域招商信息资源共享利用，对招商引资项目从线索获取、招前评估、项目落地进行全流程管理，创新招商引资模式，提高招商引资管理水平和服务效能。

3.经济运行监测平台

经济运行监测平台主要是通过对区域经济指标、企业生产、用工用能等数据的采集分析，构建“横向协同、纵向打通”的经济运行数据库，跟踪指标完成情况，洞悉经济运行情况，预测发展趋势，科学指导和辅助决策新时代经济发展。经济运行监测平台主要包含数据采集、指标模型管理、智能催报、监测预警、考核评价、可视化等功能。

4.碳排放监测平台

碳排放监测平台主要是通过相关模型构建，对区域内企业的大气排放数据进行统计分析，监测各企业二氧化碳排放情况，以及清洁能源项目的减排测算，加强对碳排放的监测管理，为区域能源清洁转型和参与全国碳排放市场交易提供数据支持，为碳排放相关政策的制定提供决策依据。

第九章

编制系统创新

党的十八大以来，在百年未有之大变局影响和新一代信息智能技术革命推动下，创新已成为一种内在蓄势迸发和外部压力要求，在各个领域发挥着重要的引领作用。党的十八届五中全会将创新列为新发展理念之首，于规划而言，创新是规划的灵魂，是强化规划质量、提升规划价值的主要途径。在规划变革和规划重构的历史阶段，落实国家创新战略和大政方针，推动规划理念、规划技术、规划工具、规划成果、规划实施等全方位系统创新，重构创新规划价值是必由之路，也是唯一选择。

第一节　理念创新

规划理念创新是实施规划系统创新的重要指引。理念是行动的先导，发展理念是战略性、纲领性、引领性的，是发展思路、发展方向、发展着力点的集中体现。当前，新时代、新阶段为规划行业发展带来了新使命、提出了新要求，应加快规划理念创新和深化，积极推进人本化、融合化、精准化、数字化、智能化等理念在规划中的应用，为规划行业研发新技术、开发新模式、探索新路径创造先决条件。

一、人本化理念

立党为公、执政为民、全心全意为人民服务是中国共产党的宗旨和初心。贯彻以人民为中心的思想是新时代党的核心思想。规划落实党的意志和国家政策方针及战略导向，就是要回归到服务人民的本源。以人民的需求为中心、破解人民日益增长的美好生活需要和不平衡不充分的发展之间的矛盾，也就是“以人为本”。在规划编制过程中，需要尊重人的主体地位和作用，最大限度地考虑居民活动的空间尺度和功能需求。同时，更加注重健全公众参与机制，提升公众参与意识，将多主体参与纳入规划编制过程，打造多元协同的决策机制，以“自下而上”视角创新规划编制工作，提高规划的开放性、参与度。

二、融合化理念

规划是一项涉及多源数据、多项技术、多种学科、多个部门的复杂工作，随着规划深度的强化和规划边界的不断拓宽，在编制过程中，需要打破壁垒，实现资源共享、融合应用、协同决策。以时空大数据及传统数据的融合应用，为规划提供量化决策支撑；以技术融合，实现行业纵向自我迭代发展和横向互动发展；以规划学科与建筑、景观、文化、社会、历史、生态、经济等学科的广泛互动，以及多领域的探讨交流，提升规划的融合性、科学性；构建多部门协同规划体系，实现规划管理、审批的统一，加速规划落地实施。

三、精准化理念

坚持精准化理念，应在规划编制和实施过程中，积极运用大数据、互联网、云计算、物联网等新技术，使每一个区域、每一个地块、每一个空间都实现可感知，精确洞察不同层面、不同领域的真实需求，推动社会空间精细化治理。研究和运用数字化模型，客观地反映数据变化规则，准确研判空间运行状态及发展趋势，推动规划精准决策、精准施策、精准管控、精准监测预警，提高规划服务精准化水平，实现“数据精细感知、决策精确判断、服务精准实施”。

四、数字化理念

加快规划数字化转型和实现数字化规划是规划落实国家数字化战略的重

要举措和数字化发展目标。中研智业集团数字规划院践行规划数字化理念，建设完成了“一库三平台”的数字规划社区，取得了多次创新性应用的实践成果。规划数字化涉及数据处理、分析决策、可视化等方面，贯穿规划编制、实施、管理的整个过程。将实体要素标识转化为数据，统一数据标准，打破信息壁垒，建立综合信息平台，为规划量化分析提供稳定的数据支撑；构建量化指标体系，通过数字化手段实现数理模型化和可视化，提升规划分析评估效率，强化数据技术对规划方案的决策支撑作用。以实体要素数字化、管控指标数字化、运行规则数字化，共同推动规划的数字化转型。

五、智能化理念

智能化、智慧化是新一代信息技术发展的趋势目标。新时代下的规划不是一套一成不变的解决方案，而是涉及规划、建设、管理全生命周期，形成“规划—监测—调整”的闭环，实现规划与空间发展动态调优的过程。以“数据平台+生态应用”为基础，对规划事项进行量化分析、深度学习、智能推演，对规划成果进行模拟仿真，从而能够推进规划方案调整优化，辅助智慧决策。当然，规划的决策过程离不开规划者和决策者的主体，空间的发展也不是完全通过纯理论模型推理，规划的智能化并不是机器的完全替代，而是决策意志和机器理性优化组合，实现规划价值创新。

第二节　技术创新

技术创新是实施规划系统创新的核心所在。数字化时代，随着5G、大数据、人工智能、物联网等高新技术的迭代升级，为规划技术创新提供了土壤、拓宽了路径，将新技术、新思路与规划分析、规划决策、规划表达等深度融合，对于突破传统规划编制过程中的数据瓶颈、提高规划决策的精准度和科学性、助力规划落地实施等意义重大。

一、规划多源数据定量分析

传统规划数据包含遥感测绘数据、统计数据、调查数据、政府工作报告等，信息技术发展使得射频识别（RFID）、红外感应器、全球定位系统（GPS）、传感器、互联网等生成了大量的物联网、新型规划数据，为定量分析提供丰富的数据基础。规划数据定量分析方法主要有统计分析、空间分析、舆情分析和社会网络分析等。其中，统计分析方法包含聚类分析、层次分析、主成分分析、时间序列分析等；空间分析方法主要有核密度分析、自相关分析、叠加适宜性分析、可视域分析、空间句法等；舆情分析和社会网络分析方法主要是新型规划数据的分析研究。例如，中研智业集团建设的规划数据库，形成了文本类和表单类 12 个专项数据库，进一步开发数据分析工具方法，通过多源数据实现对规划智能化进行支撑和规划编制辅助。

统计分析方法在于从历史数据中查找规律，并在此基础上进行预测，为规划决策提供参考。例如，对发展水平评价指标进行聚类分析，可对比地区发展水平差异，提出针对性建议[①]；通过层次分析法对居民位置大数据进行分析，可测度生态空间活力；通过主成分分析法计算得出的分值，可用于比较城市竞争力；通过时间序列模型，可预测经济发展水平及人口规模。空间分析方法主要通过空间数据和空间模型的联合分析来挖掘空间目标的潜在信息，为了解空间状态、划分功能区边界提供借鉴。例如，对 POI 数据进行核密度分析，可以判断城镇内部各组团的居民活动集聚程度与联系，进而获取区域功能布局；空间自相关分析可获取人口格局的空间分布变动模式；对城区地形三维模型运用 GIS 可视域分析，可探寻天空可视性、视线开敞度与建筑高度、容积率的量化关系，为城市建设用地强度控制提供有效依据[②]。舆情分析方法是通过对公众发布的网络数据进行收集、整理、分析，提炼出目标舆情，用于决策和干预。例如，基于网络论坛、微博文本等数据，充分挖掘民众意向与观点，提高

① 宋时蒙，蒋盛益．广东省各市旅游业发展水平研究——基于主成分分析和聚类分析方法 [J]. 财经理论研究，2017（1）：40–49。

② 曹朝文．基于城市天空可视域的城市建设用地强度控制研究——以南昌市湾里城区为例 [D]. 江西师范大学，2017（5）。

公众对规划的参与感；通过社交网络获取居民签到、打卡等行为数据，充分感知人类空间活动特征，进而优化空间结构。社会网络分析方法是通过关系模式研究人在社会环境中的相互作用，多用于分析不同地块之间居民的活动联系及城市间的经济联系强度。

二、规划决策模型算法辅助

智能技术的不断突破，为规划决策量化研究提供了新的机遇，规划决策模型由单功能向综合功能、由静态向动态、由宏观向微观转化的趋势越来越明显，规划编制逐渐由数字规划升级为智慧规划。机器学习、人工智能技术在区位分析、适宜性分析、经济分析、人口分析、用地分析等方面有广泛的应用，同时也为交通出行时空规律分析、空间发展过程分析、居民生活用能习惯分析等复杂问题提供技术支撑。基于智能算法构建规划决策支持系统，解决规划过程中的复杂问题，提高规划的科学性和合理性，是实现智慧规划的必要途径。例如，中研智业集团自主研发搭建的“数字化产业选择平台”，通过建立模型算法，对区域产业基础分析、评估对应初选产业，再通过负面清单筛选产业，进一步通过精选确定产业方向，实现了模型算法对地区产业选择的辅助决策。

神经网络、支持向量机是机器学习的研究热点，在空间信息处理等领域有重要应用。例如，利用深层神经网络（Deep Neural Networks，DNN）可以对生态安全进行时空模拟与预测①，长短时记忆神经网络（Long Short-Term Memory，LSTM）可有效预测交通流量，DLA 模型和 DBM 模型可以模拟城市生长的分形形态；通过卷积神经网络（Convolutional Neural Network，CNN）的图形精准识别功能，可以对高清航拍影像进行自动化判读分类，并发掘其中更多的城市形态特征细节；支持向量机常用于遥感影像空间特征提取与分析，也可用于水质评价及预测；深度学习能够挖掘地区动态变化（如人流和大气污染聚散）的规律和内在机理，据此规划师既能够对规划和管理措施做出相应的调整，又能够对规划方案进行仿真并预测其效果。计算机视觉、知识图谱、智能推演等人

---

① 陈工，李琦，金玲艳，等. 基于深度学习的区域生态安全时空模拟与预测 [J]. 地球信息科学学报，2017，19（7）：915-923。

工智能技术在空间规律认识、空间问题诊断等领域已有广泛应用。例如，人脸识别、图像识别、视频识别等计算机视觉技术拥有提取、处理、理解和分析图像及图像序列的能力，在城市综合治理、自动驾驶、机器人、智能医疗等领域发挥重大作用；知识图谱把数据之间的关系和数据一起存储，通过与各种算法模型配合，形成“城市智脑”；基于人工智能的人口推演、城市用地推演、城市密度推演、产业空间推演、城市资源推演、城市交通推演、城镇群落推演等全方位展示未来空间发展状况，进而为规划编制人员进行决策分析提供有力参考[①]。

三、规划表达数字可视化

规划的可视化表达技术呈现从指标图形到空间地理、从静态表达到动态演进、从单向展示到交互参与、从平面到立体的趋势。将柱状图、折线图等基础图表与大屏完美结合，可实现对经济、产业运行状况的实时监测，综合把握区域发展整体情况。将热力图、地理色阶图、地理气泡图等地理图形添加时间维度，能够进一步展示空间结构变化规律、区域经济演进过程。三维交互可视化技术可改变规划的表现形式，从传统的效果图、沙盘模型提升到可交互的虚拟仿真系统，能够实现对空间环境从过去到未来变化状态及趋势进行科学的仿真、模拟和预测。

数据可视化大屏将关键指标以可视化的方式展示在一块或多块大屏上，借助综合共享信息平台实现对数据分析监测（如交通监测、环境监测、工业生产数据监测等）。动态结构展示将某一时间维度内不同时段的空间结构图进行堆叠，动态展示结构变化过程。三维数字化表达优于草图勾勒、图纸文本展示等平面效果，可清晰直观地表达设计师的意图，亦可最大限度使公众了解规划设计成果，辅助决策判断。全息图展示运用数据迭代的方法，对同一体系下的所有数字化分析成果进行集成化表达。三维建模展示是指对建筑、道路等基础数据运用 CAD、GIS 等软件进行三维立体建模，模拟建成环境，而沙盘模型仅

---

① 吴志强 . 人工智能推演未来城市规划 [J]. 经济导刊，2020（1）：58-62。

是实体模型缩小后的样品，用来展示规划蓝图。场景渲染展示运用 Photoshop、3DMAX 等软件对空间进行场景渲染，使场景表达更加真实、美观[①]。数据交互平台通过业务场景进行数据交互，让使用者能情景化参与，提供给用户对大数据可视化需求的无限助力与可能，让非专业用户也可以轻松自如地应对各项数据专业应用。VR 交互展示运用 360 度场景技术，模拟人眼视角观察设计地块全景，并进行交互修改空间形态，使人直观感受真实景观。通过 VR 技术，用户可以实现沉浸式地块现状浏览，查看区域的规划设计图及土地实际利用情况，突破了时空的限制，为招商项目落地、产业布局等提供便利。

第三节　工具创新

规划工具创新是实施规划系统创新的有力支撑。合理、高效地运用规划工具，并将新技术应用到规划工具的创新和提升中，在一定程度上能够帮助规划者开展更深层次、更广领域的研究，并能够提高规划编制的效率，改变传统的规划成果表达形式，使规划编制事半功倍。

一、规划编制一键智能生成

规划智能编制系统以规划成果大数据为基础，利用人工智能技术从规划文本学习非结构化信息并提炼核心观点、文字表达和语义元素，自动化生成规划文本。同时，提供数据查询、多人协作、校对审核等功能，帮助规划编制人员告别简单重复劳动，使规划编制更有效率、更加规范，推动规划编制朝着智能化、模块化、精准化的方向发展。

在文本编制方面，中研智业集团自主研发的“智能规划平台”针对发展规划、空间规划、区域规划、专项规划等不同规划类型，以及省级、市级、县级

① 杨俊宴. 全数字化城市设计的理论范式探索 [J]. 国际城市规划，2018，33（1）：7-21。

不同层级的规划任务，结合上位规划、政府工作报告、相关专项规划、统计公报、统计年鉴等资料，制定多样化规划大纲、足量的标准化模块，通过多样化语义学习算法，一键生成专业、规范的规划文本，提高规划编制的效率；在协同合作方面，平台用户可以通过多个终端随时随地访问资源和功能，修改记录可查询、可撤销，文本编制全过程留痕管理，并实现了规划师之间、部门之间的纵向及横向协同，加强规划数据、阶段性成果的及时沟通与共享，减少不同层次规划之间的冲突；在结果审查方面，通过标准化质检工具，可以对编制成果进行标准化的规范与检测，降低出错率。

二、规划分析评价平台支撑

规划分析评价平台以多源时空大数据资源全面集成为基础，通过信息化手段解读数据、指标，构建定量算法模型，主要运用在产业现状评价、资源环境承载力评价、国土空间开发适宜性评价、规划实施评估、国土空间风险评估、城市体检评估等工作中，实现数据采集、模型分析、图表表达、成果发布等全流程线上操作，提高分析、评价、评估的准确率和工作效率。

规划分析评价平台综合覆盖规划数据、地理空间数据、社会经济数据、网络开放数据等多源异构数据，实现数据之间的互联共通，构建专业的分析模型，识别空间演变规律，开展多维度量化分析和空间问题诊断。从人口分布、产业结构、交通出行、住房供给、公共服务等方面研究空间活动特征，对空间结构进行综合评估。监测空间运行与发展状况，通过构建评价指标体系配合对空间发展政策的有效评估，实现对空间发展质量、土地利用实际效率的动态评价。同时，平台提供二维、三维地图以及柱状图、雷达图、散点图等多类型图表在线绘制功能，用户可以快速搭建自定义的信息展示大屏，并通过二维码、网页链接等方式发布个人成果，实现更大范围的共享。

三、规划辅助工具集成使用

为了满足多样化、个性化的规划应用需求，辅助规划编制的各类应用系统及软件应运而生，在一定程度上提高了规划编制的效率和效益。目前，常用的规划辅助工具主要集中于分析统计与可视化两方面，主要包括地理信息系统（GIS）、CAD、PhotoShop等传统分析画图工具，BI工具、词云图、Echarts插件、GeoHey平台等图表分析生成工具，以及SPSS、R和Python等分析计算与可视化工具。在具体的业务应用中，可以根据需要选择一种或多种工具集成使用。

地理信息系统（GIS）可对地理信息数据进行操作分析及可视化展示，常用的GIS软件有ArcGIS、MapGIS、MyGIS、KQGIS等。CAD、PhotoShop具有强大的绘图功能，是制作规划设计图的基础软件。随着信息技术不断发展以及规划业务范围不断拓宽，市场上出现了许多新型可视化工具。例如，BI是面向企业级的自助式数据分析工具，拥有丰富的图表，操作方式简便，常用于绘制气泡图、矩形树图、漏斗图、玫瑰图等图形；词云图是对文本内容的高度浓缩和精简处理，在对规划文本、政府报告运用词云可视化过程中，突出展示了高频词汇，加深用户对文本重点的把握；Echarts是一款基于JavaScript的数据可视化图表库，除了提供关系图、路径图、桑基图、地理路线图外，还可以绘制3D地图，在大屏展示方面发挥重要作用；GeoHey是一站式地理云平台，是可满足用户各种地图需求的移动轻应用，如地址编码、路径分析、数据可视化等。多种绘图工具都有各自的特点，共同辅助规划编制。同时，统计工具在规划业务中也是必不可少的。SPSS提供线性回归、聚类分析、相关性分析等基本统计分析功能；GIS主要用于空间统计分析，包含地理加权回归、空间自相关、聚类和异常值分析等；免费开源的Python和R逐渐成为统计分析工具的主力军，广泛应用于统计计算、数据挖掘、统计制图等方向，通过调用函数及参数，可以定制个性化服务，满足不同规划业务场景需求。

第四节　成果创新

规划成果创新是实施规划系统创新的重要途径。规划成果展示的不仅是结果，还有规划区域从现状分析到未来图景的全过程。随着人本化理念、融合化理念、精准化理念、数字化理念和智能化理念在规划中的深化，以及规划技术的持续创新，规划成果的形式逐渐复合化、多元化，规划结论的表达更加多样化、仿真化，规划相关要素的管理和展示也更加立体、全面、动态。

一、规划成果形式复合多元

传统的规划成果包含文本、附表、图件、编制说明等，其关注重点是最终的文本类规划，而附表、图件都是对文本内容的补充说明。随着“多规合一”及规划数字化深入推进，新时期的规划不再是终极成果的描绘，规划过程的作用和力量愈发明显，规划文本的重要性相对减弱，与此同时，规划更加关注基础研究、规划过程及监督管理。因此，支撑文本成果的专题研究、数据库、平台系统等逐渐得到重视，主体成果形式更加丰富，问题研究更加细化，成果体系更加复合、多元。

在规划编制过程中，开展相关课题研究已成为规划前期编制的基本任务，同时已有机构将项目库、数据库、指标库融入规划内容，规划文本更加注重对图表数据的运用，提高了规划编制的科学性和可靠性。例如，2020 年 9 月，自然资源部办公厅印发的《市级国土空间总体规划编制指南（试行）》明确，市级国土空间总体规划成果包含规划文本、附表、图件、说明、专题研究报告、国土空间规划“一张图”相关成果等，成果体系完整；中研智业集团创新研究提出了发展规划的成果体系包含基础评估报告、课题研究报告、规划基本思路、规划纲要、规划项目库、规划管理平台等，产业规划成果体系包含产业基础及潜力评估报告、产业适宜性及约束评价报告、产业数字化选择报告、产业招商项目报告、产业精准招商企业报告、行业研究报告等一套报告，以及产业及招商规划、潜在招商目标图、产业监测与智慧招商平台，成果形式复合多元。在规划成果展示方面，各主管部门发布的规划编制要求或规范中，对规划公示稿、公众版、规划挂图、宣传图、现场展板等形式成果的要求陆续发布，增加了公众对规划建设的知晓度，加深了民众对规划的理解及参与。例如，近两年各省陆续发布了实用性村庄规划编制的规范，均表明规划成果表述简明易懂、图文并茂，并形成公示版成果，甚至成为村规民约，为配合规划落地实施打好坚实的群众基础。

二、规划结论模拟仿真推演

人工智能技术可以提供不同维度的规划设计、方案评估及推演等智能化服务，充分展示空间功能和发展特色，增强规划设计师对时空的感知力，避免出现“千城一面，万楼一貌”现象。同时，可运用虚拟现实、人工推演相关技术对设计方案进行推敲对比，助推方案的优化和遴选，增强政策实施的精准性，避免因前期方案缺陷造成后期建设及实施过程中的时间和资金成本上升。

通过大规模仿真、推演、预测，可以发现未来规划运行过程中可能遇到的瓶颈问题与社会风险，帮助规划师升级优化设计方案，避免实际建造中的重大损失，提高项目评估质量。通过 3D 渲染和动态模拟仿真等手段灵活预演规划效果，预测或预先展现出未来建筑的样貌，根据人口分布、环境及生态、地下管网密度等，多维度综合考量整个区域设计的合理性，避免规划片面性。新时代规划采用仿真技术，结合城镇开发建设规模、强度、人口密度，对不同场景下资源配置与用地结构布局可能的情景进行精细模拟，根据模拟结果对规划方案优劣进行评估，提高规划的科学性。通过仿真因果分析能够看到所做的决策如何在空间系统之间运行并提前预演政策实施效果，将评估结果反馈到规划源头进行干预，对症下药、精准施策，虚拟技术引导实际规划建设，提高空间治理的精细化水平。

三、规划展示三维立体仿真

新型测绘、规划模拟仿真、人工智能、物联网、大数据等技术的成熟运用，推动规划成果的表达朝着三维立体、要素全面、场景真实、实时动态的方向发展。在规划领域主要体现在三维数字沙盘、实景三维模型、数字孪生等技术的应用。

相比于实体沙盘，三维数字沙盘增加了多媒体技术、交互技术，结合灵动的光影及立体环绕式音响设备，让观看者体验到声、光、影所带来的极致视听震撼力。电子沙盘还支持笔触控、手指触控及离屏精准遥控，可实现与模型互动，增强观看者对规划设计成果的参与感。实景三维模型是客观真实反映现实场景的三维模型，通过融合模型三维、倾斜三维和全景三维，生成可进行空间量算和综合分析的模型。实景三维模型在浏览基础上，还可以提供日照分析、填挖方分析、三维量测、淹没分析、通视性分析、规划方案辅助设计等功能，在规划管理、应急指挥、智慧城市建设方面发挥重要作用。虚拟现实技术将用户置于三维场景中，给人以身临其境的震撼感，规划人员可以在交互式三维场景中讨论、修改设计方案，政府人员和公众可以在虚拟环境中体验规划成果，促进各方充分沟通交流，提高规划编制效率。将虚拟系统中的方案导出为视频文件，用来制作多媒体宣传片，可以提高项目的汇报和宣传展示效果。数字孪生城市运用数字技术在物理城市与数字城市之间建立相互映射的关联关系，通过对物理实体、规则、边界、系统属性的数字化映射，支持数字城市到物理城市的动态监测与模拟仿真，实现城市从规划、建设、管理到服务的全过程、全要素、全方位、全周期的数字化、在线化和智能化，重塑城市现代化治理模式，促进城市的可持续高质量发展[①]。在编制文化保护和旅游规划中，将虚拟现实技术应用于旅游景点的动态规划、文化旅游领域的宣传展示、文化遗产复原等方面，可以有效缓解文化资源保护与利用的矛盾、扩大文化资源受众面、推进文化旅游事业的发展等。

第五节　实施创新

规划实施创新是规划系统创新的重要目标。规划是政府为了实现既定目标，对规划对象未来一个时期的发展设想、谋划、部署做出的科学安排，可操作性和可落地性是衡量规划好坏的重要因素。规划实施创新，就是要彻底改变以往规划“墙上挂挂、纸上画画”的状态，基于理念创新，通过技术创新、工

---

① 《2021 年华为数字孪生城市白皮书》。

具创新，以更具指导性、创新性的规划成果，助推规划项目精准落地、规划决策实时预判，实现规划全周期的动态管理和监测预警。

一、规划项目精准有效落地

规划项目实施和建设直接影响着地方经济发展全局，项目谋划是规划编制的重要内容，项目落地是规划实施的关键步骤。由于不同类型规划在编制项目清单时侧重点不同，因此具体的项目落地途径不同。基于发展规划的总统领地位，需要各地、各部门细化特定领域、特定区域目标任务，分解项目清单，明确各自的时间进度、责任单位及成果形式，依此实现发展规划的精准落地。空间规划实施过程中，将指标分解到市县、空间单元，严格落实永久基本农田保护、生态红线及城镇建设用地总规模等约束性和刚性管控要求，精准配置规划空间周转指标，切实保障重大项目对自然资源要素的实际需求。产业规划编制过程中，充分匹配政府招商项目、区域投资环境、产业招商地图、企业投资选址、产业政策等信息，实现区域产业智能化选择和项目精准化招商，推动招商项目科学决策，提高招商引资质量和效益，加速项目落地。数字化平台能够根据不同时期建设要求统筹安排项目任务，对项目进度进行实时监控。

二、规划实施实时学习适应

新时代的规划具有复杂性、动态性、感知性和适应性等系统特征，能够在不断持续地与环境及其他主体交互中学习和积累经验，并且根据学习到的经验改变自身的结构和行为方式，制订更优的解决方案，实现规划的自组织、自决策、自运行。依托于数字技术和信息技术，规划设计具有感知、记忆、思维、学习和自适应能力，与外部环境处于动态的反应过程中，在执行过程中能够进一步迭代、学习，不断加深认识过程中产生的预见、预判及与时俱进的对策调整，形成新的规划体系。未来的智能规划系统涵盖规划编制、审批、实施、监督、评估等过程，实现基于模型的自动化计算、反馈功能，支持规划全过程的智能推演。在自适应规划系统下，智能规划软件根据对以前规划案例和实施效果的自动学习，针对现有地区的实际情况和特点自主完成规划任务，并持续跟踪监测规划运行状态。根据项目实施效果、公众反馈动态调整规划，提高规划实施的可持续性和自主性。

三、规划管理动态监测预警

新时代规划管理采取常态化的“实时监测—评估预警—动态维护”机制，强化实时监测、定期评估和动态维护的统筹衔接、互动支撑和全过程管理，形成贯穿规划编制、任务分解、体检评估、实施反馈的规划全周期管理实施体系。在实时监测方面，通过建立规划实施评估指标体系，对指标现状、实施情况、趋势与分布变化进行全面动态监测，反映规划实施情况及运行特征；在阶段性评估方面，通过年度监测及体检、2 ～ 3 年的阶段性及中期评估、5 年的评估及规划调整机制，作为阶段性目标动态调整的依据，指导新一轮规划编制；在预警方面，建立预警评价模型，对执行情况差、已突破或将要突破目标任务的指标进行预警，针对突发事件，如自然灾害、火灾等，能够及时启动应急预警管理预案；在动态维护方面，从数据变动情况获取空间规模、布局和变化趋势等基本信息，通过交叉关联分析等进一步发现问题并剖析原因，进而提出具有针对性的优化建议，对规划进行动态维护。

后 记

随着“三级四类”规划体系的确立、规划体制改革的逐步深化，规划行业高质量发展阶段已经到来。新时期、新阶段、新环境，规划行业需要构建持续发展的内生增长系统，在学习、研究、积累、表达、提升的过程中提高技术和能力，提升行业从业者的规划素质，引导和营造编制高品质规划成果的良好社会氛围，促进规划行业实现质的稳步提升和量的合理增长。这也是中研智业集团持续发展之道和开展专著研究的创新动力之源。

中研智业集团作为我国专业从事规划设计的集团化高新技术企业，自2006年以来，突出“深厚的知识积淀、领先的专业技术、先进的工具方法、丰富的实战经验、持续的创新能力、高效的服务体系”特点，持续深耕发展规划、国土空间规划及各类专项规划领域，形成了一批具有科学性、前瞻性、指导性、务实性和操作性的规划研究、技术和实践成果，已成为业内技术创新的领跑者。

《规划体系与编制指南》是中研智业系列丛书的第14本专著。本专著围绕规划体系构建，在深入研究并总结梳理各类规划理论和研究成果的基础上，结合了集团公司承担编制的发展规划编制指南、空间规划试点工作经验及持续对各类专项规划的深入研究积累，是对我国“三级四类”规划体系的落实和深化，是对我国各类规划领域相关概念、理论方法、技术实践的充分总结和深入研究思考，是对集团公司近20年规划专业技术及编制实践成果的系统性总结，具有承前启后的重要意义。

本书得以付之梨枣，是集团公司下属的经济研究院、空间规划院、林业科技院、数字规划院、工程设计院等专业院所机构的诸位作者通力合作的成果，也是多位领导和业内专家共同智慧的结晶，在此道一声辛苦了！对大家的支持和帮助表示衷心的感谢！未来，我们将更加深入开展理论学习、技术创新、实践总结，多出成果，出好成果，为规划领域及业界提供更有价值、更为科学、更加务实的理论技术和规划编制服务。